KB266057

돈의 변신

돈의 변신

1판 1쇄 발행 2026년 3월 13일

지은이 이승헌
펴낸이 황정욱, 황대일

편집·마케팅 (주)열린길
디자인 (주)열린길

펴낸곳 (주)연합인포맥스
출판등록 2008년 4월 15일 제2008-000036호
주소 (03143) 서울특별시 종로구 율곡로2길 25, 연합뉴스빌딩 10층(수송동)
이메일 infomaxpr2@yna.co.kr
홈페이지 https://news.einfomax.co.kr

ISBN 979-11-995282-1-5 (03320)

© 이승헌, 2026

· 책값은 뒤표지에 있습니다.
· 잘못 만들어진 책은 구입하신 서점에서 교환해 드립니다.
· 이 책 내용의 전부 또는 일부를 재사용하려면 반드시 저작권자와 ㈜연합인포맥스의 서면동의를 받아야 합니다.

돈의 변신

이승헌 지음

연합인포맥스북스

추천사

우리는 누구나 돈을 많이 벌기를 원하고, 많이 쓸 수 있기를 원한다. 그래서 돈을 저축하기도 하고 투자하기도 하며 돈이 흐르는 길을 알고 싶어 하기도 한다. 그런데 그 '돈'이 무엇이냐고 물으면 당혹감에 빠진다. 화폐 금융론을 오래 전공한 경제학자인 나도 마찬가지이다. '돈'은 일상 속에 늘 있는 것으로서 당연히 잘 안다고 생각했지만 스스로 물어보니 답이 선뜻 나오지 않는다. '돈'이란 대체 무엇인가? 철학적이기도 하고, 현학적인 것 같기도 하고, 어쩌면 생뚱맞아 보이기도 한 이 질문을 파고들며 쉽게 이야기해 주듯이 쓴 책이 나왔다. 저자는 돈을 찍어내 공급하고, 시장에서 그 돈이 흐르는 길을 살피며, 유통된 돈을 최종적으로 결제하고, 또한 다른 나라 돈과의 교환가치를 조절해 나가는 중앙은행에서 약 30년을 일하며 부총재까지 지낸 인물이다.

저자는 자신이 오랜 기간 중앙은행에서 일하며 품어왔던 질문들, 이해하지 못해 머뭇거렸던 순간들, 그리고 뒤늦게 깨닫게 된 통찰을 솔직하게 풀어낸다. 따라서 이 책은 경제학 교과서도, 단순한 금융 상식서도 아니다. 돈을 둘러싼 생각의 구조를 차근차근 다시 세우며 우리에게 '돈이란 무엇인가'라는 물음에 스스로 접근하게 하는 '사유의 안내서'라고 하는 것이 적절할 것이다. 이 책은 돈의 탄생과 진화라는 가장 근본적인 이야기에서 시작해 물물교환의 한계, 화폐의 등장, 신뢰와 제도의 문제로 넘어가며 돈의 역사에 대해 설명한다. 돈은 단순한 교환수단이 아니라 사회적 약속이며 제도적 신뢰의 산물이라는 점을 돈이 공급되고 유통되는 과정을 통해 우리가 평소 알지 못했던 것들을 흥미로움과 함께 깨닫게 한다. 따라서 이 책을 읽으며 독자들은 눈에 보이지 않는 가상 자산이나 디지털화폐들이 왜 점점 확산되어 가는지에 대한 이해를 높일 수 있게 된다.

더불어 이 책은 중앙은행, 금융시스템, 그리고 현대 경제에서 돈이 어떻게 작동하는지를 다루고 있다. 특히 중앙은행의 역할, 통화정책의 한계와 오해, 금융위기라는 극단적 상황에서 돈이 보여주는 양면성에 대한 설명은 현장 경험이 없으면 쓰기 어려운 부분이다. 저자는 이를 어려운 수식이나 전문용어에 기대지 않고, '왜 그런 상황으로 발전해 갔는가', '왜 그때는 그렇게 결정할 수밖에 없었는가'라는 질문을 통해 독자를 사고의 과정으로 끌어들인다. 덕분에 독자는 단순히 정책의 결과뿐 아니라 정책이 만들어지는 배경과 그것이 작동하는 맥락을 더 잘 이해할 수 있게 된다.

이 책이 특히 인상적인 이유는, 저자가 돈의 본질을 사람의 선택, 사회의 규칙, 행동의 양식이라는 관점으로 설명하고 있다는 것이다. 돈은 고대로부터 인간 생활을 편리하게 하고 경제 흐름을 윤택하게 하며 경제성장을 촉진하는 역할을 했지만, 때로는 사람들의 탐욕과 제도적 취약성이 그것과 뭉쳐져 과도한 쏠림현상으로 금융위기를 가져오며 많은 사람들의 삶을 망치기도 했다는 점을 현장에서 관찰해 온 경험을 통해 우리를 일깨워 준다.

이 책의 마지막 부분에서는 요즘 많은 사람들이 관심을 가지고 있고, 또한 많은 논쟁의 대상이 되고 있는 암호자산(crypto assets), 디지털화폐에 대해 다루고 있다. 이미 널리 통용되고 있는 스테이블코인, 중앙은행이 발행하기 위해 실험을 계속하고 있는 디지털화폐(CBDC)를 어떻게 이해해야 하고, 이들이 제시하는 가능성은 무엇이며, 이들이 화폐 질서를 어떻게 변화시켜 나아갈 것인가에 대해 논하면서 디지털화폐가 통용되는 세상에서 준비해야 할 과제들에 대해서 짚고 있다.

저자가 이 책에서 말하고 있듯이 결국 '돈'을 이해한다는 것은 그것이 움직이는 메커니즘을 이해하는 것이며, 이러한 이해 없이는 오늘의 경제질서를 파악하기 어렵다. 이 책은 경제와 금융을 잘 안다고 생각해 온 독자에게는 익숙한 개념을 새롭게 바라보게 만드는 계기를 줄 것이고, 금융이 어렵게만 느껴졌던 독자에게는 옆에서 친구처럼 익숙한 언어로 돈에 대한 이야기를 들려줄 것이다. 이 책이 돈을 다루는 사람들뿐 아니라, 돈과 함께 살아가는 모든 사람에게 널리 읽히게 되길 바란다. 가볍게, 쉽게 읽을 수 있는 책이지만 이처럼 깊이 있는 통찰력을 담은 지식의 창고는 찾기 힘들다.

연세대 경제대학원 특임교수/**前** 한국은행 금융통화위원

조윤제

Prologue

어린 시절 우리 집은 하숙을 했다. 당시 서울대법대가 가까워 사법고시를 준비하는 고시생들이 여럿 있었는데, 어머니 말씀에 따르면 내가 다가가면 하숙생 모두가 도망갔다고 한다. 꼬마가 끊임없이 이것저것 묻고 또 묻는 통에 귀찮았던 것이다. 네 살 위 누이도 마찬가지였다. 공부를 잘하던 누이에게 이해되지 않는 것을 자주 물었는데 완전히 납득될 때까지 묻고 또 물었고, 결국 짜증이 난 누이는 화를 내곤 했다.

세 살 버릇 여든 간다고 했던가. 이 책은 질문하기를 좋아했던 내가, 돈과 관련하여 궁금했던 것들에 대해 끙끙거리며 답을 찾아낸 결과물이다. 이 책은 경제에 관심 있는 독자들을 위해 쓴 것이기도 하지만 내가 품어온 여러 의문과 질문에 대해 나에게 전하는 응답이기도 하다. 이 책에 써 내려간 돈 이야기는 내 질문에서 시작한 내 답안임을 자부한다.

돈에 대한 의문은 군 제대 후 복학하면서부터 시작됐다. 한국은행으로 진로를 정하고 나름 열심히 공부했지만, 화폐금융론과 국제수지론 등에서 배운 돈에 관한 이론들은 머릿속에서만 맴돌 뿐, 현실과 잘 이어지지 않았다. 내게 화폐는 지폐와 동전이었고, 금리는 단지 화폐 수요·공급 곡선의 교차점에서 만들어지는 수치에 불과했다. 실제 금융시스템에서 돈이 어떻게 움직이는지 체감한 적이 없던 내게 돈은 추상적인 개념 덩어리에 지나지 않았다.

1990년 가을, 졸업논문 주제를 정하기 위해 도서관 서고를 뒤지고 있었다. 미로 같은 서가 사이를 헤매다 문득 한 권의 책이 눈에 들어왔다. 제목은 『돈』. 문고판으로 200쪽도 채 되지 않는 두껍지 않은 책이었다. 오랜 답답함이 풀릴 것이라는 기대를 안고 읽기 시작했으나, 오히려 더 혼란스러워져 결국 절반도 읽지 못하고 덮었다. 그런데 그때의 혼란이 나를 자극했다. '돈이란 무엇인가, 왜 사람들은 그것을 신뢰하는가'라는 질문이 내 안에 남았고, 지금까지의 여정으로 이어졌다.

한국은행에 들어가 처음 배치된 곳은 자금부였다. 돈을 실제로 다루는 부서를 희망했고, 다행히 그렇게 되었다. 처음 맡은 일은 은행 대출을 규제하는 일이었다. 당시 통화정책은 통화량 조절 중심이어서, 은행 대출 규모를 조절하는 것이 중요했다. 이후에는 지급준비율과 은행의 여수신 금리를 조정하는 일을 맡았고, 저축예금을 처음 도입하며 요구불예금 금리를 자유화하는 프로젝트를 수행했다. 모든 것이 새로운 도전이었다. 잘 모르겠고 이해되지 않는 것이 태반이었다. 당시 표현으로 '맨땅에 헤딩'하는 일이 많았고, 체계적으로 이해하는 데는 오랜 시간이 걸렸다.

1992년 늦가을, 저녁 식사를 마치고 사무실에서 정신없이 일하던 중 담당 책임자가 "한국은행의 가장 중요한 업무가 무엇이라고 생각하는가?"라고 불쑥 물었다. 나는 통화정책이라고 답하려다, 너무 당연한 질문이라 함정이 있을 것 같아 머뭇거렸다. 그는 단호히 "결제 업무다"라고 말했다. 그때는 왜 '결제 업무'가 가장 중요한 업무라고 하는 건지 이해하지 못했다. 그렇게 30년 가까이 지난 2021년 어느 날 저녁, 여러 고민을 하던 중 문득 그 의미가 선명히 다가왔다. 중앙은행이 통화정책을 수행할 수 있는 근본적인 힘은 결제를 완결시키는 능력에서 비롯된다는 사실이었다. 머리로만 알고 있던 돈이 움직이는 메커니즘의 의미와 중요성을 그제야 깨달은 것이다. 흩어져 있던 구슬이 한 줄로 꿰어지는 느낌이었다.

이 책은 그런 질문과 깨달음의 궤적을 정리한 것이다. 학문적으로는 부족할 수 있어, 더 깊은 논증을 기대하는 독자라면 다소 실망할 수도 있을 것이다. 하지만 나는 세밀한 이론보다 직관적인 설명이 더 중요하다고 생각한다. 2008년 금융시장국에서 일하던 시절, 금융위기 충격으로 신용시장이 크게 위축된 상황에서 향후 전망 보고서를 작성해야 했다. 시간이 촉박해 핵심 논리 위주로 초안을 만들었는데, 오히려 그 단순하고 직관적인 설명 때문에 좋은 평가를 받았다. 이 책도 그렇게 읽히길 바란다. 복잡한 이론보다 실제 경험에서 얻은 통찰을 바탕으로 한 직관적 설명이 독자의 이해를 도울 것이라 믿는다.

이 책은 정책 제안서가 아니다. 경제이론과 정책은 시대와 여건에 따라 달리 적용되고 평가되어야 한다. 지금 한국 경제는 큰 변화의 흐름 속에 놓여있다. 이를 정확히 진단하고 시의성 있는 대안을 마련하는 일은 경제학자와 정책당국자의 과제이다. 내가 중점을 둔 것은 돈의 실체에 대한 이해와 그것이 세상을 움직이는 방식에 대한 설명이다. 이 책이 그런 고민을 이어가는 분들에게 작은 참고가 되길 바란다.

마지막으로 감사의 마음을 전하고 싶다. 연합인포맥스 정선영 부장은 생각 속에만 머물던 나의 질문을 세상에 꺼내도록 용기를 주었고, 초고의 각주 하나하나까지 꼼꼼히 읽으며 조언을 아끼지 않았다. 같은 회사 이연정 부장과 열린길의 하혜승 대표는 원고의 과한 부분과 부족한 부분을 정확히 짚어주어 이 책이 독자의 것이 될 수 있도록 도와주었다. 훌륭한 코멘트를 보내준 동료들에게도 고마움을 전한다. 이 책이 보다 균형을 잡는 데 많은 도움이 되었

다. 여전히 남은 미흡함은 오롯이 필자의 몫이다. 그럼에도 이 책
이 독자에게 '돈은 무엇인가'라는 질문을 다시 던지는 계기가 된
다면, 그 자체로 보람일 것이다.

2026년 2월 이승헌

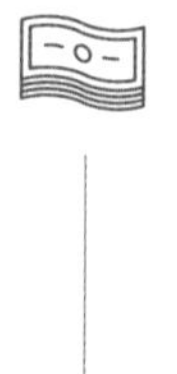

돈, 당연한 걸까?

오래전에 영화 〈매드 맥스: 썬더돔〉을 본 적이 있다. 문명이 무너진 뒤 물물교환으로만 살아가는 마을, 바터타운이 등장한다. 그곳은 거래할 물건이 없으면 입장조차 허락되지 않는, 눈에 보이고 손에 잡히는 것만이 가치를 지니는 세상이다. 만일 바터타운처럼 이 세상에 돈이 없다면 어떨까? 우리는 하루도 버티기 어려울 것이다. 무엇을 주고받고, 가치를 어떻게 정해야 할지조차 막막해질 것이다. 그런 세상은 상상하기조차 어렵다. 이처럼 돈은 인류의 경제생활에 물과 공기처럼 자연스러운 존재가 되었다.

며칠 전, 나는 편의점에서 음료를 사려다 잠시 멈칫했다. 진열대 앞에서 생수 한 병을 고르는 데 의외로 시간이 걸렸다. 수많은 상품의 가격을 비교하고 선택하는 일이 쉽지 않았다. 그러나 결제는 순식간에 끝났다. 키오스크에서 바코드를 스캔하고 휴대전화를 단말기에 갖다 대니 몇 초도 걸리지 않았다. 이처럼 일상생활 속 돈은 자연스럽게 사용되고 있고, 우리는 그것을 당연하게 여긴다.

하지만 이 당연한 것에 대해 얼마나 알고 있을까?

지갑 속의 지폐와 동전, 계산대 화면 속 숫자들이 왜 거래의 수단으로 받아들여지는지, 왜 사람들은 그것을 기꺼이 신뢰하는지 깊이 생각해 본 적은 거의 없을 것이다. 때로는 돈이 너무나 익숙하여 가볍게 다룰 수 있는 것처럼 느껴지기도 하지만, 실제로는 결코 그렇게 단순하지 않다. 변덕스러운 주가 움직임에 많은 사람들이 마음 졸이고, 환율의 급등락은 기업의 경영을 흔들어놓는다. 모두 그 '당연한 돈'과 관련된 일들이다. 아무런 행동을 하지 않아도 시장 상황에 따라 내 돈의 가치는 오르기도 하고 내리기도 한다. 그 가치가 끊임없이 변화하기 때문이다.

이런 불안은 사람들을 재테크에 몰두하게 만든다. 서점에 가면 투자 지침서들이 넘쳐난다. 새로운 책이 쏟아져 나오고, 대부분 눈에 띄는 자리를 차지하고 있다. 그만큼 사람들의 관심이 크다는 뜻이다. 그러나 정작 돈 그 자체에 대해 다루는 책은 좀처럼 찾기 어렵다. 서가 한쪽 구석, 대학 교재로 쓰이는 경제학 서적 몇 권이 전부이다. 읽기도 어렵고, 직접적인 이익과는 거리가 멀어 보인다. 그럼에도 불구하고 그 책들은 오랜 세월 제자리를 지키고 있다. 그

만큼 근본적인 가치가 있기 때문이다.

사실 두 가지 모두 중요하다. 투자를 축구 경기로 비유하자면, 투자 지침서들은 상대를 이길 전략과 전술에 관한 책이다. 상대에 따라, 혹은 환경에 따라 전략은 자주 바뀐다. 하지만 어떤 전술을 쓰든, 축구공을 사용하는 것은 변하지 않는다. 이 축구공이 '돈'에 해당한다. 축구 경기에서 축구공을 사용하는 것이 당연하듯, 삶에서 돈을 사용하는 것 또한 자연스럽게 느껴진다.

'돈'은 정말 당연한 걸까?

나는 30년 넘게 한국은행에서 일하며 돈과 씨름해 왔다. 금융시장국에서는 이해하기 어려운 통화량의 움직임을 파악하느라 지하철 막차를 놓치기 일쑤였고, 외환시장 딜링룸에서는 급등락하는 환율을 지켜보며 점심을 굶기도 했다. 그 긴 시간 동안 나는 돈이 결코 당연한 존재가 아님을 절감했다.

우리 사회 전체로 보아도 돈의 문제는 결코 가볍지 않다. 1997년 외환위기와 2008년 금융위기를 거치며 우리는 자본이 한순간에 빠져나가는 공포를 경험했다. 이후 한국은행이 한 달 반마다 결정하는 기준금리 0.25%포인트의 변화는 국민 모두의 관심사가 되었다.

이 책은 그 간극을 좁히려는 시도이다. 돈이 그렇게 당연한 것이 아님을 알리려는 작은 외침이다. 당연하게 여기던 축구공에도 구멍이 생기고, 바람이 빠질 수 있음을 보여주려는 것이다. 더불어 새로운 경기장과 새로운 규칙이 도입될 때 우리는 무엇을 준비해야 하는지를 함께 생각해 보려 한다.

금융투자에 참여하는 사람들이 날로 늘고 있는 오늘, 그 규모와 영향력은 개인을 넘어 경제 전체로 확산되고 있다. 이 책은 이러한 변화의 흐름을 '돈의 변신'이라는 관점에서 살펴본다.

이 책은 중앙은행에서의 경험을 바탕으로 현실에 발 딛고 쓴 돈 이야기이다. 딱딱한 이론보다는 실제 사례와 역사적 과정을 통해 직관적으로 설명했다. 우리의 일상, 금융시장, 정책 현장에서 돈이 어떤 모습으로 나타나고 어떻게 움직이는지를 이야기한다. 경제에 관심 있는 일반 독자도 쉽게 읽을 수 있도록 복잡한 개념은 최소화하고, 금융시장과 정책의 현장에서 고민하는 독자들에게는 깊이를 제공하고자 했다.

우리가 사용하는 돈은 긴 역사와 수많은 시행착오 끝에 물과 공기처럼 우리의 일상에 자리 잡았다. 이 책은 그 당연함을 잠시 낯설게 바라보며, 돈이라는 발명이 우리의 삶을 어떻게 바꾸었는지, 그리고 앞으로 어디로 이끌지 함께 생각해 보려는 여정이다. 이제 시작해 보자.

— 목차 —

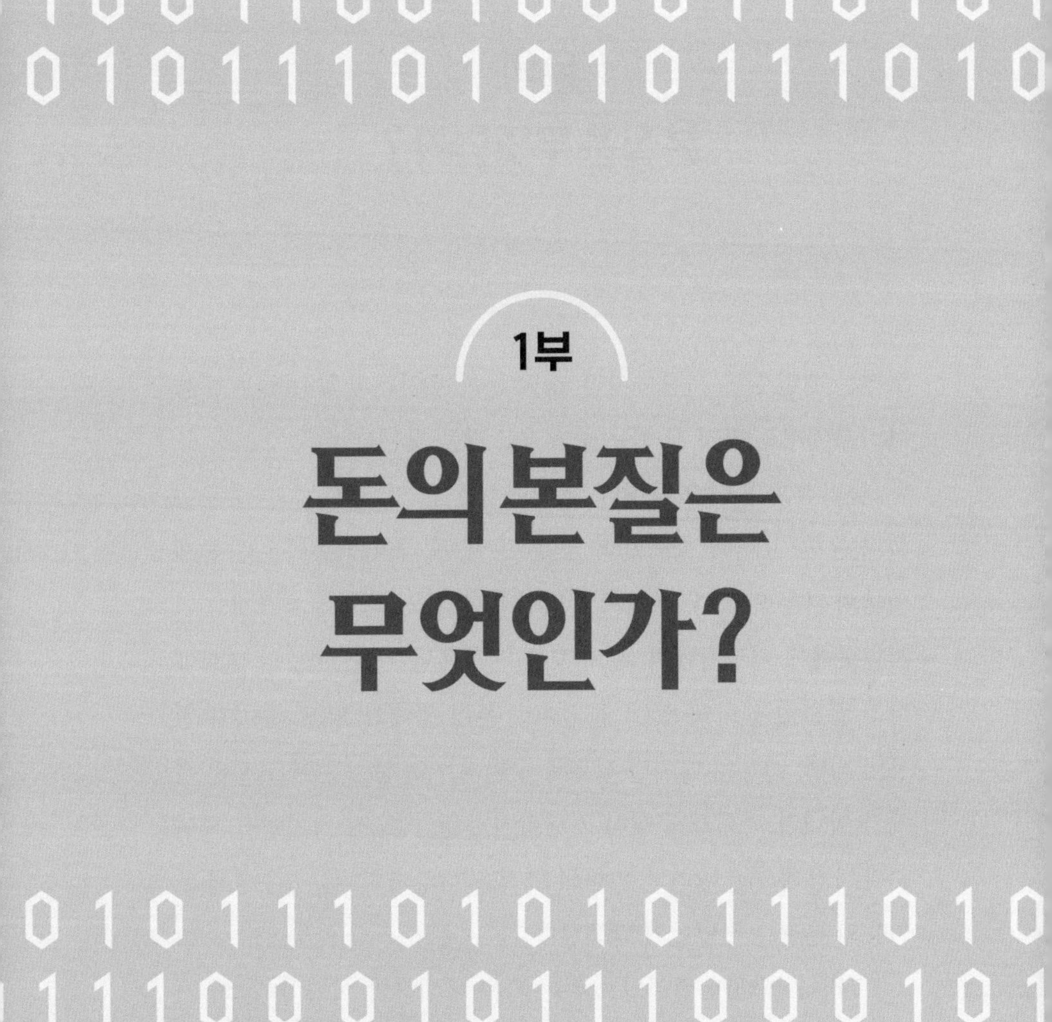

돈의 본질은 무엇인가?

돈의
본질은 무엇인가?

우리는 매일 돈을 사용하지만, 정작 돈이 무엇인지 묻는 일은 드물다. 1부에서는 먼저 그 질문을 던지고 답을 찾는다.

출발점은 돈의 역사이다. 조개껍질과 은 덩어리, 칼과 삽 모양의 청동화, 로마와 이슬람의 금·은 주화, 송나라의 종이돈과 중세 영국의 나무 막대기, 근대의 은행권과 예금, 그리고 전자결제와 디지털화폐에 이르기까지, 돈의 모습은 시대와 기술, 제도의 변화에 따라 끝없이 진화해 왔다. 물건이던 돈이 종이가 되고, 종이가 신용이 되며, 신용이 디지털 신호로 구현되는 과정은 돈이 고정된 실체가 아니라 사회가 구성하고 변화시켜 온 제도적 장치임을 보여준다. 1장에서는 이러한 변화의 궤적을 따라가며, 돈이 수행해 온 기능의 본질은 무엇인지 탐색한다.

그러나 형태의 변화만으로는 돈을 이해하기 어렵다. 돈의 가치는 우리가 믿는 것보다 불안정하다. 역사에는 그 증거를 제시하는 장면들이 명확하게 남아있다. 전쟁배상과 과잉 발권이 불러온 1920년대 독일의 가치 붕괴, 루머와 공포가 맞물려 은행 창구 앞에 긴 줄이 늘어섰던 1930년대 대공황, 두 자릿수 물가를 잡기 위해 사상 최고 수준의 금리가 동원되었던 1980년대 미국, 그리고 1997년 한국의 외환위기에서 목격된 원화 가치의 급락과 신용경색 등은 모두 돈이 얼마나 쉽게 무너질 수 있는지를 보여준다. 2장은 이와 같은 사례를 통해 돈의 가치와 신뢰가 어떻게 형성되고 붕괴되는지를 살핀다.

이러한 문제의식은 자연스럽게 돈의 본질에 대한 물음으로 이어진다. 돈은 스스로 가치를 지닌 실체인가, 아니면 제도와 관습, 신뢰를 바탕으로 작동하는 사회적 구성물인가? 금속주의가 주장하는 물질적 기반과 국가화폐론이 말하는 법과 신용의 기반은, 역사 속에서 때로는 대립하고 때로는 결합하며 공존해 왔다. 동전의 금속 함량이 신뢰의 근거였던 시대에도 그것을 보증한 것은 국가의 권위였고, 오늘날 법정화폐 체제에서도 중앙은행의 대차대조표, 외환보유액, 지급결제인프라와 같은 가시적 기반이 여전히 중요한 역할을 한다. 3장은 이 두 관점을 비교하며, 돈의 가치가 어떻게 만들어지고 유지되는지를 정리해 본다.

결국 돈은 실체와 제도의 교집합에 존재한다. 물리적 형태로 존재하지만, 그 가치는 사회적 약속과 제도적 장치 위에 세워진다. 우리는 돈을 손에 쥘 수 있지만, 그 힘은 보이지 않는 신뢰로부터 나온다. 1부에서는 이러한 구조를 역사와 제도를 통해 풀어내며 돈의 본질을 다시 생각해 볼 단초를 제시하고자 한다.

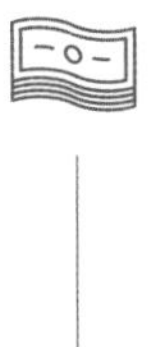

1장

조개껍질에서
스테이블코인까지

돈은 시대와 사회의 필요에 맞춰 여러 모습으로 탈바꿈해 왔는데, 이 장에서는 인류 역사 속 주목할 만한 돈의 모습을 살펴본다. 원시사회의 조개껍질에서부터 메소포타미아의 은, 중국의 칼 모양 동전과 세계 최초의 종이돈인 교자(交子), 로마와 이슬람 제국의 금화와 은화, 중세 유럽의 나무 막대기 돈인 탈리 스틱(tally stick)과 근대의 은행권 그리고 최근의 스테이블코인에 이르기까지, 돈의 모습은 놀랍도록 다채롭다.

이러한 돈의 변천 과정을 따라가다 보면, 돈은 고정불변의 것이 아니라 변화무쌍한 사회적 발명품임을 깨닫게 된다. 그리고 이러한 통찰은 우리가 돈의 본질을 이해하는 데 밑바탕이 되어줄 것이다.

물물교환의 한계를 넘어, 돈이 태어나다

│ 조개껍질 │

인류가 사용한 가장 오래된 돈은 바로 조개껍질이다. 그중에서도 번쩍이는 광택을 지닌 카우리(cowrie) 조개껍질은 아프리카, 아시아, 오세아니아 등지에서 수천 년간 돈으로 널리 쓰였다. 작은 손바닥 크기의 이 조개껍질은 단단하여 형태가 변하지 않고, 채집이 어려워 희소성이 있었다. 덕분에 원시사회에서 가치의 저장 및 교환의 매개로 이상적인 물품으로 여겨졌다.

조개껍질은 지역에 따라 다양한 방식으로 사용되었다. 어떤 곳에서는 조개껍질을 실에 꿰어 묶음 단위로 계산했고, 또 어떤 사회에서는 조개의 크기나 품질에 따라 가치를 매겼다. 조개껍질은 노예 무역이나 향신료 무역 등 국제 상거래에서도 교환수단으로 사용되며, 지역을 초월한 무역 통화로 기능했다.

중국에서 발견된 기원전 925년경의 청동 제기(祭器)에는 "이 그릇은 80쌍의 조개껍질과 밭 6필로 교환하였다"라는 내용이 새겨져 있다. 이런 기록에서 알 수 있듯, 중국을 비롯한 여러 문화권에서 조개껍질은 오래도록 돈 역할을 담당했다. 중국 한자에 '재물'이나 '값'을 뜻하는 많은 글자들(財, 貨, 貸, 賣, 買 등)에 조개 패(貝) 부수가 들어간 것도 이러한 영향이다.

문명이 발달하면서 보다 일관된 거래 기준이 필요해졌다. 고대 메소포타미아에서는 그 해답이 은(silver)이었다. 기원전 2500년경의 메소포타미아 유적에서 일정 무게의 은 조각과 은반지들이 발견되었는데, 이는 당시 은을 일정한 무게 단위로 측정해 값어치를 매기고 시장이나 사원(寺院)에서 교역 시 사용했음을 보여준다. 메소포타미아에서 통용된 세켈(shekel)은 약 8~9그램 정도의 은 덩이를 가리키는 말인데, 노동자 한 달 품삯이 약 1세켈, 보리 1리터 분량은 약 0.03세켈, 노예 한 명은 10~20세켈에 거래되었다고 기록되어 있다.

일상적인 소액 거래에는 곡물(보리 등)이 활용되었지만, 은은 값비싼 재화나 토지 매매, 벌금 부과 등에서 돈으로 기능했다. 기원전 2000년경의 에슈눈나 법전에는 "다른 남자의 코를 물어뜯은 자는 은 60세켈을 벌금으로 낼 것"이라는 조항이 있다. 이렇듯 관청은 은을 가치 척도로 활용했고, 은을 통한 벌금 징수는 일종의 국가적 제도가 되었다.

이러한 배경 속, 기원전 7세기경 소아시아 리디아에서 세계 최초의 주화(鑄貨)가 탄생하기 전까지 메소포타미아와 이집트 등지에서는 이러한 무게 화폐(weight money)가 표준으로 쓰였다.

| 고대 중국의 칼돈과 삽돈 |

고대 중국의 유적에서는 독특하고 창의적인 모양의 돈이 발견

되었다. 바로 칼 모양과 삽 모양의 화폐, 이른바 도전(刀錢)과 포전(布錢)이다. 춘추전국시대(기원전 8~3세기경) 중국 각 지역에서는 길이 수십 센티미터에 이르는 얇은 칼날이나 괭이(호미) 모양을 본뜬 청동 화폐를 사용했는데, 표면에는 발행 도시나 액면 단위를 나타내는 문자가 새겨져 있다.

칼돈이 어떻게 시작되었는지에 대한 흥미로운 옛 이야기가 전해진다. 어느 제후국의 왕자가 전쟁 자금이 부족해지자 병사들에게 급료 대신 차고 있던 칼을 화폐로 사용하도록 허락했다고 한다. 마을 사람들도 칼을 돈으로 받아들이기 시작하면서 널리 퍼졌고, 훗날 여러 제후들이 이를 본떠 정식으로 칼 모양 화폐를 만들었다는 것이다.

이 설화는 당시 사회에서 무기와 농기구가 지니는 희소성과 중요성이 화폐에 녹아들어 있음을 시사한다. 실제 칼이나 삽으로 물물교환을 하지는 않았지만, 그 형상을 빌려온 청동 조각을 가치의 매개로 받아들인 것이다.

로마제국의 주화

금속화폐는 동서양을 막론하고 발전했는데, 세계 최초의 주화로 알려진 것은 기원전 7세기경 소아시아 리디아 왕국에서 등장한 작은 전자(Electrum)[1] 동전으로 표면에 왕실 문양이 찍혀있었다. 이

---

1) 전자(Electrum)는 자연적으로 존재하거나 인위적으로 만든 금과 은의 합금. 종종 소량의 구리도 포함되어 있었다.

획기적인 발명은 곧 그리스 도시국가들로 퍼져 자신들의 상징과 가치를 새긴 금화와 은화를 만들어 사용하게 되었다.

기원전 3세기, 로마는 일련의 주화 제도를 정비하여, 이후 수백 년간 로마제국 경제의 기반이 된다. 데나리우스(denarius)라는 은화는 로마 군단의 병사 급료로 지급되며 널리 퍼져나갔고, 이후 금화 아우레우스(aureus)와 대형 청동화 세스테르티우스(sestertius) 등 여러 액면의 동전으로 복잡한 상거래와 방대한 행정을 뒷받침하는 다층적 화폐 시스템을 구축했다.

이렇게 체계화된 제국 화폐 덕분에 상인은 먼 지방에서도 일관된 가치로 거래할 수 있게 되었다. 실크로드와 해상 교역로를 통해 로마의 금화와 은화는 멀리 인도와 중국까지 흘러들어 갔다. 로마 시대에 형성된 금화·은화 중심의 화폐제도는 이후 이슬람 세계와 유럽 중세를 거쳐 근대까지 이어지며 다양한 형태로 변형되었다.

| 이슬람의 금화와 은화 |

7세기경 중동에서 등장한 이슬람 제국은 광활한 영토와 다양한 민족을 통합하면서 새로운 공통 화폐의 필요에 직면했고, 서기 696년경 우마이야 왕조의 압드알말릭('Abd al-Malik) 칼리프는 금화 디나르(dinar)와 은화 디르함(dirham)을 제정하였다. 디나르는 약 4.25그램의 순금으로 만들어졌으며, 쿠란 구절 등 쿠피체로 쓴 아랍어 문구만을 담고 사람이나 동물 형상은 일절 배제했다. 이는 우상승배를 금지하는 이슬람 율법에 따른 것이다. 디르함 역시 주변부에 '비스밀라(하느님의 이름으로)' 등의 문구와 중앙에 신앙 구절을 담아, 화폐에 종교적 정체성을 부여했다.

이슬람의 금화와 은화는 당대 세계경제의 융합과 교류를 촉진하는 역할을 했다. 이슬람 상인들은 금화 디나르를 지중해부터 인도양, 나아가 동남아시아에 이르는 거대한 무역망에서 사용했고 그 가치는 광범위하게 신뢰받았다.

이슬람 제국의 통일 화폐는 신앙으로 묶인 거대 제국 경제를 원활히 했을 뿐 아니라, 동서 무역의 가교 역할을 하며 화폐의 국제화를 이끌었다. 금이나 은 같은 귀금속을 소재로 한 점은 로마 등 이전 제국들과 다르지 않았지만, 문자에 이슬람의 세계관을 반영하여 독자적인 화폐 문화를 형성했다. 이슬람의 디나르와 디르함은 오늘날까지 중동 여러 나라의 통화 명칭(예: 쿠웨이트 디나르, 모로코 디르함 등)에 그 유산이 남아있다.

무거운 동전에서 가벼운 종이로, 지폐가 연 변화

| 송나라 교자 |

돈의 형태가 혁신적으로 변모한 사건은 바로 지폐의 등장이다. 10~11세기경 중국 송(宋)나라에 무거운 동전 대신 가벼운 종이를 들고 다니는 상인이 나타났다. 세계 최초의 지폐로 알려진 교자(交子)의 탄생이다.

교자가 등장한 배경에는 심각한 동전 부족 사태가 있었다. 송 왕조 시기 전란과 경제 팽창으로 인해 동전 주조에 쓸 구리가 크게 부족해지자, 쓰촨성 청두에서 여러 상인이 은행 비슷한 조직을 만들어 동전을 모아 맡겨두고 그 교환권인 교자를 주고받았다. 이후 교자가 널리 사용되면서 송 조정은 1023년 교자를 국가에서 관리하는 공적 화폐제도로 흡수하고, 민간에서 발행하는 것을 금지하였다.

송나라의 교자는 현대 지폐와 유사한 모습을 갖추고 있다. 두툼한 직사각형 종이에 복잡한 문양과 발행 기관의 도장이 찍혀있고, 위조를 막기 위한 여러 기술적 장치도 담겨있다. 어떤 교자에는 "위조 시 사형에 처한다"라는 준엄한 경고문까지 인쇄되어 있다고 한다.

교자의 등장은 가히 화폐사적 혁명이었다. 인류 역사상 처음으로 금속이나 상품화폐로 이루어지지 않은 돈이 나타난 것이다. 종이라는 값싼 소재에 사회적 신뢰와 국가의 공인을 입혀 실물 자체의 가치와 무관하게 유통되는 명목화폐(fiat money)가 등장한 것이다.

| 중세의 탈리 스틱 |

서양에서는 지폐보다 이른 시기에 또 다른 독특한 형태의 돈이 등장했다. 바로 탈리 스틱(tally stick), 즉 나무 막대기 화폐이다. 12세기 초 영국에서는 세금 징수와 왕실 지출을 원활히 하기 위해 나무 막대에 금액 표식을 새긴 일종의 채권을 도입했다. 길쭉한 개암나무 막대를 준비해 일정한 크기와 형태의 칼자국을 내서 금액을 표시하고 이를 세로로 쪼개어 긴 쪽(stock)은 국왕 회계국이 보관하고, 짧은 쪽(foil)은 세금을 미리 낸 영주나 상인에게 영수증으로 주었다.

탈리 스틱은 '세금을 선납했다'는 증표였지만, 사람들은 이 막대기를 서로 사고팔기 시작했고 하나의 채권 거래가 되었다. 덕분에 탈리 스틱은 영국 전역에서 유통 가능한 증서로 기능하게 되었다. 국왕은 미래 세수를 담보로 나무 막대 공채를 먼저 발행해 전쟁 자금 등을 마련하고, 이 막대기가 시장에서 현금처럼 거래되도록 하였다.

탈리 스틱은 문맹률이 높았던 사회에서 글 대신 눈금과 물리적 일치를 통해 신뢰를 만들어냈다. 또한 귀금속이 부족했던 경제 상황에서 은화 없이도 돈을 창조해 낸 사례이기도 하다. 오늘날 탈리 스틱은 박물관의 진열품이 되었지만, 'stock'이나 'stockholder' 같은 금융 용어에 그 흔적을 남겨 한때 나무 막대기가 돈이던 시절을 증언하고 있다.

| 근대 유럽의 은행권 |

중국에서 싹튼 지폐 개념은 세월이 흐른 뒤 유럽에서도 꽃피웠다. 유럽 최초의 근대적 지폐는 1661년 스웨덴 스톡홀름에서 발행되었다. 무거운 구리 동전 거래의 비효율을 해소하기 위해 스톡홀름 은행(Stockholms Banco)은 예금된 동전에 대해 지급 증서를 발행하기 시작했는데, 이것이 유럽 최초의 은행권으로 평가받는 크레디티브세들라르(Kreditivsedlar)이다. 사람들은 무거운 동전 대신 이 종이쪽지를 들고 다니며 거래했고, 정부도 이를 공식 통화로 인정하였다. 비록 남발 끝에 은행이 파산하면서 1668년 폐지되었지만, 지폐를 통한 경제 활성화 가능성을 보여준 중요한 시범이었다.

그 후 1694년, 영국에 영란은행(Bank of England)이 설립되고 정부의 전쟁자금 조달을 위해 은행권을 발행하기 시작하면서 지폐는 더욱 견고해졌다. 초기의 은행권은 부분 인쇄된 빈 양식에 금액과 수취인 등을 손으로 써넣는 맞춤형 증서 형태였는데, 18세기 중엽 이후에는 일정한 단위의 정액 지폐들이 등장하고 인쇄술도 개선되어 대량 발행과 유통이 한층 수월해졌다. 각국 정부와 은행들은 지폐에 고유 일련번호, 복잡한 문양, 유명 인물 초상화 등을 넣어 위조를 막고 공신력을 높이고자 했다.

19세기에 이르면서 산업혁명으로 경제 규모가 급속히 확대되어 금속화폐만으로는 통화 수요를 감당하기 어려워졌고 지폐의 중요성은 더욱 커졌다. 특히 1870년대 이후 대부분의 강대국이 금본위제를 채택하여 자국 지폐를 금과 교환 가능하도록 보장하자, 지폐는 금에 준하는 가치를 지닌 안전한 화폐로서 세계 어디에서나 유통되는 시대가 열렸다.

지폐의 등장은 기존 화폐의 물질적 제약을 뛰어넘는 전환점이었다. 종이쪽지 자체의 가치는 미미하지만, 그 뒤에 있는 발행 주체에 대한 신뢰와 교환 약속이 화폐가치를 부여했다. 지폐는 또한 대량 인쇄와 운송이 용이해 대규모 경제활동을 지원, 국가가 통화 공급을 조절하기 쉽게 만들었고, 경제의 유연성을 크게 높였다.

| 신용화폐 |

지폐의 발명이 돈의 물질적 제약을 넘어선 전환점이었다면, 그 다음 단계는 화폐가 더 이상 실물 없이도 존재할 수 있다는 가능성의 실현이었다. 바로 신용화폐(credit money)의 시대이다. 신용화폐란 금이나 은처럼 물질적 가치를 가진 실물이 아니라, 순수하게 나중에 지급하겠다는 약속(신용)에 기반하여 유통되는 화폐이다. 한마디로 말해, 누군가의 빚이 타인의 자산이 되어 사회적으로 통용되며 돈으로 사용된다.

신용화폐는 과거 중세 이슬람 상인과 이탈리아 무역도시에서 상거래 시 어음이나 환어음을 주고받았던 것에서 그 기원을 찾을 수 있다. 그러나 현대적 의미의 신용화폐는 은행시스템과 중앙은행 체제의 정착 이후, 특히 19세기 후반 본격화되었다. 그 대표적인 형태가 바로 은행예금이다. 사람들이 은행에 예치한 돈은 예금자의 채권이자 은행의 채무이다. 이 예금은 현금으로 인출하지 않고도, 수표를 발행하거나 계좌이체를 통해 다른 사람에게 이전할 수 있다. 은행시스템이 안정적으로 작동한다는 사회적 전제가, 은행예금을 화폐로서 기능하게 하는 것이다.

현대 경제에서는 이처럼 거래에 사용되는 은행예금의 규모가 중앙은행이 발행한 지폐나 동전보다 훨씬 크다. 2부에서 보다 자세히 설명하겠지만, 은행은 기업이나 개인에 대한 대출을 통해 예금이라는 돈을 만들어낸다. 이를 신용창조라고 하는데 은행에 대한 사회의 믿음이 그 바탕이 된다. 돈이 이전과 같이 어떤 희소한 상품이나 귀금속이 아닌 순수하게 은행의 신용에 기반을 두고 있다는 점에서 이전 화폐들과 차이가 있다.

신용화폐의 등장은 돈을 물리적 실체에서 해방시키는 결정적 계기였다. 앞서 설명한 은행권이 결국 금과의 태환을 포기하면서 불환지폐로 전환된 것도, 이미 제도화된 신용 체제 속에서 화폐가 상징적 가치만으로 유통 가능하다는 확신이 뒷받침되었기 때문이다. 화폐는 더 이상 실물이 아닌, 사회적 신뢰의 구조물로서 작동하게 된 것이다.

현금 대신 스마트폰, 숫자와 코드가 돈이 된 시대
| 전자화폐 |

20세기 후반부터는 기술의 발전이 화폐의 진화를 더욱 가속화시켰다. 전자화폐가 등장한 것이다. 신용화폐가 제도적 신뢰를 통해 실물 없는 거래를 가능케 했다면, 전자화폐는 그 신용을 디지털 기술로 구현한 형태라 할 수 있다. 전자화폐는 수표나 어음이 아닌 전자적 신호와 데이터로 저장되고 이전된다. 다시 말해, 돈이 전자 신호로 존재하면서 전자적 거래 장치와 시스템에 의해 유통되는 것이다. 초기에는 전산화된 은행 장부, 현금자동입출금기(ATM), 카드 결제시스템이 대표적이었고, 이후 인터넷뱅킹과 모바일결제, 전자지갑(e-wallet) 등으로 확장되었다.

이러한 전자화폐는 화폐의 물리적 형태를 완전히 제거하면서도, 거래와 결제를 원활하게 수행하는 새로운 기반을 제공했다. 신용카드는 전자화폐가 신용화폐로서 어떻게 진화했는지를 잘 보여준다. 신용카드는 소비자가 상품이나 서비스를 구매할 때 소액 신용대출을 제공하여 결제할 수 있게 한다. 즉, 신용에 기반한 돈을 전자적으로 만들어내고 카드단말기 같은 전자장치를 통해 상대방에게 이전할 수 있게 한다.

모바일 기술과 인터넷 인프라의 확산은 이 흐름을 더욱 가속화했다. 특히 아프리카의 엠페사(M-Pesa)는 은행 계좌조차 없는 사람들도 휴대전화 문자메시지로 예금과 송금을 가능하게 한 혁신적인 전자화폐 시스템이다. 이는 기술이 사회제도의 한계를 뛰어넘어 화폐의 접근성과 유통 범위를 넓히는 데 얼마나 기여할 수 있는지를 보여주는 상징적인 사례로 평가된다.

전자화폐는 본질적으로는 신용화폐와 동일한 원리와 구조를 갖지만, 운영 방식과 저장 매체에서 중요한 차이를 가진다. 신용화폐가 제도(은행)와 신용 계약에 기반을 두고 있다면, 전자화폐는 그 위에 정보 기술과 결제 네트워크에 대한 신뢰가 추가되어 있다. 화폐의 형태가 사람 간 약속 증서에서 기계적 프로토콜로 바뀌고, 이전 방식이 수동 거래에서 전자거래로 진화한 것이다.

오늘날 세계에서 유통되는 돈의 대부분은 물질적 형태를 가진 화폐(지폐, 주화)가 아닌, 전자 장부의 숫자 형태로 존재한다. 우리는 스마트폰 앱을 열어 통장 잔고를 확인하고, 클릭 한 번으로 수천만 원을 송금할 수 있다. 이처럼 비트(bit)와 바이트(byte)로 구성된 화폐는 조개껍질이나 금화처럼 물리적이지는 않지만, 훨씬 더 빠르고 유연하여 보편적인 교환수단이 되었다.

| 암호자산 |

21세기에 접어들어 디지털 기술과 암호기법의 발전은 새로운 형태의 금융자산을 탄생시켰다. 비트코인(Bitcoin)으로 대표되는 암호자산(cryptoasset)이다. 2009년 처음 나타난 비트코인은 블록체인 기술을 활용하여 거래 정보를 분산 저장 하고, 네트워크 참여자 간의 합의를 통해 위조와 이중 지급을 방지하도록 설계되었다. 탈중앙화된 디지털 장부, 즉 분산 원장을 기반으로 한 이 시스템은 중앙은행이나 은행 없이 화폐를 만들어내려는 시도로서 전통적인 중앙집권화된 화폐 시스템에 대한 도전이었다.

비트코인과 같은 암호자산은 컴퓨터시스템의 전자 장부에 기록되는데, 이러한 점은 은행 계좌에 기록되는 전자화폐와 유사하다. 그러나 분산 원장 기반인 암호자산의 경우 그 장부가 은행 같은 특정한 중앙 기관이 아닌 네트워크 참여자 모두에게 분산되어 관리된다는 데에서 중요한 차이가 있다. 또한 은행 계좌와 달리 돈의 잔고가 기록되지 않고 각 거래 기록만이 저장되어 내 지갑에 얼마가 남았는지는 이 거래 기록을 통해 계산된다[2]는 점에서 차이가 있다.

비트코인을 비롯한 다양한 암호자산들은 일반투자자들 사이에서도 하나의 투자수단으로 자리 잡았다. 그러나 이들이 실제 '화폐'로서 기능하고 있다고 볼 수는 없다. 무엇보다도 암호자산은 극심한 가격변동성을 보여, 통상적인 화폐가 지녀야 할 안정적 가치척도로서의 역할을 수행하기 어렵기 때문이다. 이는 교환수단이나 회계단위, 가치저장 수단이라는 화폐의 기본기능 중 어느 하나도 안정적으로 수행하지 못한다는 의미이기도 하다. 실제로 국제기구나 각국 중앙은행에서는 암호자산을 통화(currency)가 아닌, 자산(asset)의 범주로 분류하고 있다.

그러나 암호자산 거래가 확대되면서 그 생태계 내부에서는 화폐 기능을 확보하려는 시도가 이어졌고, 그 결과물이 바로 스테이블코인(stablecoin)이다. 스테이블코인은 암호자산의 한 종류로서 달러 등 법정통화의 가치에 연동되도록 설계된 디지털화폐이다. 비트코인처럼 가격이 급변하는 단점을 보완하고자, 1코인을 1달러에 해당하도록 발행하고 동등한 가치의 준비금을 보유함으로써 가치를 안정시켰다.

화폐 형태 진화의 가장 최신 이정표라 할 수 있는 스테이블코

---

2) 이런 방식을 UTXO(Unspent Transaction Output)라고 한다. 비트코인 등의 암호화폐에서 하나의 거래가 발생한 후 아직 다른 거래에 사용되지 않은 채 남아있는 암호화폐 잔액을 가리키는 개념이다.

인은 암호화폐의 가격 변동성 문제를 완화하려는 노력의 산물이라 할 수 있다. 그 배경, 의의 등에 대한 자세한 논의는 3부에서 다룰 것이다.

지금까지 우리는 조개껍질에서 귀금속, 종이와 나무, 그리고 전자신호와 암호 코드에 이르기까지 돈의 형태가 어떻게 변해왔는지 살펴보았다. 돈의 겉모습은 시대 환경에 따라 옷을 갈아입듯 변화무쌍하게 바뀌었지만, 그 기능과 본질에는 일관된 핵심이 있다. 바로 가치의 매개와 사회적 신뢰이다. 조개껍질이 돈으로 기능할 수 있었던 건 그것을 귀하게 여기며 모두 받아들였기 때문이고, 현대인이 은행 계좌 속 숫자를 돈이라 믿는 것도 그 숫자 뒤에 사회가 보증하는 신뢰가 있기 때문이다. 형태는 달라도 돈은 결국 사람들 사이의 약속이다. 단지 그 약속을 구현하는 방식이 각 시대의 기술과 제도, 문화에 따라 달라졌을 뿐이다.

21세기 오늘, 눈에 보이지 않는 전자화폐와 암호화폐의 부상으로 돈은 갈수록 형태 없는 존재가 되어가고 있다. 돈은 더욱 편리하고 빠르게 진화하고 있지만, 그 불안정성과 위험성도 동시에 드러나고 있다. 다음 장에서는 이렇게 흔들릴 수 있는 돈의 가치와 그 근간을 이루는 신뢰에 대해 살펴보려고 한다. 과거 안정적이라 여겨지던 화폐가 어떻게 흔들렸는지, 그리고 사람들이 돈의 가치를 지키기 위해 어떠한 노력을 기울였는지를 역사 속 사례를 통해 추적해 봄으로써, 돈의 본질에 대한 우리의 이해는 한층 깊어질 것이다.

2장

흔들리는 돈

돈의 가치는 영원불변하지 않다. 우리는 지폐와 동전을 당연하게 여기고, 통장에 적힌 숫자가 언제나 그 값을 지킬 것이라 믿는다. 하지만 역사 속 몇몇 순간에는 그 당연함이 산산이 깨졌다. 한때 지폐 뭉치를 들고도 빵 한 조각을 사지 못했던 시절이 있었고, 경제공황기로 은행 앞에 길게 늘어선 사람들의 얼굴에는 불안과 공포가 가득했었다. 이러한 극한의 경험들은, 우리가 사용하는 돈의 가치가 흔들릴 수 있음을 보여준다. 이 장에서는 화폐가치가 극도로 요동쳤던 역사적 사례들을 살펴보며, 믿었던 돈이 어떻게 한순간에 불안정한 존재로 돌변하는지 살펴보고자 한다.

수레로 지폐를 나르던 시절, 1920년대 독일

제1차 세계대전 이후 독일 바이마르공화국은 상상조차 어려운 하이퍼인플레이션에 빠져들었다. 패전국이었던 독일은 막대한 전쟁배상금과 부채에 시달렸고, 정부는 이를 감당하기 위해 금본위제를 포기하고 화폐를 마구 찍어내는 길을 택했다. 그 결과 독일 마르크화의 가치는 폭락에 폭락을 거듭했다. 1914년 전쟁 발발 전까지만 해도 1달러의 가치가 약 4~5마르크 정도였으나, 9년 후인 1923년 말에는 4조 2천억 마르크가 되었다. 화폐가치가 무려 1조 배나 추락한 것이다.

이런 화폐가치 붕괴는 일상의 모든 거래를 혼란에 빠뜨렸다. 사람들이 장바구니에 현금을 가득 담아 가거나, 아예 손수레로 돈을 퍼 나르는 풍경이 벌어졌다. 한 유명한 일화로, 한 독일인은 20년 동안 성실히 부은 생명보험이 1923년에 만기가 되어 찾아보니 고작 빵 한 덩이 값밖에 되지 않았다고 한다.

월급을 받아 들면 가치가 더 떨어지기 전에 얼른 써버려야 했고, 상점 주인은 가격표를 하루에도 몇 번씩 바꿔 달았으며, 일부 노동자들은 임금을 하루에 두 번 지급받기도 했다.

화폐를 믿을 수 없게 되자 물건을 사재기하거나 실물자산으로 바꾸기 시작하면서, 돈 대신 금괴나 보석, 미술품, 심지어 음식 재료 등을 모으는 일이 벌어졌다. 화폐에 대한 신뢰의 붕괴였다. 경제활동은 마비되고 사회질서는 흔들렸다. 결국, 1923년 말 독일 정부는 급히 화폐개혁을 실시해 '렌텐마르크'라는 새 돈을 도입하고, 지나치게 풀린 구화폐를 회수함으로써 가까스로 인플레이션을 잡을 수 있었다.

바이마르 독일의 하이퍼인플레이션은 돈의 가치가 추락할 때 어떤 일이 벌어지는지를 극명하게 보여준다. 불과 몇 년 전만 해도 굳건하게 믿었던 마르크화에 대한 신뢰가 완전히 깨지면서, 독일 국민 다수는 평생 모은 현금자산이 휴지 조각이 되는 참담함을 겪었다. 그 여파로 중산층은 급속히 몰락했고 사회 전체가 극도의 혼란과 분노를 겪었으며 정치적으로는 극단주의가 힘을 얻는 토양이 되었다.

이러한 하이퍼인플레이션은 현대에도 반복되었다. 짐바브웨는 2000년대 후반 정부의 잘못된 경제정책과 정치 혼란 등으로 세계 최악의 인플레이션을 겪었는데, 2008년 한 해 물가상승률이 2억%를 넘어서며 화폐의 가치가 사실상 붕괴되었다. 급기야 100조 짐바브웨 달러짜리 지폐까지 발행되었으나 소용이 없었고, 결국 2009년 자국 통화 발행을 중단하고 미국 달러를 공식 통화로 받아들이는 결단을 내렸다.

베네수엘라 역시 2010년대 후반 극심한 경제난 속에 연간 170만%에 달하는 살인적인 하이퍼인플레이션을 겪었고, 화폐가치가 급락하자 정부는 화폐단위 변경(redenomination)과 미국 달러 유통 허용 등의 처방으로 간신히 악순환을 멈출 수 있었다.

이처럼 하이퍼인플레이션 사례들은 돈의 구매력이 한순간에 무너질 수 있다는 것을 보여주며, 한 국가의 화폐에 대한 신뢰 상실이 가져오는 파국적 결과를 단적으로 말해준다.

100조 짐바브웨 달러

베네수엘라의 하이퍼인플레이션

Hyperinflation in Venezuela

The price of a cup of coffee has soared

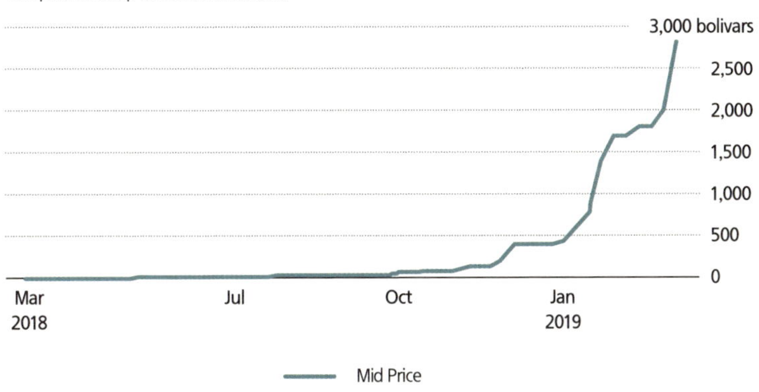

자료: Bloomberg

은행 앞에 길게 늘어선 줄, 대공황기의 은행 불안

화폐가치의 불안정성이 꼭 인플레이션의 형태로만 나타나는 것은 아니다. 1930년대 세계 대공황 시기는 디플레이션[3]과 은행 붕괴라는 또 다른 형태로 돈에 대한 신뢰가 흔들린 사례이다.

1929년 미국 뉴욕 월가의 주식시장 붕괴로 촉발된 대공황은 거대한 경기침체로 이어져, 경제활동이 위축되고 물가가 크게 떨어지며 1929년부터 1933년 사이의 미국 소비자물가지수(CPI)는 약 25% 하락했다.

물가가 하락하면 돈의 구매력이 늘어나니 좋은 일처럼 보일 수도 있지만, 당시 상황은 결코 긍정적이지 않았다. 기업 생산이 급감하고 실업자가 쏟아져 나왔으며, 사람들은 가진 돈을 쓰지 못하고 움츠러들었다. 미국의 산업 생산은 불과 몇 년 사이에 절반 가까이 감소했고, GDP는 30% 넘게 추락했으며 실업률은 20%를 훌쩍 넘었다.

이 시기에 특히 두드러졌던 현상은 은행에 대한 불신이었다. 은행이 망할지도 모른다는 루머가 퍼지면서 예금자들은 앞다투어 은행 창구로 달려가 현금을 인출하였고, 은행들은 무너졌다. 1929년에만 미국에서 650여 개의 은행이 문을 닫았고, 이듬해 1930년에는 1,300개 이상의 은행이 추가로 파산했다.

---

3) 디플레이션(deflation)은 일반적인 물가 수준이 지속적·전반적으로 하락하는 현상으로, 물가상승률이 낮아지는 현상인 디스인플레이션(disinflation)과 구별된다.

　은행시스템의 붕괴는 단순히 금융의 문제가 아니라 대중의 돈에 대한 신뢰를 뿌리째 흔드는 사건이었다. 돈이 은행에 있어도 필요할 때 찾을 수 없다면, 그 돈은 존재하지 않는 것과 마찬가지이다. 사람들은 은행 대신 집 안 금고나 매트리스 밑에 현금을 숨겨두는 것을 택했고, 유통되는 돈이 줄어들수록 경제는 더욱 얼어붙는 악순환에 빠졌다.

　이러한 공황 상황을 수습하기 위해 1933년 미국 대통령으로 취임한 프랭클린 D. 루스벨트는 과감한 조치를 취했다. 일주일간 전국의 모든 은행을 강제로 문닫게 하는 은행 휴업령(은행 공휴일)을 선포하고, 정부가 모든 은행의 건전성을 점검한 것이다. 그리고 라디오 연설[4]을 통해 국민들에게 "은행에 돈을 다시 맡겨달라. 정부가 보증하겠다"라고 호소했다.

　이러한 노력 덕분에 서서히 은행에 대한 신뢰가 회복되었고, 집 안에 쌓아두었던 현금이 다시 금융시스템으로 돌아오기 시작했다. 나아가 미국 정부는 연방예금보험공사(FDIC)를 설립하여 은행 예금을 정부가 일정 한도까지 보장해 주는 제도를 도입함으로써, 은행에 돈을 맡기는 것이 안전하다는 제도적 신뢰를 심어주었다.

　1930년대 대공황의 교훈은, 돈을 둘러싼 신뢰는 다방면으로 깨질 수 있다는 것이다. 앞서 살펴본 독일이나 짐바브웨, 베네수엘

---

4) Fireside Chats, 프랭클린 D. 루스벨트 미국 대통령이 1933년 대공황 시기 라디오를 통해 국민들에게 직접 국정 현안을 설명하고 협조를 구했던 일련의 연설

라처럼 돈의 구매력 자체가 붕괴하는 상황도 있지만, 대공황기의 미국처럼 금융시스템에 대한 신뢰 상실로 돈을 제대로 활용하지 못하는 상황도 있다. 이러한 경험은 이후 은행시스템 안정을 위한 각종 안전장치와 통화정책 운용에 교훈이 되고 있다.

두 자릿수 금리와 물가와의 싸움, 볼커의 선택

1970년대 후반, 미국은 오일쇼크 등에 따른 두 자릿수의 인플레이션에 시달렸다. 앞서 독일의 경우만큼은 아니지만 화폐가치의 안정성에 대한 신뢰가 크게 훼손되어 있었다. 이를 해결하기 위해 미국 중앙은행인 연방준비은행 의장으로 부임한 폴 볼커(Paul Volcker)는 공격적으로 통화 긴축을 단행했다. 그 결과 1979년 약 11% 수준이던 연방기금금리(federal funds rate)가 1981년 한때 연 22%를 웃도는 전대미문의 수준까지 치솟았다.

금리는 금융시장에서 자금을 빌리고 빌려줄 때 적용되는 돈의 가격이다. 따라서 이와 같은 금리 급등은 당시 미국 금융시장에 엄청난 변화를 가져왔고, 그 충격은 실물경제로 퍼져나갔다.

금융시장금리가 20% 안팎까지 뛰면서 은행 대출금리도 천정부지로 올랐다. 주택담보대출의 고정금리가 1981년 약 18.6%로 역대 최고치를 기록할 정도였다. 신규로 돈을 빌리기가 극도로 어렵게 되었고, 변동금리로 대출을 받았던 가계나 기업은 상환 부담이 폭증하여 큰 어려움에 직면했다.

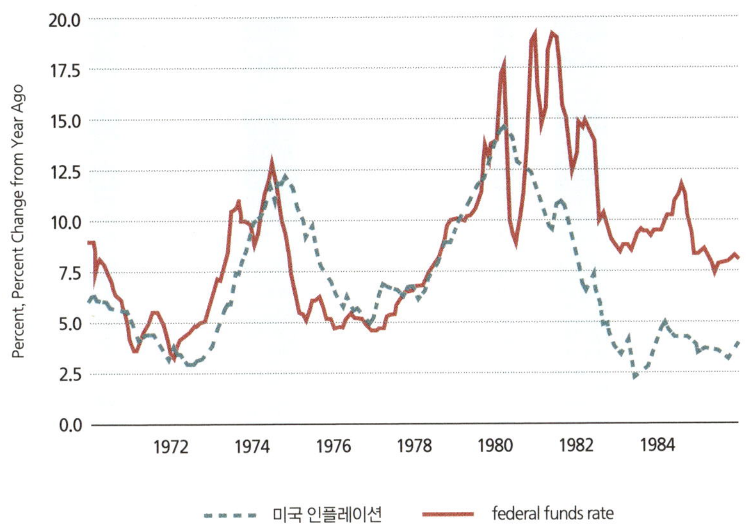

　채권 금리가 두 자릿수를 넘다 보니 채권을 통해 자금을 조달하는 기업들의 투자 동기는 크게 떨어졌고, 설비투자에 나서기보다는 예금을 늘리거나 고금리 채권에 돈을 투자했다. 그 결과, 주식 같은 위험자산의 가치는 크게 하락했다. 높은 금리는 소비자들의 행동에도 변화를 일으켰다. 예금금리가 크게 오르자 전반적인 소비심리가 위축되며 자동차나 가전 구매 같은 내구재 소비가 감소하였다. 이는 볼커가 의도한 대로 수요를 억제하여 물가를 잡는 효과를 줬지만, 동시에 경기침체를 심화시키는 부작용을 동반했다.

1982년 여름 무렵 인플레이션율이 한 자릿수대로 내려갈 만큼 물가가 잡혔다. 그러나 아이러니하게도 물가안정은 기존 부채를 진 경제주체들에게 또 다른 고통을 줬다. 이전에는 높은 인플레이션 덕분에 빚을 진 사람들이 실질적으로 부담해야 할 금액이 줄어드는 효과가 있었지만, 물가상승이 억제되면서 빚의 크기가 작아지는 효과가 사라져 버린 것이다. 금리는 여전히 높았기 때문에 빚의 실질 부담이 늘어나 재정적 압박이 가중되었다. 예상보다 훨씬 무거워진 미래의 빚을 짊어지게 된 셈이다.

이렇듯 볼커의 초고금리 처방은 심각한 경기침체와 높은 실업률을 동반하며 혹독한 대가를 치렀지만, 끝내 인플레이션 억제에는 성공하여 미국 경제를 장기 안정궤도로 돌려놓았다. 이 사례는 높은 물가를 잡는 일이 왜 어려운지, 그리고 금리라는 돈의 시간가치가 한 나라의 경제에 얼마나 광범위하게 파급되는지 잘 보여준다. 그리고 무엇보다 중요한 교훈은 한 번 잃어버린 돈에 대한 신뢰를 다시 회복하는 데에는 엄청난 고통이 따른다는 것이다.

800원에서 1,700원으로, 1997년 한국 외환위기

돈의 가치가 흔들렸던 사례는 먼 나라의 이야기만이 아니다. 대한민국 역시 1997년 말 외환위기라는 쓰라린 경험을 통해 화폐가치의 불안정성과 그로 인한 충격을 직접 겪었다.

1990년대 중반 한국 경제는 겉보기엔 순항 중이었다. 높은 성장률을 지속하며 '아시아의 네 마리 용' 중 하나로 불렸고, 1996년 에는 OECD 가입까지 이루어내며 선진국 대열에 진입했다고 자부했다. 금융 부문에서도 개혁이 진행되어, 1991년부터 4단계에 걸친 금리자유화 계획이 추진되어 1997년 중반에는 요구불예금 을 제외한 대부분의 금리를 자유화하였다.

그러던 1997년 7월 태국의 바트화 폭락으로 시작된 아시아 금 융위기의 불길이 몇 달 만에 한국을 덮쳤다. 그해 가을, 태국과 인 도네시아, 말레이시아 등의 통화가 폭락하고 경제가 흔들리자 해 외투자자들은 한국에도 의구심의 눈초리를 돌렸다. 당시 한국 기 업들은 높은 부채비율로 공격적인 투자를 계속해 왔고, 은행들은 단기외채를 끌어들여 기업에 빌려주는 취약한 구조를 가지고 있 었다.

1997년 10월을 지나면서 한국의 외환 사정은 급격히 악화 되었다. 해외투자자들은 앞다투어 원화를 팔고 한국 시장에 서 발을 빼기 시작했다. 원화의 가치는 연일 추락했다. 1달러에 800~900원대를 유지하던 환율이 11월 들어 1,000원, 1,500원을 거침없이 돌파하더니, 1,700원 수준까지 폭등했다. 두세 달 만에 화폐가치가 절반 이하로 떨어진 것이다. 급기야 11월 말에는 국가 부도 위기가 현실화되어 국제통화기금(IMF)에 긴급 구제금융을 요청하기에 이르렀다. 결국 대한민국은 IMF로부터 총 550억 달 러 규모의 지원을 약속받는 대신, 혹독한 긴축정책과 경제 구조조 정을 받아들여야 했다.

외환위기의 충격은 곧바로 실물경제와 국민 삶에 미쳤다. 환율 폭등으로 수입물가가 뛰면서 1998년 소비자물가상승률도 일시적으로 두 자릿수에 육박했다. 무엇보다 기업들의 연쇄 부도가 터져 나왔다. 외채 상환 부담이 눈덩이처럼 불어나고, 국내 금리도 급등하여 기업들이 견디지 못한 것이다. 위기 직전 연 6~7% 수준이던 회사채 금리는 30%까지 치솟았으며 자금경색이 나타났다. 대기업을 비롯한 수많은 중소기업과 금융기관들이 문을 닫았다. 실업률은 1997년 2% 남짓에서 1998년에는 7%를 넘겨 사상 최악을 기록했고, 거리에는 실직자들이 넘쳐났다.

1998년 초, 전국 곳곳에서 금 모으기 운동이 벌어졌다. 평범한 시민들이 결혼반지, 돌 반지부터 금붙이 액세서리, 심지어 메달과 트로피까지 자발적으로 들고 나와 은행에 내놓았다. '나라가 어려운데 우리가 돕자'라는 마음으로 시작된 이 운동을 통해 불과 몇 달 사이에 수백 톤의 금이 모였다. 물론 금을 모은다고 국가 부도가 곧장 해결되는 것은 아니었지만, 그러한 연대와 희생의 마음은 모두가 돈의 위기를 절감하고 있었기에 가능했다.

이처럼 외환위기는 우리 사회 구성원 개개인의 삶에 깊숙이 파고든 위기였다. 화폐가치는 한순간에 폭락했고, 국가신용등급은 바닥으로 떨어졌으며, 세계가 선망하던 고도성장의 한국 경제는 하루아침에 위기의 상징처럼 여겨지게 되었다. 그리고 그 소용돌이의 중심부에서는 '원화'에 대한 신뢰가 추락하고 있었다.

지금까지 살펴본 역사적 사례들은 각기 배경도 다르고 형태도 다르지만, 한 가지 공통된 메시지를 전해준다. '화폐가치의 안정은 당연히 주어진 것이 아니며, 그 근간인 신뢰 역시 쉽게 흔들릴 수 있다'는 점이다. 평소에는 인식하지 못하지만, 화폐란 일종의 사회적 약속이기 때문이다.

바이마르 독일의 마르크화도, 짐바브웨 달러도, 베네수엘라 볼리바르화도 한때는 사람들이 의심 없이 받아들이던 합법적 통화였다. 그러나 경제 여건이 극도로 악화되고 그 통화에 대한 신뢰가 무너지자, 그 돈으로는 빵 한 조각 사기 어려운 지경이 되고 말았다. 하이퍼인플레이션의 충격 속에서 사람들은 화폐를 버리고 물물교환이나 외국 돈으로 돌아섰고, 이는 국가경제와 국민 생활의 근간을 뒤흔드는 큰 혼란을 초래했다.

한편, 1930년대 대공황, 1997년 한국의 외환위기에서 보듯이 금융시스템에 대한 신뢰가 흔들리면 돈은 또 다른 의미에서 제구실을 못 하게 된다. 은행에 대한 공포로 현금 유통이 막히거나 외환 유동성이 부족하면, 화폐에 표기된 숫자는 그대로일지 몰라도 실질적 가치와 쓰임새는 반감되어 버린다.

돈이란 그 자체로 절대적 가치를 지닌 것이 아니다. 일상적인 상황에서는 정부와 중앙은행의 관리 아래 통화가치가 비교적 안정적으로 유지되고, 사람들도 별 의심 없이 돈을 받아들인다. 그러나 일단 경제에 균열이 생기고 신뢰에 금이 가기 시작하면, 그동안 견고해 보이던 화폐 시스템은 순식간에 흔들리기 시작한다. 인류 역사상 수많은 화폐들이 흥망성쇠를 거듭해 왔다는 사실이 돈의 가치가 얼마나 유동적인지를 말해준다. 예기치 못한 인플레이션이든, 외환위기든, 금융 패닉이든 간에 이런 사태가 닥치면 당연했던 일상이 무너지고 경제질서가 혼돈에 빠질 수 있다. 돈이란 사람들의 신뢰가 유지되는 가운데서만 가치가 유지되는 불안정한 것이다.

3장

실체인가, 제도인가?

1장과 2장에서 우리는 돈의 다양한 모습과 그 불안정성에 대해 살펴보았다. 1장에서 조개껍질부터 금속 주화, 종이 화폐, 스테이블코인에 이르는 화폐의 변천을 따라가며, 돈의 형태가 시대와 사회에 따라 어떻게 변해왔는지 확인했다. 이를 통해 화폐가 사회적 필요와 신뢰에 따라 끊임없이 재창조되어 왔음을 알 수 있었다.

이어진 2장에서는 하이퍼인플레이션 시대나 금융공황기의 사례를 통해 화폐가치의 극심한 변동과 그로 인한 혼란을 목격할 수 있었다. 빵 한 조각을 사기 위해 지폐 뭉치를 들고 가야 했던 이야기나 은행 앞에 길게 늘어선 인파의 불안한 얼굴들은, 돈의 가치가 결코 고정되어 있지 않으며 그 가치가 얼마나 쉽게 흔들릴 수 있는지를 보여주는 생생한 증거이다. 그리고 신뢰가 돈의 가치를 유지하는 핵심에 있다는 것을 알 수 있었다.

그럼 돈에 대한 신뢰는 무엇을 기반으로 하는 걸까? 이는 돈의 본질에 대한 질문으로 연결된다. 돈은 그 자체로 내재적 가치를 지닌 어떤 실체인가? 아니면 사람들 사이의 합의로 존재하는 약속 또는 제도에 불과한가? 다시 말해, 돈의 가치가 금이나 은 같은 물질에서 나오는가, 아니면 사회적 관계에서 나오는가에 대한 질문이다. 이 질문은 오랫동안 경제사상과 철학에서 논의되어 온 주제이며, 화폐의 본질을 이해하는 데 핵심이 된다. 본 장에서는 이 논쟁의 양쪽 면을 탐구하고, 역사적 사례와 이론적 통찰을 통해 그 답을 내보려고 한다. 이를 통해 돈의 가치와 신뢰가 어떻게 결정되는지에 대해 살펴볼 것이다.

돈은 손에 쥘 수 있어야 한다는 믿음, 금속주의의 논리

인류 역사에서 오랫동안 지배적이었던 화폐관 중 하나는 돈을 내재적 가치가 있는 실체로 보는 시각이다. 이런 전통적 관점에서는 화폐 그 자체가 가치 있는 재화이며, 그 소재(material) 가치가 곧 화폐의 가치라고 여긴다. 이를 가리켜 흔히 금속주의 혹은 상품화폐설이라고 부른다.

금속주의적 시각에 따르면, 화폐는 애초에 교환의 매개 수단으로서 자연스럽게 등장했는데, 사람들이 물물교환의 불편을 해소하는 과정에서 가치가 내재된 물품을 화폐로 선택하게 되었다는 것이다. 사회적 합의에 의해 금이나 은 같은 귀금속이 화폐로 정착된 것은, 그것들이 희소성과 광택 등으로 귀하게 여겨져 본질적 가치(intrinsic value)를 지녔기 때문이라는 것이다. 이 관점에서는 돈의 가치를 그 재화로서의 속성(즉, 금속의 순도와 중량, 혹은 돈을 기반으로 하는 실물자산)으로 설명한다. 쉽게 말해 '화폐=가치 있는 물건'이라는 등식이 성립하는 것이다.

역사적으로 금속주의를 뒷받침하는 사례는 많다. 고대 왕국들은 금화나 은화를 주조하여 사용했고, 화폐의 신뢰는 곧 그 동전에 함유된 금속의 양과 순도에서 나왔다. 예를 들어 로마시대의 금화는 로마 정부가 보증하는 일정한 무게의 금을 넣어 제작하여 제국 전역에서 통용될 수 있었다.

금화나 은화를 손에 쥔 사람은, 그것이 갖는 물질적 가치 덕분에 누구에게나 받아들여질 것이라는 믿음을 가질 수 있었다. 심지어 화폐를 발행한 국가나 정권이 사라지더라도, 동전 자체의 금속 가치는 남기 때문에 어느 정도 보편적 교환수단으로 기능할 수 있었다. 이러한 이유로 사람들은 '진짜 돈'은 반드시 귀금속처럼 스스로 가치가 있는 것이어야 한다고 오랫동안 생각해 온 것이다.

이러한 전통적 화폐관은 근대에 들어 금본위제(Gold Standard)로 정점에 달했다. 금본위제란 각국의 통화가치를 금의 일정한 중량에 연동시킨 국제통화 시스템을 말하며, 19세기 후반부터 20세기 초반까지 전 세계적으로 채택되었다. 금본위제하에서 각국의 지폐는 정해진 비율의 금으로 교환을 보장받았는데, 1달러는 금 약 1/20온스로 교환되었다.

종이 화폐는 사실상 금에 대한 교환권으로 기능하였고, 사람들은 은행에 가면 언제든지 금으로 바꿀 수 있다는 믿음 덕분에 지폐를 안심하고 사용할 수 있었다. 즉, 지폐의 가치는 지폐 자체에서 나오는 것이 아니라 지폐가 약속하는 금의 가치에서 나오는 것으로 간주되었다. 이런 시스템에서는 각국 정부와 중앙은행도 함부로 돈을 찍어낼 수 없었다. 통화량을 지나치게 늘리면 금으로 바꾸려는 수요가 폭증하여 금 보유고가 바닥날 위험이 있었기 때문이다. 따라서 금본위제는 통화 발행에 엄격한 규율을 부과함으로써 화폐가치의 안정을 도모했다.

금본위제를 신봉한 이들은 금이라는 실체적 가치에 화폐를 연계함으로써 통화에 대한 신뢰를 지킬 수 있다고 믿었다. 영국은 19세기 '파운드화=금'의 등식을 지키기 위해 막대한 노력을 기울였고, 1920년대에도 1차 대전 중 중단했던 금 태환을 복원하려 애쓰기도 했다. 화폐를 금이라는 단단한 기준(anchor)에 묶어두면, 누구도 그 가치를 함부로 훼손할 수 없을 것이라는 확신이 있었다. 대공황의 혼란 속에서도 일부 경제사상가들은 금본위제의 복귀를 주장하며 '건전한 화폐(sound money)'란 결국 금으로 대표되는 실물 가치에 기반해야 한다고 역설했다.

이러한 믿음 속에서 금본위제는 한때 번영의 기반으로 여겨졌으나, 동시에 그 경직성으로 인해 경제에 부담을 주기도 했다. 금

보유량에 따라 통화 공급을 제한하다 보니 불황기에 유연한 대응이 어렵고, 각국이 금 유출을 막으려 긴축에 나서면 오히려 불황을 악화시키는 악순환이 나타났다. 결국 1930년대 대공황을 거치며 영국(1931년)과 미국(1933년)을 비롯한 주요국들이 금본위제를 속속 포기하기에 이르렀다.

금속주의 관점은 오늘날에도 일견 매력적으로 다가온다. 금이나 은처럼 눈에 보이고 만질 수 있는 귀금속은, 디지털 숫자나 종이쪽지보다 직관적으로 '가치 있다'는 느낌을 준다. 예컨대 불확실성이 극심할 때 투자자들이 금을 찾는 현상은, 금속 자체의 희소성과 내구성에 대한 신뢰가 여전히 강력함을 보여준다.

국가와 사회가 인정할 때 비로소 돈이 된다, 약속으로서의 화폐

전통적 금속주의와 대비되는 견해는 돈을 사회적 관계의 산물로 보는 시각이다. 이러한 관점에서는 화폐 자체에 본원적인 가치가 있는 것이 아니라, 사람들이 그것을 가치 있다고 합의하기 때문에 가치가 생긴다고 주장한다. 이를 경제학에서는 흔히 명목주의 또는 신용화폐설이라 부르며, 국가가 보증하는 화폐라는 의미에서 국가화폐론(Chartalism, 차탈리즘)으로도 알려져 있다.

'Chartalism'이라는 용어는 라틴어 charta에서 유래했는데, 이는 종이조각이나 티켓 같은 증표를 뜻한다. 말 그대로 화폐는 가치의 증표일 뿐 그 자체가 가치의 실체가 아니라는 의미를 담고 있다. 이 관점의 핵심은 '화폐의 가치는 공동체의 신뢰에서 나온다'는 통찰이다.

역사적으로 살펴보면, 국가나 지배자가 '이것을 법정화폐로 삼는다'고 선언함으로써 통용된 화폐들이 많았다. 중국 송나라의 교초(紙幣)나 중세 마르코 폴로가 기록한 원나라의 지폐 이야기, 그리고 근대 이후 각국 정부가 발행한 법정화폐(fiat money)들이 그 예이다. 이러한 화폐들은 그 자체로는 종이나 금속조각에 불과했지만, 국가가 세금 납부 수단으로 인정하고 법적으로 통용을 강제함으로써 화폐로서 기능할 수 있었다. 다시 말해, 국가의 권위와 사회적 합의가 화폐에 가치를 '불어넣은' 셈이다.

1905년 독일의 경제학자 게오르크 프리드리히 크나프(Knapp)는 『국가적 화폐론(The State Theory of Money)』에서 이러한 아이디어를 체계화하였다. 그는 '화폐는 법의 산물(Money is a creature of law)'이라고 단언하면서, 돈의 가치는 법적 질서와 국가에 의해 만들어진다고 보았다. 크나프에 따르면, 국가가 세금 납부 등에 무엇을 사용할지를 정하고 받아들이겠다고 선언할 때, 비로소 특정한 증표가 화폐로서의 지위를 얻는다.

요컨대 국가가 신용을 부여함으로써 화폐에 가치가 생긴다는 논리이다. 이러한 맥락에서 법으로 통용이 강제된 화폐를 일컬어 법정화폐(fiat money)라고 하는데, 'fiat'란 라틴어로 '(그렇게) 되라'는 뜻이다.

그렇다고 해서 돈을 사회적 관계로 보는 시각이 국가의 강제력

만을 강조하는 것은 아니다. 보다 근본적으로는, 화폐란 궁극적으로 사람들 사이의 신뢰 계약이라는 인식이 자리 잡고 있다. 우리가 지폐나 동전을 기꺼이 받아들이는 이유는, 그것을 다른 누군가도 가치 있게 여겨줄 것이라는 기대가 있기 때문이다. 즉, A가 B에게 물건을 팔고 지폐를 받는 것은, 그 지폐를 가지고 C에게 가서 또 다른 상품을 살 수 있으리라는 믿음이 있기 때문이다.

이렇듯 화폐는 보이지 않게 사회 구성원들의 신용 관계 속에 자리하고 있으며, 그 가치의 근원은 합의된 믿음이며 이것이 구체화된 제도이다. 극단적인 예로, 어떤 사회에서 담배가 일반 통용화폐로 쓰인다면(실제로 전쟁 포로 수용소에서 그랬던 사례가 있다), 담배 자체의 기호품 가치를 훨씬 뛰어넘는 교환가치를 지니게 된다. 이는 그 사회의 사람들이 담배를 거래의 매개로 받아들이기로 암묵적 합의를 했기 때문이다. 이러한 상황에서 담배 한 개비는 더 이상 단순한 기호품이 아니라, 사회적 약속의 매개체로 기능하게 된다.

화폐의 이러한 제도적 성격을 가장 통찰력 있게 지적한 이들 중 한 사람은 바로 고대 그리스의 철학자 아리스토텔레스였다. 그는 물건들의 가치는 원래 각자의 용도에 따라 다르지만, 교환을 위해 공통의 척도가 필요하다고 말하면서 돈이 등장했다고 보았다. 그리고 "돈은 본성에 의해 존재하는 것이 아니라 법에 의해 존재한다"라고 언급하며, 인간의 관습(nomos)에 의해 돈의 가치가 부여됨을 강조했다. 아리스토텔레스는 돈은 사회적 합의의 산물이므로 "사람들의 결정에 따라 가치를 잃어버릴 수도 있다"라고까지 지적했다.

　실제로 역사상 많은 화폐들이 그 가치를 잃고 휴지 조각이 된 사례가 있다. 전쟁이나 왕조 교체로 통치 권력이 바뀌면, 이전 정권이 발행한 화폐는 순식간에 무용지물이 되곤 했다. 20세기 바이마르 독일이나 짐바브웨, 베네수엘라 등의 하이퍼인플레이션 사례에서 볼 수 있듯이, 사회적 신뢰가 붕괴된 화폐는 그 어떤 재료로 만들어졌든 가치가 폭락한다. 지폐를 인쇄한 종이의 질이나 디자인, 동전에 함유된 금속 자체는 별 변함이 없어도, 그 사회가 그것을 제 가치로 인정하지 않으면 화폐로서의 생명은 끝나는 것이다.

실체인 동시에 제도, 돈의 두 얼굴

　지금까지 살펴본 바처럼, 화폐를 바라보는 두 가지 관점(실체로서의 돈과 제도로서의 돈)은 언뜻 서로 모순되어 보이지만, 복잡하게 교차하며 공존해 왔다.

　금속화폐 주조가 일반적이었던 사회에서도 상황에 따라서는 명목주의적 요소가 나타났다. 고대 로마나 중세 유럽에서 군주들은 때때로 재정난에 빠질 때 화폐의 액면가를 재조정하거나, 동전의 금속 함량을 떨어뜨려 더 많은 화폐를 만들기도 했다. 이는 금속주의 원리만으로는 설명하기 어려운, 권력과 신뢰의 문제였다. 또한 국가의 각인(鑄印)으로 동전의 무게와 순도를 보증하였고, 금본위제는 정부의 금 태환 약속이라는 사회적 계약 위에서 작동하고 있었다. 결국 '실체로서의 돈'도 이를 유지시켜 주는 제도가 보이지 않는 받침대로 존재했었다.

반대로 근대의 법정화폐 제도에도 상품화폐의 잔재가 남아있는데, 대표적인 것이 중앙은행의 금 보유고이다. 비록 일반 국민에게 금 태환을 직접 약속하지 않더라도, 각국 중앙은행들은 여전히 상당량의 금을 비축하며 화폐가치에 대한 심리적 버팀목으로 삼는다. 달러를 비롯한 기축통화 발행국들은 국제금융시장에서 자국 통화에 대한 신뢰를 유지하기 위해 금, 외환 등의 실물자산을 보유한다.

이처럼, 돈은 실체와 제도라는 두 얼굴을 모두 지니고 있다. 한쪽에는 금이나 상품처럼 눈에 보이는 가치로서의 모습이 있고, 다른 한쪽에는 사회적 약속과 제도라는 보이지 않는 힘이 자리하고 있다. 돈의 역사를 되돌아보면, 이 두 측면은 끊임없이 상호작용해왔다. 화폐는 언제나 신뢰를 확보하기 위한 장치가 필요했는데, 때로는 그 신뢰를 눈에 보이는 형태로 보여주기 위해 금 속에 담기도 했으며, 때로는 신용이나 법률과 같은 보이지 않는 약속의 형태로 구축하기도 한 것이다.

돈의 형태와 가치를 분리해서 생각해 보면, 돈의 형태는 매우 다양하게 변천해 왔지만 그 가치의 원천은 결국 사회적 합의에 있었다고 할 수 있다. 1장에서 보았듯이 조개껍질이 화폐로 쓰인 예부터 오늘날의 전자화폐까지, 고정불변의 법칙이 있는 것은 아니다. 어떤 형태이건 간에, 사람들이 그것을 돈으로 받아들이기로 합의하면 돈이 되는 것이다. 2장에서 본 극단적인 인플레이션의 사례들처럼, 형태가 그럴싸한 지폐라 해도 사회적 신뢰가 무너지면 그 가치는 허망할 정도로 사라진다. 이런 의미에서 돈은 공동의 상상력이 빚어낸 산물이라 할 수 있다. 당신이 받은 지폐가 내일도 유효하리라는 믿음, 내 통장에 기입된 디지털 숫자를 언제든 인출하여 쓸 수 있으리라는 믿음, 이러한 집단적 상상이 현실 경제를 지탱한다. 이러한 측면에서 보면 돈은 실로 관계적 존재라 할 수 있다.

그렇다고 해서 돈을 단지 사람들 사이의 추상적인 합의로만 이해할 수는 없다. 현실에서 이러한 합의와 신뢰는 언제나 그것을 지탱하고 가시화하는 제도적 장치와 구체적인 형식을 필요로 해왔다. 과거에는 금속의 함량이, 오늘날에는 중앙은행의 신용도와 정부의 법적 보증이 그러한 역할을 한다. 지폐에 적힌 법화임을 드러내는 표기나 중앙은행 총재의 서명 역시 돈의 가치를 국가가 책임진다는 제도적 선언이다. 이처럼 돈은 사회적 합의라는 추상적 가치를 다양한 매개 형식을 통해 제도화해 왔으며, 이러한 점에서 돈은 실체적 매개와 제도적 신뢰라는 이중적 성격을 지닌다.

결론적으로, '돈은 실체인가, 제도인가?'라는 물음에 대한 답은 '실체인 동시에 제도'라는 다소 모호한 진실로 귀결된다. 돈은 우리 손에 쥘 수 있는 단순한 물질이 아니라, 사회적 합의와 신뢰를 담아내는 매개체로 존재한다. 금이나 은화 한 닢, 지폐 한 장을 손에 들었을 때 느껴지는 무게와 질감은 분명히 물질적인 것이지만, 그것으로 복숭아 한 바구니를 살 수 있는 힘은 공동체의 신뢰가 부여한 것이다. 그리고 그 신뢰는 경제 제도, 법률, 관습, 심리 등 복합적인 요소들에 의해 구축되고 유지된다. 돈은 인간 사회가 만든 가장 강력한 '공동의 약속'이다. 우리는 그 약속이 지켜질 때 비로소 돈을 믿고 거래할 수 있으며, 약속이 깨지는 순간 돈은 단순한 물질 조각으로 돌아간다.

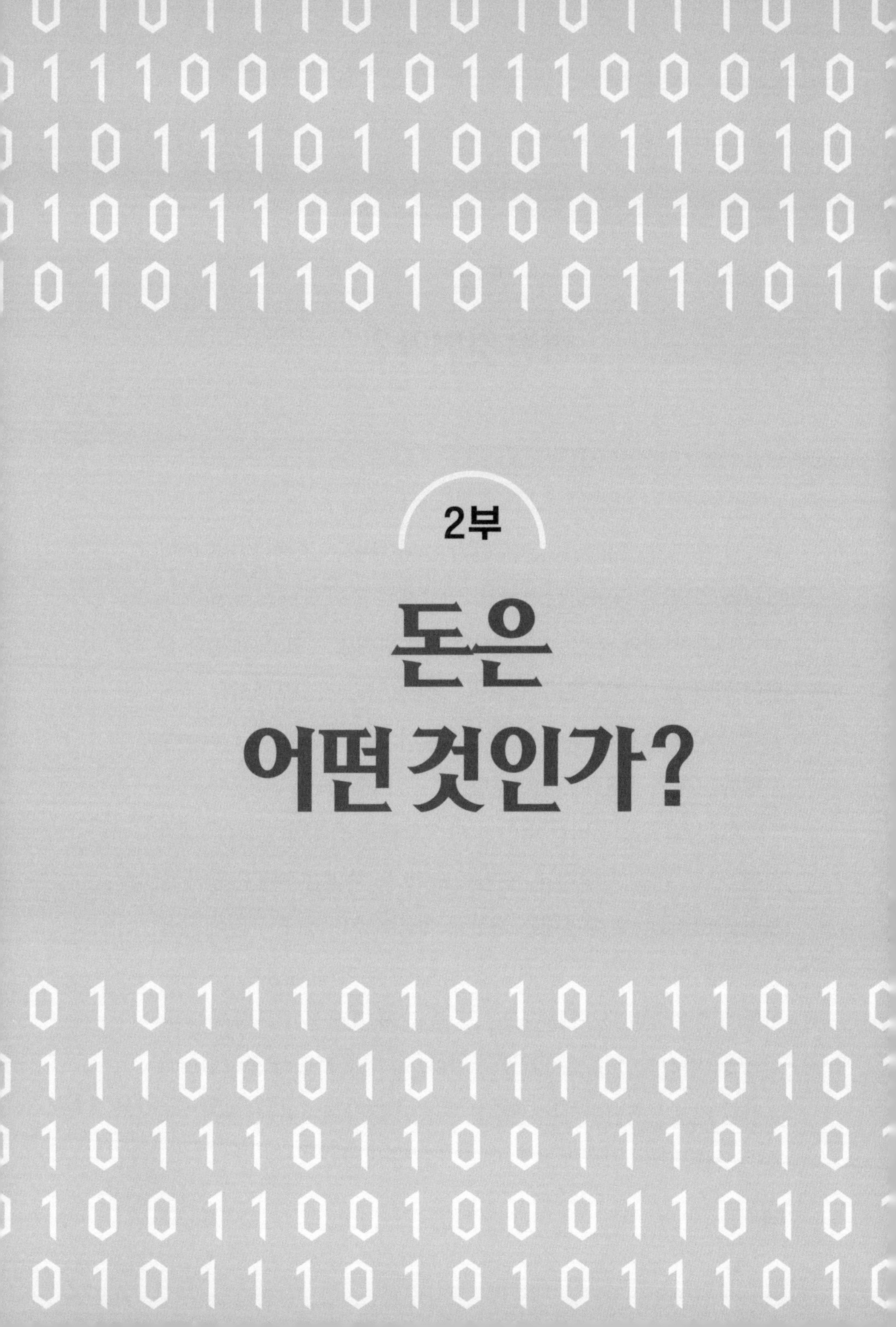

2부
돈은
어떤 것인가?

돈은
어떤 것인가?

오늘날 우리가 사용하는 돈은 단지 눈에 보이는 지폐나 숫자만이 아니라, 그것이 작동하는 방식과 기능으로 존재한다. 1부에서 돈의 형태가 시대와 사회에 따라 다양하게 변해왔고 그 가치 또한 상황에 따라 크게 흔들릴 수 있음을 살펴보았다면, 2부에서는 돈이 실제 경제 시스템 속에서 어떻게 만들어지고 이동하며 그 기능을 수행하는지를 구체적으로 다룬다.

현대사회에서 우리는 다양한 방식으로 돈을 주고받는다. 계좌이체, 카드 결제, 간편결제, 포인트 결제 등 수많은 지급수단이 존재하고 있지만, 그 이면에는 대부분 예금이라는 형태의 돈이 금융 시스템을 따라 흐르고 있다. 1장에서는 이러한 지급결제시스템이 어떻게 작동하며, 신뢰를 바탕으로 한 결제 완결성이 돈의 기능 유지에 왜 핵심적인 요소인지를 살핀다. 디지털 기술이 확산되면서 분산형 결제시스템이라는 새로운 흐름이 등장했지만, 본질적으로는 돈이 다니는 길을 따라 사회적 신뢰가 함께 작동하고 있다는 점은 변하지 않는다.

2장에서는 국경을 넘는 돈, 즉 외환과 환율의 세계를 들여다본다. 외화를 환전하거나 국제거래를 할 때, 우리는 돈의 가치가 일정하지 않음을 실감하게 된다. 환율은 단순한 수치가 아니라 각국 경제의 힘, 투자 흐름, 정책 대응이 교차하며 형성되는 복합적인 결과물이다. 특히 글로벌 금융시장에서 환율은 자본 이동의 반영이자 통화 간 힘의 균형을 드러내는 핵심 지표로 작용한다.

3장에서는 돈이 어떻게 만들어지는지를 다룬다. 많은 사람들은 중앙은행이 돈을 발행한다고 생각하지만, 실제 유통되는 돈의 대부분은 민간은행의 신용 창출을 통해 만들어진다. 대출이 예금을 만들고, 예금이 다시 대출을 낳는 과정은 돈의 양과 흐름이 중앙은행의 결정만으로 조절되는 것은 아님을 보여준다. 이 장에서는 은행의 신용창조가 어떤 조건과 제약 속에서 이루어지며, 금융 시스템의 안정성과 경제의 건전성에 어떤 영향을 미치는지를 설명한다.

4장에서는 돈의 경계가 흐려지고 있는 현실을 다룬다. 금리자유화, 그림자금융과 자본시장 발달은 전통적인 예금 이외에도 사실상 돈처럼 기능하는 다양한 금융상품을 만들어냈다. 나아가 중앙은행 준비금에 이자가 부과되고, 예금에도 수익성이 부여되면서 돈은 더 이상 단순한 거래 수단이 아니라 복합적인 금융자산으로 변모했다. 여기에 디지털화폐와 스테이블코인 등 새로운 형태의 화폐까지 등장하면서, 돈이란 무엇인가를 다시 묻게 한다.

2부는 이러한 흐름을 따라가며, 돈이 하나의 객체로 존재하기보다는 끊임없이 작동하는 시스템 속에서 정의되고 변화한다는 점을 보여준다. 결국 돈을 이해한다는 것은 그것이 움직이는 메커니즘을 이해하는 일이며, 이러한 이해 없이는 오늘의 경제질서를 제대로 파악하기 어렵다.

1장

돈이 다니는 길

오늘날 지급수단의 형태는 매우 다양하다. 예금통장에서 직접 이체하는 전자 송금, 신용카드와 체크카드, 간편결제 앱, 모바일 교통카드, 각종 포인트와 상품권, 지역화폐, 기업이 제공하는 리워드 포인트나 디지털 바우처 등 그 종류는 끝이 없다. 이러한 지급수단들은 실제 우리 생활 속에서 다양하게 쓰이고 있다. 예를 들어 커피를 살 때는 신용카드를, 택시요금 결제는 앱카드를, 인터넷쇼핑 결제는 통신사 결제나 페이 서비스를, 전통시장에서의 거래는 지역화폐를 사용하는 등 상황과 필요에 따라 지급수단을 선택할 수 있다.

더불어, 같은 지급수단이더라도 실제로 돈을 주고받는 결제 방식 또한 다양하다. 매장 단말기에 카드를 꽂거나 휴대폰을 대는 오프라인결제, 스마트폰 앱을 이용한 송금, QR코드 결제, 자동이체, 통신사 소액결제 등 기술의 발달로 결제 방식이 빠르게 변화하고 있다. 이처럼 현대 경제는 다양한 지급수단과 결제 방식이 공존하는 복잡한 네트워크 속에서 움직이고 있으며, 우리는 그 덕분에 언제 어디서나 손쉽게 돈을 주고받을 수 있게 되었다.

하지만 지급수단과 결제 방식이 아무리 다양해져도 그 기본 체계는 변하지 않는다. 대부분의 결제는 최종적으로 은행 계좌의 돈, 즉 예금의 이동을 통해 완결된다. 신용카드나 간편결제, 포인트 결제 모두 결제 승인 뒤에는 은행 간 자금이 이동해야만 거래가 끝난다. 우리가 보는 '결제 완료'라는 문구는 사실 그 복잡한 절차의 출발점에 불과하다. 이러한 과정 뒤에는 돈이 다니는 길이 있다. 바로 지급결제시스템이다.

지급결제시스템은 우리가 보지 못하는 사이 은행 계좌의 숫자를 바꾸고 금융기관 사이의 자금을 정산하며, 최종 결제에 이르게 한다. 현대 경제에서 돈이 단순한 지폐나 숫자를 넘어 작동하는 이유는 바로 이 과정 덕분이다. 따라서 지급결제시스템을 이해하는 일은 현대의 돈을 이해하는 출발점이라고 할 수 있다.

이 장에서는 이러한 지급결제시스템의 메커니즘을 구체적으로 살펴본다. 먼저 지급, 청산, 결제라는 세 단계가 실제 거래 속에서 어떻게 맞물리는지를 살피고, 신용카드와 포인트 결제를 예로 들어 결제 승인과 정산, 중앙은행예금을 통한 최종 결제가 어떻게 연결되는지를 보여준다. 그 과정에서 결제 완결성이 왜 돈의 기능에 필수적인 조건인지, 그리고 이 원리가 경제 전체의 신뢰를 어떻게 지탱하는지를 함께 설명한다.

이어서 한국을 비롯한 주요국의 지급결제시스템 인프라가 차액결제와 총액결제를 어떤 방식으로 조합하여 운용되고 있는지를 살펴본다. 나아가 이러한 현대적 시스템이 중세의 환어음과 청산소에서 어떻게 진화해 왔는지를 돌아보며, 지급결제시스템이 돈과 불가분의 관계에 있음을 확인한다. 마지막으로 기존의 중앙집중적 구조와는 다른, 탈중앙화된 결제 완결성을 지향하는 암호자산 네트워크의 의의를 검토하면서 새로운 지급결제시스템 질서의 가능성을 함께 생각해 본다.

카드 결제 후, 그 뒤에서 벌어지는 일

지급결제시스템이 존재하는 이유는 우리가 사용하는 돈의 대부분이 '은행예금' 형태로 존재하기 때문이다. 지폐나 동전은 손에서 손으로 건네지는 순간 지급과 결제가 동시에 이루어진다. 현금은 중앙은행이 발행하는 단일 화폐로서, 최종 결제수단 역할을 하기 때문이다.

그러나 현재 대부분의 거래에서 사용되는 계좌이체, 카드, 수표 등은 그 자체로 최종적인 돈의 이동을 완성하지 않는다. 이런 수단들은 '내가 맡긴 예금에서 상대방에게 돈을 지급해 달라'는 요청일 뿐이며, 은행 간 청산과 결제 단계를 거쳐야 비로소 돈의 여정이 완성된다. 예금이라는 형태의 돈은 각 은행이 개별적으로 발행하는 신용화폐이므로, 여러 은행이 얽힌 거래에서는 자금이 중앙은행 계정을 통해 다시 정리되어야 한다. 이 과정을 안전하고 효율적으로 수행하는 기반이 바로 지급결제시스템이다.

A가 B카페에서 커피 한 잔을 사고 신용카드로 결제하면, A는 카드사에 대해 지급을 승인한 것이다. 이때 A의 은행예금 잔액이 즉시 줄어드는 것은 아니며, A에게는 카드 대금을 지급해야 할 채무가 발생한다. 동시에 B카페에는 카드사에 대한 매출채권이 생기지만, 아직 실제 자금을 받은 것은 아니다. 이후 카드사는 정해진 주기에 가맹점 은행을 통해 B카페에 대금을 지급하고, A의 은행을 통해 A로부터 대금을 회수한다. 이 과정에서 발생하는 은행 간 자금 정산은 일정 기간의 거래를 모아 순액 기준으로 이루어지며, 최종적으로는 중앙은행 지급결제시스템을 통해 중앙은행예금의 이전으로 마무리된다. 이처럼 돈의 이동은 여러 당사자 간 일련의 약속 이행으로 이루어진다.

커피값을 카드로 결제하고 영수증을 받았다고 해서 결제가 완료된 것은 아니다. 결제 승인 뒤에는 판매자 측 은행과 신용카드사, 구매자 측 은행이 결제망에서 지급 정보를 주고받아 청산을 하고, 최종적으로 두 은행이 중앙은행 계정을 통해 자금을 이동시켜 결제를 완료한다. 만약 이 최종 단계가 이루어지지 않으면 해당 거래는 결제 실패로 중단되거나 나중에 결제가 취소된다.

요즘에는 이보다 한층 다양한 형태의 지급이 이루어진다. 같은 커피를 사더라도 현금이나 카드 대신 포인트를 사용하는 경우가 그렇다. 포인트는 예금계좌의 돈처럼 직접적인 현금은 아니지만, 일정한 금전적 가치를 지닌 준화폐적 수단으로 기능한다. 소비자는 미리 일정 금액을 충전해 포인트를 만들기도 하고, 상품 구매나 이벤트 참여의 대가로 포인트를 받기도 한다. 전자는 소비자가 자신의 예금을 포인트 발행 업체(예를 들어 카드사나 플랫폼 회사)의 예금계좌로 이전하여 선불로 충전한 경우이고, 후자는 기업이 향후 그 포인트를 현금처럼 받아줄 것을 약속한 부채를 발행한 경우이다.

A가 포인트로 커피를 결제하면, 카페는 포인트를 발행한 회사(예를 들어 네이버페이, 카카오페이, 항공사 등)에 정산을 청구한다. 포인트 회사는 정해진 주기에 따라 가맹점의 은행 계좌로 자금을 지급한다. 만약 사용된 포인트가 유상 충전된 것이라면, 그 자금은 이미 고객의 예금에서 포인트 회사로 이전되어 있으므로, 포인트 회사가 그중 일부를 카페로 되돌려주는 셈이 된다. 반면 무상으로 적립된 포인트라면 포인트 회사가 자체적으로 보유한 정산용 예금이나 결제 대행 계좌에서 자금을 지급하게 된다.

즉 포인트 결제는 사용자가 보기에는 단순히 포인트 차감으로 끝나는 것처럼 보이지만, 실제로는 신용카드 결제와 마찬가지로 여러 단계의 지급, 청산, 결제 과정을 거친다. 다만 지급 주체가 은행에서 포인트 회사로 바뀌었을 뿐이며, 최종 결제는 여전히 은행 간 예금 이동을 통해 이루어진다. 이처럼 지급수단의 형식은 다양해지고 있지만, 그 근간에는 예금 이동을 매개로 한 지급결제시스템이 작동하고 있다.

위의 예에서 보듯이 현금 이외의 지급수단으로 이뤄지는 거래

에는 일반적으로 지급 → 청산 → 결제의 세 단계가 따른다. 이를
풀어 설명하면 다음과 같다.

1. 지급: 경제주체 사이의 돈 지급을 약속하거나 지시하는 단계
   이다. 상품과 서비스를 구매하면서 카드 결제를 하거나 계좌이
   체를 하는 행위가 지급에 해당한다. 이 단계에서 실제 현금이
   즉각 이동하는 것은 아니며, 그저 지급 지시가 전달될 뿐이다.

2. 청산: 돈을 주고받을 사람이 서로 다른 은행의 예금계좌를
   이용할 경우 은행 간에 돈을 주고받아야 한다. 이때 일정 기
   간 동안 각 은행 간 주고받을 돈의 차액을 계산하여 상계 처
   리 하고 나머지 금액을 주고받는 것이 효율적인데, 이를 청
   산이라고 한다. 때때로 거래 당사자가 둘뿐이거나 소액인
   경우에는 청산을 생략하기도 한다.

3. 결제: 청산으로 확정된 금액을 실제로 이전하여 거래를 최
   종적으로 종결하는 단계이다. 보통 각 은행은 중앙은행에
   가지고 있는 예금을 주고받음으로써 이를 해소한다. 이 순
   간 비로소 돈은 한 사람 혹은 한 기업의 통장에서 다른 이의
   통장으로 완전히 이동하여 거래가 마무리된다. 뒤에서 설명
   할 중앙은행이 운영하는 실시간 총액결제망 등이 이러한 최
   종 결제를 담당한다. 이때 일반인에게는 보이지 않는 중앙

은행의 또 다른 화폐인 지급준비용 예금이 사용된다.

결제 완결성이란 한 번 거래가 완료되고 나면 되돌릴 수 없는 최종 상태가 되는 것을 뜻하는데, 돈의 기능에 필수적인 조건이다. 현금거래는 현금이 손을 떠난 시점에 곧바로 결제가 완결된다. 그러나 은행예금의 이동은 중앙은행 계좌에서 마지막 정산이 끝나야 비로소 돌이킬 수 없는 최종 거래로 인정된다. 이 원칙이 지켜지지 않으면 다양한 문제가 발생할 수 있다.

가령 A은행에서 B은행으로의 이체가 최종 정산 되기 전에 A은행이 파산하게 되면, 중앙은행에서 결제가 완료되지 않은 이상 B은행은 돈을 받은 것이 아니므로 수취인도 돈을 받지 못하게 된다. 이처럼 결제 과정에 문제가 생기면 거래 자체가 무효될 수 있다. 그래서 각국의 중앙은행과 규제당국은 결제 완결성의 법적 보장에 힘쓰고, 시스템상 리스크 관리 장치를 갖추고 있다.

지급결제시스템의 세 단계

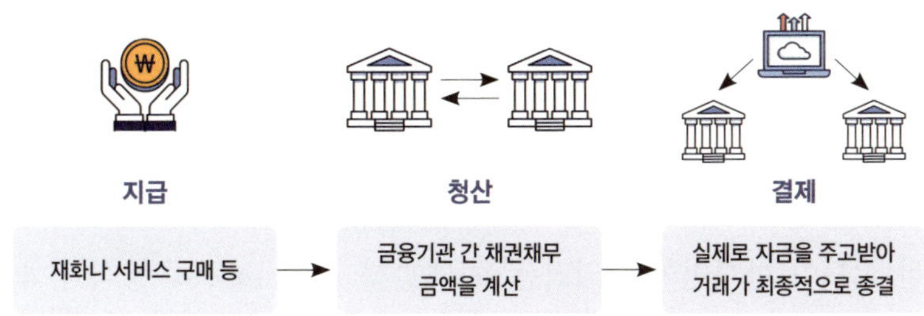

현대의 지급결제시스템

자료: 국제결제은행(BIS), 지급결제 및 시장인프라 위원회(CPMI), 한국은행

기본 방식은 같아도, 서로 다른 나라별 결제망

앞에서 살펴본 것처럼 지급결제시스템은 지급, 청산, 결제의 단계를 거쳐 이루어지는데, 이를 수행하는 구체적인 방식은 나라마다 조금씩 다르다. 실무적으로는 일정 기간 동안의 모든 거래를 한데 모아 한꺼번에 처리하는 '차액결제(net settlement)' 방식과 개별 거래 하나하나를 각각 처리하는 '총액결제(gross settlement)' 방

식이 혼합되어 운용된다. 최근에는 총액결제를 실시간으로 처리하는 방식, 즉 '실시간 총액결제(RTGS: Real Time Gross Settlement)'가 사용되기도 한다. 이 방식은 거래가 발생할 때마다 곧바로 결제가 이루어지기 때문에, 은행 간 채무불이행 위험을 줄이는 데 효과적이다. 주요국들은 거액결제에 실시간 총액결제 방식을 도입하면서도, 소액결제에는 여전히 차액결제를 병행하고 있다. 다음은 미국, 유럽, 일본, 한국, 중국 등 주요국의 지급결제시스템에 대해 간단히 살펴보겠다.

먼저, 한국은 한국은행이 운영하는 한은금융망(BOK-Wire+)에서 거액결제를 실시간 총액결제 방식으로 수행하고 있다. 2009년부터는 참가 은행의 지급지시를 일정 주기마다 상계(netting)하고 결제하는 방식으로 운영하고 있는데, 이를 통해 참가 은행은 필요한 결제 자금을 줄이면서도 결제 완결성을 확보할 수 있다. 소액결제는 금융결제원이 운영하는 여러 차액결제망을 통해 청산된다. 어음교환망에서는 어음·수표 등 종이 기반 지급수단이, 소액 전자금융공동망에서는 자동이체·CMS·전자이체와 같은 소액 송금이 처리되며, 카드 결제망과 유가증권 결제망 등도 각 청산기관에서 산출된 순채권·순채무액을 금융결제원에 통보한다. 이렇게 집계된 순차액은 하루에 한 번 한은금융망을 통해 중앙은행 자금으로 최종 결제 되어 지급결제가 확정된다.

미국은 연방준비제도가 운영하는 페드와이어(Fedwire Funds Service)를 통해 거액결제를 실시간 총액결제 방식으로 처리한다.

주로 뉴욕연방준비은행이 주관 운영 하며, 은행이 연준에 보유한 계좌를 이용해 개별 거래를 즉시 정산하여 결제 완결성이 확보된다. 소액결제는 민간은행연합(The Clearing House)이 운영하는 칩스(CHIPS)에서 이루어지는데, 칩스는 은행 간 지급지시를 상계해 결제 자금을 최소화하는 차액결제시스템으로, 하루에 한 번 뉴욕 연준에 개설된 계좌에서 순차액을 최종 정산 함으로써 결제 완결성이 보장된다. 또한 2023년부터는 연준이 운영하는 실시간 소액결제 인프라인 페드나우(FedNow Service)가 가동되어, 연중무휴 24시간 개인과 기업의 즉시 송금과 소액 지급을 지원하고 있다.

유로 지역에서는 유럽중앙은행(ECB) 주도로 타겟2(TARGET2)라는 실시간 총액결제 시스템을 운영하고 있다. 타겟2는 각국 중앙은행이 하나의 통합 플랫폼으로 참여한다. 민간은행들이 운영하는 유로1(EURO1)은 은행 간 지급지시를 상계해 결제 자금을 줄이는 거액 차액결제망으로, 하루 마감 시점에 산출된 순차액을 타겟2를 통해 최종 결제 한다. 유로화 소액결제는 범유럽 소액결제망인 스텝2(STEP2)에서 다수의 신용이체와 자동이체를 배치 처리하며, 2018년부터는 실시간 소액결제 인프라인 팁스(TIPS)가 가동되어 유로존 내에서 24시간 365일 즉시 송금과 소액 지급을 지원하고 있다.

일본은 일본은행이 BOJ-NET이라는 시스템을 통해 고액 자금의 실시간 결제를 처리하고 있다. 이 시스템은 2001년 실시간 총액결제 방식으로 전환된 이후, 결제 리스크를 낮추는 데 중점을 두고 있다. 한편 소액결제는 민간은행들이 참여하는 전국은행자금결제망(Zengin-Net)을 통해 처리되며, 여기서 청산된 결과는 최종적으로 일본은행 결제네트워크 시스템(BOJ-NET)을 통해 결제된다.

중국은 인민은행이 운영하는 중국 국가은행 간 지급결제시스템(CNAPS)을 중심으로 거액결제와 소액결제를 나누어 처리하고 있다. CNAPS의 거액결제시스템(HVPS)은 실시간 총액결제를 수행하며, 소액결제시스템(BEPS)은 차액결제를 수행한다. 또한 인터넷뱅킹을 통해 소액 이체를 처리하는 IBPS도 도입되어 있다.

이처럼 주요국들은 거래 유형과 금액, 시스템 안정성과 효율성을 고려하여 다양한 결제방식을 조합하여 사용하고 있다. 실시간 총액결제 방식은 고액거래의 신속성과 안전성을 높이는 데 기여하고 있으며, 소액거래에서는 여전히 청산 중심의 효율적인 운용이 이루어지고 있다.

장부와 청산소에서 전자망까지, 결제인프라의 진화

이와 같은 현대적 지급결제시스템은 오랜 시간을 통해 이루어졌다. 그 기원은 신용화폐가 사용되기 시작한 중세로 거슬러 올라간다. 중세 상인들은 무거운 주화를 나르는 대신 환어음이라는 약속의 증서를 사용하여 거래했다. 한 도시에 있는 상인이 발행한 지급 약속증서를 다른 도시의 상인이 받아서 쓰고, 최종적으로 금융 중심지에서 그 증서들을 모아 결제를 완료하곤 했다.

16세기 프랑스 리옹에서는 1년에 몇 차례 서류상으로만 돈을 주고받는 결제 박람회가 열렸는데, 유럽 각지의 상인들이 모여 서로의 빚을 장부상 합산하고 마지막에 남은 차액을 결제했다. 무거운 금화 대신 종이(장부)를 기반으로 계산하여 거래를 정산했는데, 이때 중요한 것은 최종적인 차액의 결제가 이루어지는지 여부였다. 마지막 날 각 상인은 약속한 대로 금화나 은화를 제출하여 정산을 마무리했고, 이 절차가 신뢰를 얻었기에 환어음이 유통될 수 있었다. 돈의 지급 약속이 완결되어야 비로소 돈으로서 기능한다는 원리는 예나 지금이나 다르지 않다.

이러한 초기의 지급결제 방식은 1609년 설립된 암스테르담은행에 의해 크게 발전했다. 이 은행은 신뢰할 만한 중개자로 기능하며, 장부상의 기록만으로도 국제무역 결제를 가능하게 했다. 암스테르담은행은 당시 가장 믿을 만한 결제수단인 은행 길더(Bank Guilder)[5]라는 통화를 만들어냈는데, 길더는 금화로 바로 바꿀 수 있는 예금으로서 국제 상인들 사이에 폭넓게 통용되었고, 암스테르담은행은 그 효율적이고 안정적인 결제시스템 덕분에 수십 년간 금융 세계의 중심에 설 수 있었다. 암스테르담은행의 장부 속 예금은 유럽 최초의 국제 준비통화 역할까지 하기도 했다.

---

5) 암스테르담은행(Bank of Amsterdam)은 1609년 설립되어, 실물 금속을 예치받고 고정가치인 '은행 길더(Bank Guilder)'를 계좌에 기록해 지급수단으로 사용하게 한 제도를 도입하였다. 이는 초기 형태의 중앙은행적 기능을 수행한 사례로 평가된다.

18세기에 이르러 영국 런던에서도 현대적인 청산소 개념이 등장한다. 런던의 은행들은 매일 오후 한곳에 모여 서로 받은 수표들을 일일이 교환하고 남은 잔액만 정산하는 방식을 고안해 냈다. 이전까지는 은행 직원들이 일일이 다른 은행을 찾아가 수표를 청구하고 현금을 받아오는 비효율적인 방법을 썼는데, 1770년 무렵 설립된 런던 청산소는 모든 은행이 한자리에 모여 집중 청산을 할 수 있게 함으로써 이 문제를 해결했다. 이후 다양한 국가에 청산소가 퍼져나가게 된다.

19세기 미국에서는 은행들끼리 모여 만든 청산소들이 중앙은행 역할 일부를 담당하기도 했다. 특히 뉴욕 청산소는 금융위기 시기에 은행들이 무너지지 않도록 특단의 조치를 취했는데, 1907년 금융공황[6] 때 현금이 부족해진 은행들이 서로 지급을 계속할 수 있도록 청산소 증서라는 것을 발행한 것이다. 이것은 은행들이 모여 우리가 나중에 현금으로 갚겠다고 약속하며 만든 일종의 대체화폐였다. 뉴욕 청산소가 승인한 이 증서를 회원 은행들끼리는 현금 대신 받아주기로 했고, 심지어 위기가 극심할 때는 일반 상점이나 급여 지급에도 쓰일 정도로 퍼져나갔다.

평소라면 통용되지 않았을 이 종이쪽지들이 어떻게 해서 돈처럼 기능할 수 있었을까? 그것은 지급결제시스템의 신뢰가 여전히

---

6) 구리 광산 주식을 매집하려던 투기세력의 실패로 인해 '니커보커 신탁회사(Knickerbocker Trust Company)' 등 주요 금융기관이 파산 위기에 몰리면서 시작되었다. 예금주들이 한꺼번에 돈을 찾는 뱅크런(Bank Run) 현상이 전국적으로 확산되었고, 주식시장은 폭락하며 유동성 부족 사태가 발생하였다.

유지되고 있었기 때문이다. 은행들이 연합하여 보증을 섰고, 위기 이후 중앙은행이 들어설 것이라는 믿음이 있었기에 사람들은 이 임시 돈을 받아들였다.

하지만 이런 임시방편마저 통하지 않으면 돈은 순식간에 신뢰를 상실하게 된다. 실제로 1907년 공황 당시 일부 지역에선 현금 인출 제한, 지급 정지까지 벌어졌고, 결제 중단은 곧 경제활동의 마비로 이어졌다. 이 사례는 왜 결제 완결성이 중요한지를 극명하게 보여준다. 중간 단계의 약속이나 증서는 어디까지나 최종 현금 결제가 이루어질 것이라는 믿음하에서만 의미가 있다. 마지막 결제가 이루어지지 않으면, 그 전에 주고받은 모든 돈의 약속은 무의미해진다.

지급결제시스템의 인프라 발전사는 돈이 안전하고 빠르게 다닐 수 있는 길을 닦아온 역사이다. 은행의 장부에서 청산소를 거쳐 중앙은행의 전자결제망에 이르기까지, 인프라가 발전할수록 돈의 이동은 더욱 신속하고 확실해졌다. 이러한 토대 덕분에 현대 경제의 복잡한 거래들이 문제없이 돌아가고 있다.

중앙은행 없는 결제, 암호자산의 새로운 결제 방식

21세기에 등장한 암호자산들은 종전과는 다른 방식으로 지급결제시스템의 길을 만들려는 매우 흥미로운 시도를 보여준다. 비트코인(Bitcoin)은 중앙 기관 없이 네트워크 참여자들의 합의에 의해 거래를 검증하고 기록하는 시스템을 만들어냈다. 이더리움 (Ethereum)이나 스텔라(Stellar) 같은 암호자산의 블록체인 위에서 운용되는 스테이블코인 역시 이와 같은 분산된 환경에서 결제가 이루어진다.

비트코인 네트워크에서 거래가 발생하면, 채굴자들이 경쟁적으로 그 거래들을 검증하여 블록으로 만든다. 새로운 블록이 체인에 추가되면 해당 거래들은 유효하다고 간주되지만, 다른 채굴자가 거의 동시에 블록을 만들어 체인이 일시적으로 갈라질 수(fork)도 있다. 결국 한쪽 체인만 살아남고 나머지 거래는 무효가 되므로, 어느 블록이 영구히 남을지는 다음 블록이 연결되어야 알 수 있다. 일반적으로 6개 이상의 블록이 쌓이면 해당 거래는 되돌릴 가능성이 거의 없어 사실상 최종 결제로 간주된다. 시간이 지날수록 결제가 번복될 확률이 급격히 떨어지므로 현실적으로는 안전하다고 보는 것이다.

비트코인은 중앙 기관 없이도 거래를 확정할 수 있는 방법을 만들어냈지만, 많은 에너지가 소모되고 결제 속도가 느려지는 단점을 가진다. 새로운 블록을 만들어내고 이를 검증하는 데 네트워크에 참가한 컴퓨터들이 경쟁적으로 복잡한 계산을 수행해야 하기 때문에 많은 전기가 소모된다. 그리고 약 10분마다 새로운 블록이 생성되기 때문에 결제 확정까지 시간이 소요된다. 이러한 문제를 보완하기 위해 블록체인 밖에서(off-chain) 결제 채널을 열고 닫는 방식을 통해 거래가 즉시 확정되고, 추후 블록체인에 최종 기록 하는 기술[7]이 개발되었다.

다른 암호자산의 경우, 이더리움은 일정 블록 수가 지나면 거래의 최종성을 확보하는 구조를 갖췄고, 스텔라나 리플(XRP) 같은 체인은 거래가 블록에 기록되는 순간 바로 확정되도록 설계되었다. 이에 따라 스테이블코인의 전송 역시 이런 기반 위에서 이제는 수 초 또는 수 분 이내에 전송 완료 및 최종 결제가 이루어진다. 이러한 블록체인상 거래는 신속하고 취소가 불가능하다는 장점이 있지만, 코인을 잘못 보낼 경우 돌려받기 어렵다는 단점도 있다.

한편 스테이블코인의 결제 완결성에는 가치의 안정성도 중요하다. 스테이블코인은 두 겹의 신뢰 위에 서있다고 할 수 있다. 첫째는 기술적 신뢰로, 블록체인이 거래를 확실하게 확정하고 기록해 준다는 믿음이고, 둘째는 가치 신뢰로, 코인 발행자의 준비금과 운영이 탄탄하여 언제든 현금으로 교환 가능하리라는 믿음이다.

블록체인 내에서는 거래가 확정되더라도, 해당 코인이 실제 법정화폐로 교환될 수 있다는 보장이 없다면 일상적인 경제활동에서 지급결제수단으로서의 기능은 떨어진다. 따라서 발행 주체가 보유한 준비금과 운영의 투명성이 중요하다. 이에 따라 각국에서는 스테이블코인 발행을 제도권 금융시스템 안에서 규율하려는

---

7) 라이트닝 네트워크(Lightning Network)는 비트코인의 처리 속도와 수수료 문제를 개선하기 위해 제안된 2계층 결제망으로, 모든 거래를 블록체인에 기록하지 않고 참가자 간의 별도 채널에서 거래를 주고받은 뒤, 최종 결과만을 본체 블록체인에 반영하는 방식이다. 이를 통해 신속하고 저렴한 소액결제가 가능해지며, 비트코인의 탈중앙성과 보안을 유지하면서도 실용적 결제수단으로의 활용 가능성을 확장한다.

입법이 시도되고 있다. 예컨대 현재 미국 의회에서 입법화되고 있는 스테이블코인 규제 법안은 지급보증, 준비금 보관 방식, 감독기관 등록 요건 등을 포함함으로써, 스테이블코인을 실질적으로 은행예금에 준하는 수준으로 규율하려는 시도이다.

이러한 디지털 결제수단은 탈중앙화금융(DeFi)[8] 생태계에서도 활발히 사용된다. 이더리움 기반의 탈중앙화 거래소(DEX)에서는 스테이블코인과 암호자산을 스마트 계약을 통해 자동으로 교환하며, 거래 체결과 결제가 동시에 이루어진다. 이러한 방식은 전통 금융에서 보기 어려운 결제 방식으로, 거래가 성립되면 곧바로 결제도 끝나는 구조를 가진다. 다만 이 역시 블록체인의 성능과 안전에 의존하며, 시스템이 혼잡하거나 해킹 등 외부 충격이 발생하면 결제의 완결성에 영향을 줄 수 있다.

흥미로운 것은, 전통 금융과 암호자산 네트워크는 서로의 강점을 받아들이며 결제 혁신을 모색하고 있다는 점이다. 은행들은 더 빠르고 효율적인 결제를 위해 블록체인 기술을 도입하려 하고, 암호자산 업계는 제도권의 신뢰와 안정성을 확보하려는 방향으로 나아가고 있다.

돈은 더 이상 한곳에 머물러있는 금속이나 지폐가 아니다. 우

---

8) DeFi(탈중앙화 금융)는 금융기관 같은 중개기관 없이, 블록체인 기반의 스마트 계약을 통해 자동화된 방식으로 금융서비스를 제공하는 구조를 뜻한다. 이자 예치, 대출, 파생상품, 거래소, 스테이블코인 발행 등 전통 금융의 주요 기능이 탈중앙화된 애플리케이션(DApp)을 통해 구현되며, 대표적으로 이더리움 위에서 작동한다. 신원 인증 없이 전 세계 누구나 참여할 수 있고, 코드 기반 계약으로 운영되기 때문에 개방성, 투명성, 자동화를 특징으로 한다.

리의 통장 속 예금, 스마트폰 속 디지털화폐는 끊임없이 흐르는 전류와 같다. 이러한 돈의 흐름이 가능하려면 길이 잘 닦여있어야 하며, 그 길의 끝이 어디인지 분명해야 한다. 지급결제시스템은 돈이 다니는 길을 놓아주고, 그 끝에 결제 완결성이라는 이정표를 세움으로써 우리가 안심하고 거래할 수 있게 만든다. 실체적 측면만 봐서는 돈이 어떤 것인지 온전히 이해하기 어렵다. 돈은 예금계좌에 있는 숫자 몇 개만으로는 제 역할을 다 하지 못한다. 그 숫자가 사회적 관계망 속에서 이동하고 인정받을 때 비로소 돈으로서 힘을 발휘한다.

앞으로도 새로운 기술과 경제 환경이 돈의 모습을 바꾸겠지만, 결국 성공의 조건은 얼마나 신뢰할 수 있는 결제 완결성을 제공하는가에 달려있다. 돈이 다니는 길이 곧 돈의 생명선이며, 그 길이 끊기는 순간 돈의 기능도 멈춘다는 사실을 기억할 필요가 있다.

2장

돈이 국경을 넘을 때

인천공항의 한 환전소 앞, 여행자는 전광판에 적힌 환율을 유심히 살펴본다. 원화를 미국 달러로 바꾸기 위해서이다. 오늘의 환율은 '1달러당 1,400원'. 여행자는 지갑에서 14만 원을 꺼내 100달러를 손에 넣는다. 어쩌면 이 여행자는 기분 좋았을 수도 있다. 일주일 전에 환전을 위해 은행에 갔을 때 환율이 더 높았었다면 말이다. 오늘 여행에 필요한 달러를 몇천 원 더 싸게 샀을 테니까. 그 반대였다면 그때 미리 사둘걸 하며 아쉬워했을 것이다. 우리가 해외여행을 할 때 흔히 보는 풍경이다.

평상시에는 전혀 신경 쓰지 않았던 것이다. 그러나 우리가 국경을 넘어설 때 내 돈의 가치는 흔들린다. 이런 환율 변동과 매일

같이 씨름하는 사람들이 있다. 수출기업, 수입기업, 그리고 해외
투자자들이다. 이들에게 환율의 변화는 그저 기분 좋고 나쁨의 문
제가 아니다. 때로는 일년 내 노력하여 얻은 영업이익이 환율 변동
으로 반 토막이 될 수도 있다. 우리는 달러-원 환율이 24시간 변
동하는 시대에 살고 있다. 잠자리에 들어있을 때도 내 돈의 가치는
오르내리고 있는 것이다.

이 장에서는 점점 더 중요해지는 환율이 결정되는 외환시장에
대해 이야기하려고 한다. 뉴스로 접하는 외환시장은 단편일 뿐, 실
제 외환시장은 상상 이상으로 거대하며 돈에 미치는 영향 또한 강
력하다. 돈에 대해 이해하려면 무엇보다도 외환시장과 환율에 대
해 알아야 한다.

환율, 그리고 외환시장

외환이란 좁은 의미로는 외국 돈이라는 의미로 사용되기도 하
지만 좀 더 포괄적으로는 한 나라의 돈이 다른 나라의 돈과 교환
되는 금융 활동 전반을 의미한다고 할 수 있다. 좀 더 추상적으로
표현하면, 서로 다른 회계 단위로 조직된 경제들 간의 가치를 이
어주는 연결 고리이자 그 경계에서 발생하는 금융현상이라 할 수
있다.

외환시장은 국경을 넘나드는 돈의 수요와 공급이 만나는 국제
금융시장이다. 여행 경비 환전에서부터 수출입기업의 무역대금

결제, 글로벌투자자의 거액 자금 이동까지 규모와 목적이 다양한 거래가 외환시장에서 이루어진다.

외환시장은 통화 간 교환이 성립하고 결제되기까지의 모든 메커니즘을 포괄하지만, 거래 단계 면에서 여행 경비와 기업의 수출입대금의 환전이 이루어지는 대고객시장과 그 뒤편에서 대규모 거래가 이루어지는 은행 간 시장으로 구분할 수 있다. 우리들은 통상 대고객시장을 통해 외환거래를 경험하지만 실제로 환율이 결정되는 곳은 은행 간 시장이다. 전 세계를 무대로 거래하는 국제은행들과 금융기관들이 하루에도 수조 달러 규모의 외화를 서로 사고팔며 환율을 형성하는 데 핵심적인 역할을 한다.

외환시장에서 환율(exchange rate)은 두 통화 간의 교환 비율, 즉 한 통화를 다른 통화로 바꿀 때의 상대가치를 의미한다. 환율은 어느 나라의 통화를 기준으로 삼느냐에 따라 표시 방식이 달라지는데, 국제외환시장에서 가장 널리 쓰이는 기준 통화(base currency)는 미국 달러(USD)이다. 이는 달러가 국제결제와 무역, 금융거래의 중심 통화로 자리 잡은 데 따른 관례이다.

국제외환시장에서 환율은 일반적으로 통화 기호 사이에 슬래시(/)를 넣어 표기한다. 예를 들어 USD/KRW = 1,400이라면 1달러를 얻기 위해 1,400원이 필요하다는 뜻이다. 슬래시는 앞의 통화가 기준 통화(base currency), 뒤의 통화가 상대 통화(quote currency 또는 counter currency)임을 구분하는 표시로 이해하면 된다. 그러나 우리나라 은행 간 외환시장에서는 이와 약간 다른 표기 관행이 정착되어 있다. 실제 거래 시스템이나 딜러 간 대화에서는 USDKRW 또는 USD-KRW와 같이 슬래시를 생략하거나 하이픈 (-)으로 대체하는 경우가 많다.

한편, 유로(EUR), 영국 파운드(GBP), 호주 달러(AUD), 뉴질랜드 달러(NZD) 등 일부 주요 통화쌍은 달러를 뒷부분에 두는 예외적 표기 방식을 따른다. 예를 들어 EUR/USD = 1.10으로 표시되어 있다면 1유로를 얻기 위해 1.10달러가 필요하다는 뜻이다. 이는 외환시장에서의 오랜 거래 역사와 전통이 반영된 결과로, 과거 파운드화가 국제금융의 중심 통화였던 시절의 관행이 일부 유지된 것이다.

결국 환율 표기 방식에는 다소의 차이가 있지만, 그 기본 원리는 동일하다. 즉, 앞의 통화 1단위의 가치를 뒤의 통화로 나타내는 것이다. 환율이 높아진다는 것은 기준 통화의 상대가치가 상승하거나, 반대로 상대 통화의 가치가 하락함을 의미한다. 따라서 환율 변동을 해석할 때는 항상 어느 통화를 기준하는지를 먼저 확인하는 것이 중요하다.

앞서 예에서처럼 '1달러당 1,400원'에서 환율이 상승하면(예: 1달러=1,450원) 동일한 1달러를 얻는 데 더 많은 원화가 필요해지므로 원화 가치하락(원화 약세 또는 절하)을 의미하고, 반대로 환율이 하락하면(예: 1달러=1,350원) 원화 가치상승(원화 강세 또는 절상)을 의미한다.

이처럼 환율은 두 통화의 상대적 가치를 나타내는 지표이며,

물가 수준, 수출입 가격, 해외여행 경비, 외채 부담 등 경제 전반에 걸쳐 폭넓은 영향을 미친다. 실제로 달러-원 환율이 오르면 수출품의 외화 표시 가격은 낮아져 가격경쟁력이 올라가고, 수입품의 원화 환산 가격은 높아져 수입 수요가 줄어든다. 그 결과 경상수지가 개선되는 효과가 있지만, 동시에 수입물가상승에 따른 국내 물가상승 압력이 커지고 외화부채 상환 부담이 늘어나는 부작용이 나타난다.

한편 모든 통화와 통화 사이에 거래가 일어나는 것은 아니다. 특히 은행 간 시장에서의 대규모 외환거래의 대부분은 미국 달러화를 중심으로 한 거래, 즉 각국 통화로 달러를 사고파는 방식으로 이루어진다. 미 달러화 거래는 국제외환시장 전체 거래의 80~90%를 차지한다. 반면 달러를 제외한 통화 간의 직접거래(이른바 이종통화 거래, cross-currency transaction)는 상대적으로 드물고, 그 규모도 제한적이다.

이런 이유로 달러화의 가치는 세계 환율의 '기압계'로 불린다. 외환시장 참가자들은 달러의 종합적 가치를 판단하기 위해 오래전부터 달러화지수(Dollar Index, DXY)를 활용해 왔다. DXY는 미국 달러를 여섯 개 주요 통화(유로(EUR), 엔(JPY), 파운드(GBP), 캐나다 달러(CAD), 스웨덴 크로나(SEK), 스위스 프랑(CHF))와 비교해 만든 가중평균지수로, 이 값이 상승하면 달러화의 가치가 전반적으로 높아졌음을 뜻한다.

다만 DXY는 1973년 브레튼우즈체제 붕괴 직후의 구조와 비중을 그대로 유지하고 있어, 현재의 미국 무역 구조를 충분히 반영하지 못한다는 한계가 지적되고 있다. 특히 이 지수의 절반 이상이 유로/달러 환율의 변동에 의해 결정되기 때문에, 유럽 경제의 경기나 정책 변화가 달러화지수에 큰 영향을 미친다. 그 결과 실제 모든 교역 상대국의 환율 변화를 반영한 '실질실효환율(real effective exchange rate)이나 미 연준이 발표하는 '무역가중 달러지수(Trade-Weighted U.S. Dollar Index)'와 괴리가 발생한다.

그럼에도 불구하고 국제외환시장에서 DXY가 여전히 달러 가치의 대표 지표로 널리 인용되는 이유는, 오늘날 달러 환율의 움직임을 주도하는 힘이 무역 거래보다는 금융자본 이동에 있기 때문이다. 실제 외환시장에서 거래되는 자금의 대부분은 상품과 서비스 결제용이 아니라, 투자와 헤지 목적의 자본거래에 해당한다. 이 가운데 상당 부분이 미국, 유럽, 일본 등 선진 금융권 사이에서 이루어진다.

이처럼 DXY는 구성상 오래된 한계를 지니고 있음에도, 여전히 금융시장 참가자들에게는 '달러화의 체온계'이자 세계 자금 흐름의 나침반으로 작동하고 있다. 한국처럼 무역구조가 유로지역과 다르다고 할지라도 달러화지수는 글로벌 투자심리와 환율의 방향을 가늠하는 데 있어 여전히 가장 유용한 지표로 평가된다.

외환시장은 소액 환전부터 수십억 달러의 국제무역 결제와 투자자금 이전까지 아우르며, 다양한 통화의 가치는 수요와 공급에 따라 실시간으로 결정된다. 이 시장이 수행하는 가장 근본적인 기능은 통화 간 교환을 원활히 함으로써 한 나라의 구매력을 다른 나라의 통화로 이전시키는 데 있다. 우리가 외국 상품을 수입하거나 해외로 여행 갈 때, 또는 해외투자를 통해 자금을 이동할 때 외환시장은 통화 교환을 중개하여 국제결제를 가능케 한다. 국경을 넘는 돈의 이동이 매끄럽게 이루어질 수 있도록, 보이지 않는 곳에서 끊임없이 환율이 변동하고 외환이 거래되고 있는 것이다.

요컨대 외환시장은 돈이 국경을 넘을 때 마주치는 장벽이자 동시에 그 장벽을 넘어가기 위한 사다리이다. 여기에서 형성되는 환율이라는 거울을 통해 우리는 각국 통화의 가치가 어떻게 책정되고 변하는지 볼 수 있다. 이렇듯 외환시장과 환율을 제대로 이해하는 것은 현대 글로벌경제에서 돈이 움직이는 원리를 이해하는 데 빠질 수 없는 핵심이다.

금본위제에서 변동환율제까지, 환율제도의 큰 흐름

인류가 화폐를 사용하기 시작한 이래, 한 지역의 돈을 다른 지역에서 가치 있게 만들기 위한 노력은 항상 필요했다. 고대에는 여러 도시와 왕국들이 금화나 은화 같은 화폐를 사용했는데, 각 화폐의 가치 기준이 통일되어 있지 않다 보니, 먼 나라 상인들 사이에서는 공통 기준이 필요했다. 중세 유럽에 이르러 환어음(bill of exchange)이 등장한 것은 이러한 배경에서였다. 13~14세기 이탈리아 상인들은 현지에서 어음을 받고 교역지에서 이 어음을 상환받는 방법을 개발했다. 이탈리아 피렌체의 상인이 벨기에 브뤼헤의 무역상에게 환어음을 주면, 브뤼헤 현지의 금융인이 그 어음을 현금으로 바꿔주는 것이었다.

근대에 들어 국가 단위의 화폐 체계가 확립되면서 외환의 모습도 변모했다. 19세기 후반부터 20세기 초까지 세계경제를 주도한 것은 바로 금본위제였다. 금본위제하에서 각국 통화는 일정한 비율로 금과 교환 가능하도록 가치를 정했고, 이 금이라는 절대 기준을 통해 국가 간 환율이 고정비율로 유지되었다.

금본위제의 가장 큰 장점은 교환 비율, 즉 환율의 안정이었다. 모든 통화가 금이라는 동일 기준에 묶여있으니 환율 변동이 거의 없었고, 이는 국제무역과 투자가 안정적인 환경 속에서 확대될 수 있는 토대가 되었다. 또한 금에 연동된 화폐는 그 자체로 신뢰의 상징이기도 했다. 각국 중앙은행이 보유한 금만큼만 화폐를 발행하니, 사람들은 지폐를 금 보관증처럼 신뢰하고 받아들일 수 있었다.

그러나 금본위제에는 치명적인 한계도 존재했다. 우선 통화의 발행과 공급이 자국의 금 보유량에 엄격히 묶이다 보니, 경제 상황에 따라 신축적인 통화정책을 펴기가 어려웠다. 이러한 경직성은 제1차 세계대전과 1930년대 대공황을 거치며 극명히 드러났다. 결국 영국이 1931년 금 태환을 중지하면서 금본위의 국제 질서가 무너졌고, 각국은 서로 다른 환율정책을 취하는 혼란기에 접어들었다. 금이라는 공통 기준이 사라지자 환율전쟁에 비유될 만큼 경쟁적인 평가절하와 무역 갈등이 발생하기도 했다.

새로운 질서는 제2차 세계대전 막바지인 1944년 미국의 브레튼우즈(Bretton Woods) 회의에서 탄생했다. 브레튼우즈체제는 달러화를 중심축으로 한 국제통화 질서로서, 미국 달러를 금과 연동하고 다른 나라 통화들은 달러에 고정하는 방식이다. 미국은 1온스의 금을 35달러에 교환해 주겠다고 약속했고, 연합국을 비롯한 다수 국가들은 자국 통화의 달러 환율을 일정 범위(±1%) 내에서 고정하기로 합의했다.

브레튼우즈체제는 금-미 달러-각국 통화의 삼각 체제로, 미 달러가 금과 교환되는 준비통화 역할을 하면서 영국 파운드나 프랑스 프랑, 일본 엔화 등은 미 달러와 일정 비율로 묶인 고정환율제를 시행하였다. 이 체제를 원활히 운영하기 위해 국제통화기금(IMF)이 창설되었는데, IMF는 각국이 고정환율을 유지하다가 부득이한 경제위기로 어려움을 겪으면 일시적인 자금 지원을 하고 필요할 경우 IMF 협의하에 환율을 조정(평가절하나 평가절상)할 수 있도록 하는 안전판 역할을 맡았다.

하지만 브레튼우즈 시대도 오래가지는 못했다. 1960년대 후반에 들어 미국의 국제수지가 지속적인 적자를 기록하는 가운데 미 달러화 발행량이 미국이 보유한 금으로 뒷받침할 수 있는 수준을 넘어서기 시작했고, 애초에 약속한 비율(온스당 35달러)로는 모든 달러를 금으로 바꿔줄 수 없는 상황에 이르렀다. 달러에 대한 신뢰

약화 조짐이 보이자 각국 중앙은행들은 앞다투어 금을 찾아갔고, 미국의 금 보유고는 빠르게 줄어들었다. 결국 1971년 8월, 닉슨 대통령은 더 이상 달러와 금의 교환을 유지하지 않겠다고 전격 선언한다.

이 닉슨 쇼크를 계기로 약 100년간 이어진 금본위제와 30년간 지속된 브레튼우즈 고정환율제는 막을 내리고 시장에 환율을 맡기는 시대가 도래했다. 1976년 자메이카에서 열린 IMF 총회는 회원국들이 각자 원하는 환율제도를 채택할 수 있도록 허용하였다. 이른바 자메이카 체제로 불리는 새로운 합의에 따라 금은 국제 통화의 기준 지위를 완전히 잃었고, 각국은 변동환율제 또는 그에 준하는 체제를 도입할 수 있게 되었다.

변동환율제로 이행한 나라의 환율은 더 이상 정부나 중앙은행에 의해 일정 수준으로 고정되지 않고 외환시장에서의 수요·공급에 따라 실시간으로 변동하게 되었다. 미국, 유럽, 일본 등 선진국들은 기본적으로 변동환율제를 운영하면서 시장개입을 최소화하였고, 신흥국들도 점진적으로 자국 통화의 변동성을 용인하며 시장 기능을 확대해 나갔다.

경제 규모가 작은 개방경제나 제도적 준비가 미흡한 개발도상국의 경우, 환율이 자유롭게 움직일 때 경제에 미치는 충격을 감당하기 어려울 수 있다. 이에 따라 일부 국가는 여전히 자국 통화를 달러나 유로화 같은 강대국 통화에 연동(peg)시키는 고정환율 방식을 유지해 오고 있다. 예를 들어 홍콩은 1983년부터 홍콩 달러의 가치를 미 달러화에 연동(1달러≈7.8홍콩 달러)하여 안정시키는 통화위원회(Currency Board)를 운영 중이다. 사우디아라비아와 아랍에미리트 등 산유국들도 자국 통화를 달러에 고정해 석유 수출대금의 변동 위험을 줄이고 있다. 중국은 한때 완전 고정환율제를 취했다가 2005년 이후 관리된 변동환율제로 전환하였는데, 현재도 위안화 환율을 일정 범위 내에서만 움직이도록 관리밴드제를 시행하고 있다.

이렇듯 환율제도는 완전 고정부터 완전 자유변동까지 다양한 형태가 존재하며, 각국은 자국 경제의 특성과 대외환경을 고려해 최적의 방식을 선택한다. 어떤 제도를 택하든 일장일단이 있다. 환율을 안정적으로 고정하면 무역과 투자의 예측 가능성을 높일 수 있지만, 그 대신 독자적인 통화정책을 펼 수 있는 여지가 크게 줄어든다. 반대로 환율 변동을 허용하면 국내 경기와 물가 상황에 맞춰 금리나 통화량을 조절할 자유는 커지지만, 환율 급등락으로 인한 대외 불안정성을 감수해야 한다.

특히 자본이 자유롭게 국경을 드나드는 오늘날에는 환율 안정 - 통화정책 자율성 - 자본 이동 자유라는 세 마리 토끼를 모두 잡기 어렵다는 삼불원칙(impossible trinity)이 널리 인정되고 있다. 자본시장이 완전히 개방된 상태에서 환율까지 고정하려 하면, 금리를 자국 상황에 맞게 운용할 수 없게 되고 결국 경제에 왜곡이 생긴다. 반대로 독자적 통화정책과 자본 이동 자유를 다 누리려면 환율 변동성을 받아들여야 한다.

변동환율제를 공식 도입 한 이후, 환율 변동성이 커지자 주요국들은 공동으로 시장에 개입하여 급등락을 완화하려 했다. 1985년 미국, 일본, 독일 등 G5 국가들은 달러 강세를 잡기 위해 플라자합의[9]를 도출했고, 1987년에는 반대로 지나친 달러 약세를 막기 위해 루브르합의[10]를 맺기도 했다. 이러한 공동 개입은 변동환율제라도 필요시 국가들이 협력해 환율을 관리할 수 있음을 보여준 사례이다. 한편 신흥국들은 변동환율제를 도입하되 시장 불안 시 당국이 시장에 개입하는 혼합된 방식을 사용하고 있다.

결국 현대의 환율제도는 완전 고정도 완전 자유도 아닌, 관리된 변동성이라는 현실적인 해법으로 자리 잡고 있다. IMF는 회원국들의 환율제도를 매년 분류하여 발표하는데, 그 내용을 보면 '관리변동환율제' 혹은 '자유변동환율제', '통화바스켓 연동제', '크롤링 페그' 등 다양한 용어가 등장한다. 이는 각국이 처한 상황에 맞게 환율에 어느 정도 개입하거나 특정 지표에 연동시키는 등 맞춤형 제도를 운용하고 있음을 뜻한다.

외환시장에서는 무수히 많은 요인들이 실시간으로 맞물리며

---

9) 플라자합의(Plaza Accord)는 1985년 9월 미국 뉴욕의 플라자 호텔에서 미국, 일본, 서독, 프랑스, 영국 등 G5 재무장관과 중앙은행 총재들이 체결한 공동 합의로, 지나치게 강세였던 달러 가치를 주요국 간 공조를 통해 안정적으로 절하시키기 위한 외환시장 개입에 합의했다.

10) 루브르합의(Louvre Accord)는 1987년 2월 프랑스 파리의 루브르 궁에서 미국, 일본, 서독, 프랑스, 영국, 캐나다 등 G6 국가가 체결한 국제 통화정책 합의로, 플라자 합의 이후 급속히 진행된 달러 약세와 주요국 환율 불안정을 완화하기 위해, 각국이 자국 통화의 환율 안정을 위한 공동 대응에 나서기로 합의했다.

환율이 결정된다. 환율은 국가 간 거래의 균형을 중개하며 동시에 충격을 흡수하는 역할을 한다. 물론 때로는 시장이 과도하게 출렁거려 불안을 초래하기도 하므로, 앞서 본 대로 당국이 개입하고 국제 공조에 나서야 할 때도 있다. 그러나 궁극적으로 환율은 모든 정보와 힘이 응집된 결과물임을 이해하는 것이 중요하다. 환율은 각국의 경제정책, 국제투자 흐름, 무역수지, 심지어 정치적 관계와 심리까지 반영한다.

무역 중심에서 자본 중심으로, 외환시장의 구조 변화

앞서 살펴보았듯이, 외환 및 환율제도의 큰 틀이 변해오는 동안 외환이 거래되는 시장 자체도 발전을 거듭해 왔다. 외환시장의 기원을 거슬러 올라가 보면, 특정한 거래소나 조직이 없는 상태에서 무역상과 환전상들이 개별적으로 통화를 교환하던 형태였다. 중세 상인들은 도시의 시장이나 대장간 모퉁이에서 금화와 은화를 바꾸고 환어음을 할인받았을 것이다.

근대에 이르러 은행이 등장하면서 외환거래는 점차 은행 중심의 거래로 바뀌었다. 19세기 런던이나 암스테르담 같은 금융 도시에는 환전 중개상들이 여러 나라 통화를 사고팔며 시세를 공시했고, 전신(telegraph)의 발달로 실시간 환율 정보가 주요 금융센터 간에 공유되기 시작했다. 예컨대 1880년대에 런던-뉴욕 간 전신망이 설치되면서 두 도시의 환율은 긴밀히 연동되었다.

브레튼우즈체제하에서는 환율이 고정되어 있었기 때문에, 각 국 외환시장은 중앙은행의 통제하에 비교적 제한적으로 운영되었다. 외환거래량도 많지 않았고, 정부 승인 없이는 자유로운 환전이 어려운 나라들이 많았다. 그러나 1970년대 초 변동환율제로 전환한 이후, 상황은 급변하기 시작했다. 주요 통화의 환율이 시시각각 변동하게 되자 환율 변동에 대한 투기와 헤지 수요가 새롭게 생겨났고, 외환시장은 이전보다 훨씬 역동적으로 바뀌었다.

Overlaps in Forex Trading Times, 시간은 UTC 기준

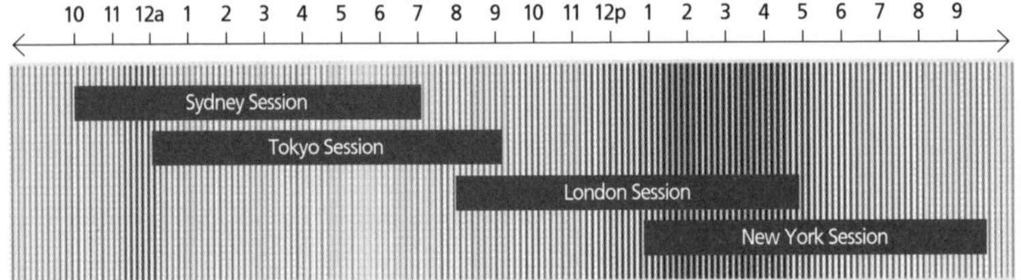

1980년대 이후 선진국들을 중심으로 금융 자율화가 진행되면서 외환거래에 대한 각종 규제가 풀리고, 민간은행과 기업들의 자유로운 자본 이동이 촉진되었다. 이에 따라 외환시장 규모는 기하급수적으로 커졌다. 1989년 외환시장 일평균 거래액은 약 6,200억 달러였는데, 2004년에는 1조 9천억 달러, 2019년에는 6조 6천억 달러까지 불어났고, 2025년에는 9조 6천억 달러를 넘

어서며 사상 최대치를 기록했다.[11] 불과 수십 년 새 외환거래량이
수십 배로 커진 것이다.

이렇게 급성장한 외환시장은 국제적으로 통합된 몇 안 되는 금
융시장 중 하나가 되었다. 시차를 따라 시드니, 도쿄, 런던, 뉴욕으
로 거래가 릴레이처럼 이어지기 때문에, 24시간 내내 지구 어디선
가 환율이 형성되고 있다. 유로-달러, 달러-엔 같은 주요 통화의
환율은 실시간으로 변하고, 뉴스나 경제지표 발표에 즉각 반응한
다. 현대 외환시장은 명실상부 지구촌 전체를 무대로 하는 글로벌
마켓이라 할 수 있다.

외환시장의 외형적 성장과 더불어 중요한 변화는 그 구성의 변
화이다. 초기의 외환거래는 거의 전적으로 무역과 관련된 필요에
서 비롯되었다. 가령 19세기 영국 상인이 인도로 면직물을 수출하
면, 인도의 무역상은 대금을 영국 파운드로 지불해야 했다. 이런
경상거래(상품 및 서비스 거래)에서 발생하는 외환 수요와 공급이 전
통적으로 환율을 좌우하는 주된 요인이었다.

한 나라의 수출이 늘어나면 외국 돈(외화)을 벌어들이니 외환
공급이 증가하고 자국 통화의 가치가 강세를 띠게 되고, 반대로 무
역적자가 심해지면 외화 유출이 많아져 자국 통화가치가 약세를

---

11) 자료: 국제결제은행(BIS) Triennial Central Bank Survey. 1989년 6,200억 달러는 BIS(1996) 보고서에 제시된 수치
로 조사 참여국과 보고 범위가 미국·영국·일본·독일·프랑스 등에 집중되어 있었다. 거래수단 포괄범위 면에서는,
1989년 및 2004년 수치는 전통적 외환거래(현물·선물환·FX스왑) 기준이며, 2019년과 2025년 수치는 여기에 통화
스왑·옵션 등까지 포함한 전체 OTC 외환거래 기준이다. 이는 외환거래의 국가 및 거래수단에 대한 포괄범위가 점차
넓어진 것을 반영한다.

보이는 식이다. 20세기 중반까지만 해도 환율은 이러한 무역수지 등 기초 경제 여건을 반영하는 지표로 여겨졌다.

그러나 금융의 세계화가 진행된 최근 수십 년 사이, 외환의 수요·공급 구조는 극적으로 바뀌었다. 이제 외환시장에서 벌어지는 거래의 대부분은 무역이나 실물경제와 직접적인 관련이 없는 자금 이동에서 비롯된다. 이를 보여주는 한 가지 지표는 외환시장 규모와 세계무역 규모의 차이이다. 앞서 언급한 대로 글로벌 외환시장의 하루 거래액은 9조 달러를 넘는데, 전 세계 무역 규모를 일평균으로 환산하면 약 1천 3백억 달러 남짓에 불과하다.[12] 즉 외환거래 중 실물 교역과 직결된 부분은 5%도 채 안 된다. BIS에 따르면 2025년 4월 중 외환시장 전체 거래에서 비금융 고객(non-financial customers)의 비중은 약 5%에 불과하다.

오늘날 외환시장의 주역은 글로벌 투자자금이다. 헤지펀드, 자산운용사, 다국적 기업 등은 각국의 금리 차이나 환율 전망을 토대로 막대한 돈을 국제금융시장에 투입한다. 이들은 높은 수익을 좇아 빠르게 움직이며, 때로는 한 나라 통화에 대규모로 몰렸다가 순식간에 빠져나가기도 한다. 이러한 단기자본 이동은 외환 수요·공급의 급변을 초래하여 환율을 단기간에 크게 출렁이게 만든다. 예를 들어 글로벌투자자들이 신흥국의 성장 전망을 낙관하며 대규

---

12) 2024년 전 세계 상품과 서비스 수출 총액 약 32.2조 달러를 영업일 250일로 나누면 하루 평균 수출액은 약 1,288억 달러가 된다. 자료: 세계무역기구(World Trade Organization), World Trade Statistics

모로 투자자금을 들여오면, 해당국 통화에 대한 수요가 폭증해 환율이 급락(통화가치 상승)할 수 있다. 반대로 어느 순간 위험을 피하려 일제히 자금을 회수해 가면, 통화가치가 속절없이 곤두박질칠 수 있다.

파생금융상품의 발달도 외환거래 구조 변화를 가속화한 요인이다. 현대 외환시장의 거래량 중 현물환 거래는 1/3도 안 되고 대부분을 외환스왑, 선물환 등의 파생상품 거래가 차지하고 있다.[13] 파생상품 거래 증가는 환율 변동 리스크에 대응한 기업이나 금융기관의 헤지(hedge) 수요를 반영한다. 수출기업이 1년 후 받을 달러 대금을 미리 약정 환율로 원화와 교환해 놓으면, 환율이 어떻게 변하든 정해둔 가격에 원화를 확보할 수 있다.

그러나 외환파생상품들은 투기적 목적으로도 사용된다. 적은 증거금으로 거액을 거래하는 등 높은 레버리지 효과를 얻을 수 있어, 일확천금을 노리는 투기자본이 파생상품시장에 몰려들기도 한다. 그 결과 기초자산 시장(현물환시장)의 규모보다 파생상품시장 거래 규모가 훨씬 커지는 현상까지 나타나게 되었다.

---

13) 국제결제은행(BIS), Triennial Central Bank Survey , OTC foreign exchange turnover in April 2025 기준. 외환시장 일평균 거래량 9.6조 달러 중 FX 스왑이 42%, 스팟 거래는 31%, 선물환은 19%, 옵션은 7%, 통화스왑은 2%

디지털화와 플랫폼 확산, 외환시장의 숨가쁜 하루

21세기 들어 외환시장은 새로운 구조적 변화의 물결 속에 있다. 가장 두드러진 흐름은 디지털화와 자동화이다. 과거 딜러들 간의 전화로 이루어지던 외환거래는 이제 대부분 전자중개망과 컴퓨터 알고리즘에 의해 처리된다.

최근 뉴욕 연준과 국제결제은행(BIS) 등의 분석에 따르면, 외환시장에서 전자거래 플랫폼을 통한 거래 비중이 꾸준히 증가해 현재 전체 거래의 절반 이상을 차지하며, 알고리즘 트레이딩과 고빈도 매매가 주요 통화시장의 유동성 공급에 중요한 역할을 하고 있다.[14] 컴퓨터가 인간을 대신해 초단타로 환차익을 노리는 시대가 된 것이다.

이는 시장 효율성을 높이고 스프레드를 축소하는 긍정적 효과도 있지만, 동시에 순식간에 벌어지는 플래시 크래시(flash crash, 순간 폭락·폭등) 같은 현상을 초래할 위험도 지적된다. 실제로 2019년 1월 새벽 시간대에 엔화 환율이 불과 몇 분 사이 급등했다가 곧바로 정상화된 사건이 있었는데, 원인은 호주 달러-엔화를 대상으로 한 알고리즘 매매가 촉발한 극심한 변동성 확대였다. 이렇듯 자동화된 시장에서는 프로그램 오작동이나 봇(Bot)의 군집행동 등이 새로운 리스크 요인으로 등장한다. 각국 규제당국과 BIS 등은 이

---

14) BIS, Triennial Central Bank Survey – Foreign exchange turnover in April 2022, Federal Reserve Bank of New York, Liberty Street Economics, "Towards Increasing Complexity: The Evolution of the FX Market," January 2024.

런 현상을 주시하며, 서킷브레이커 도입 등 제도적 보완을 논의하고 있다.

디지털 기술의 진화는 외환의 개념 자체를 재정의할 가능성을 제기하고 있다. 대표적인 예가 중앙은행 디지털화폐(CBDC)의 등장이다. 우선 국경 간 결제가 한층 쉬워질 전망이다. 지금은 한국에서 미국으로 돈을 보내려면 은행망을 통해 SWIFT[15] 코드 전송, 중개 은행 경유 등 복잡한 단계를 거쳐야 하고 수수료와 시간이 많이 든다. 하지만 만약 양국에 CBDC 결제망이 구축되고 상호연계된다면, 스마트폰 앱으로 즉시 원화를 디지털 달러로 교환해 송금하는 것도 가능해진다. 이렇게 되면 전통적인 의미의 외환거래는 백그라운드로 숨어들게 된다. 사용자는 원화가 달러로 바뀌는지조차 의식 못 한 채 해외 결제를 하게 되는 것이다.

민간 스테이블코인도 마찬가지이다. 현재 일부 신흥국에선 자국 통화가치가 불안정하거나 달러 현찰을 구하기 어려울 때 테더(USDT) 같은 스테이블코인을 달러 대용으로 사용하기도 한다. 인터넷만 연결되면 전자지갑 앱을 통해 손쉽게 주고받을 수 있으니, 일종의 디지털 달러 역할을 하는 셈이다. 이러한 현상이 확산되면 외환시장의 지형이 바뀔 수 있다. 기존 오프라인 은행과 외환딜러들이 주도하던 거래가 점차 온라인 P2P 네트워크로 이동하고, 중

---

15) SWIFT(국제은행 간 통신협회)는 1973년 벨기에에 설립된 전 세계 금융기관 간의 국제금융 메시지를 안전하고 표준화된 방식으로 교환하기 위한 통신망(Network)이다. 회원 은행 및 기관들은 SWIFT를 통해 송금, 지급결제, 증권 거래, 외환 등 각종 금융 메시지를 암호화된 형식으로 전달한다.

앙은행과 정부의 영향력도 약화될 수도 있다. 다만 아직은 스테이블코인 역시 법정통화(달러)에 연동되어 있어 외환의 본질적 수요가 사라지는 건 아니나, 기술의 발전은 이러한 상상을 실현 가능한 영역으로 서서히 끌어오고 있다.

또 다른 변화는 지급결제 플랫폼의 글로벌화이다. 최근 몇 년 새 핀테크 기업들과 빅테크들이 앞다투어 국제 송금 서비스를 혁신하고 있다. 트랜스퍼와이즈(와이즈)[16]는 기존 은행망을 통하지 않고 현지 통화 풀(pool)을 활용해 저렴하고 빠른 송금을 구현했고, 리플(Ripple)은 블록체인 기반 솔루션으로 은행 간 실시간 결제를 도모한다. 비자(Visa)나 마스터카드 같은 카드 결제망도 국경 간(cross-border) 결제 분야에서 영향력을 강화하며, 일종의 민간 외환시장 역할을 겸하고 있다.

이런 플랫폼들이 성장하면 개인이나 기업이 전통적 은행을 통하지 않고도 외환 교환을 손쉽게 할 수 있게 된다. 다시 말해 외환시장의 탈중앙화, 플랫폼화 경향이 커질 수 있다. 물론 국가 간 자본 이동 관리와 불법자금 차단 등의 이슈로 완전 개방이 이루어지진 않겠지만, 경쟁과 기술 발전의 방향은 분명하다. 더 빠르고 싸고 투명한 외환거래에 대한 수요는 꾸준하며, 이를 충족시키는 쪽

---

16) 트랜스퍼와이즈(TransferWise, 현 Wise)는 2011년 영국에서 설립된 핀테크 기업으로, 기존 국제 송금의 고비용·저투명성 문제를 해결하기 위해 개발된 P2P 기반의 저비용 해외 송금 서비스다. 고객의 자금을 실제로 국경 간 이동시키기보다, 각국에 보유한 현지 계정을 활용해 현지 통화로 상계 처리(netting) 함으로써 환전수수료와 송금수수료를 획기적으로 절감한다.

으로 시장은 움직이고 있다.

3장

돈의 창조

현금보다는 신용카드나 계좌이체 사용이 많은 요즘, 이 모든 거래의 이면에는 현금이 움직이고 있다고 생각하기 쉽지만 실제는 그렇지 않다. 1장에서 살펴보았듯이, 카드 결제나 계좌이체에는 현금이 사용되지 않는다. 내 은행예금이 상품 판매자의 계좌로 바로 이전되기 때문이다. 다시 말해, 예금 자체가 돈이며, 은행예금은 현금과 어깨를 나란히 하는 또 다른 형태의 돈이라고 할 수 있다.

은행예금은 대표적인 신용화폐로, 신용화폐는 동전과 같은 실물화폐로 존재하지 않아도 만들어질 수 있다. 즉, 대부분의 은행예금은 현금을 맡기지 않아도 만들어지며, 이를 이해해야 현대 경제 시스템에서 돈이 무엇인지 알 수 있다.

오늘날 유통되는 돈의 대부분은 중앙은행이 아닌 민간은행에서 만들어진다. 영국의 경우, 시중에 유통되는 통화량 중 약 97%가 은행들이 대출을 통해 창출한 예금통화이고, 중앙은행이 발행한 현금은 3%에 불과하다고 보고된 바 있다.[17] 은행 제도가 정착된 경제에서 돈의 주된 형태는 우리가 지갑에 넣고 다니는 지폐보다는 은행 계좌에 숫자로 찍혀있는 예금이다. 3장에서는 어떤 원리와 과정을 통해 이런 것이 가능한지를 설명한다.

지급준비와 통화승수, 교과서가 설명해 온 돈 창조

은행은 어떻게 예금이라는 돈을 만들어내는가? 전통적으로 경제학 교과서에서는 부분지급준비제도(fractional-reserve banking)에 초점을 맞추어 이를 설명해 왔다. 이 제도는, 은행이 고객의 예금 중 일부만 현금이나 중앙은행 예치금(준비금)으로 보유하고 나머지는 대출 등으로 운용하는 시스템을 말한다. 다시 말해 예금의 전체가 아닌 일부분만 인출에 대비하여 준비금으로 남겨두고 나머지를 차입자에게 대출로 빌려준다는 것이다. 그리고 이 대출된 현금이 다시 예금이 되는 과정을 반복함으로써 예금이 창조된다고 설

---

17) Making Money from Making Money, New Economics Foundation (second edition, published in Great Britain in 2012; reprinted 2011), p. 2: "money in circulation created by the state – physical cash – only represents around 3 % of the total money supply. The remaining 97% is lent in to economies as the digital IOUs of commercial banks …"

명한다.

예를 들어, 중앙은행으로부터 100만 원의 현금[18]이 시중에 공급되었고 이 돈이 A은행에 예금되었다고 하자. 그리고 은행이 보유해야 하는 법정지급준비율이 10%라고 가정하자.

처음에 이 100만 원이 A은행에 예금되었을 때, A은행은 이 중 10%인 10만 원만 준비금으로 남기고 90만 원을 대출한다. 90만 원을 대출받은 사람이 그 돈을 B은행에 예금하면, B은행은 9만 원(90만 원의 10%)을 준비금으로 떼고 81만 원을 다시 대출한다. 이렇게 새로운 예금과 대출이 반복되면, 처음 투입된 100만 원으로부터 시중에 만들어지는 총 예금통화는 이론적으로 최대 10배인 1,000만 원에 이를 수 있다.

현금이 예금-대출로 순환하며 예금 총액이 증가

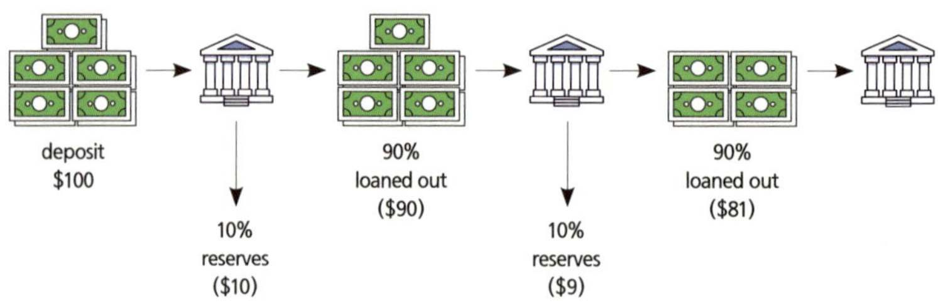

---

18) 이렇게 중앙은행이 직접 발행·공급하는 돈을 본원통화라 한다. 본원통화는 시중에 유통되는 현금(지폐 및 주화)과 은행들이 중앙은행에 보유한 준비금으로 구성된다. 준비금은 일반인이 아닌 은행 사이에서 사용되는 화폐이다. 이런 점에서 본원통화는 은행이 발행하는 예금통화(파생통화)와 구별된다.

이처럼 은행시스템 전체가 중앙은행으로부터 공급된 돈을 기초로 그 돈의 여러 배에 달하는 예금통화를 만들어내게 된다. 처음에 중앙은행이 만들어낸 현금은 결국 은행에 준비금으로 모두 보관되고 그에 열 배에 해당하는 은행예금이 만들어져 사람들이 돈으로 사용할 수 있게 되는 것이다. 이것을 승수효과라고 한다.

물론 현실에서는 이론처럼 완벽한 승수효과가 발생하지 않는다. 은행들이 법정지급준비율 이상으로 여유자금을 보유하거나 대출된 돈의 일부가 현금으로 유통되어 은행 시스템을 이탈하기 때문에, 실제 승수효과가 이론만큼 발생하지 않는 것이다. 다만 이 이론을 통해 부분지급준비제도에서 돈이 어떻게 만들어지는지를 이해할 수 있다. 은행은 단순히 예금을 맡아두는 것이 아니라 예금을 반복적인 대출로 운용하여 경제에 새로운 돈을 공급하는 것이다.

예금이 아니라 대출부터, 실제 돈의 창조 과정

부분지급준비제도 이론은 은행의 신용 창출을 이해하기 쉽게 설명하기는 하지만 현대 은행의 작동 방식을 완전히 반영하지는 못하며, 잘못된 선입관을 만들 수도 있다. 이 설명은 마치 은행이 예금이 있어야만 또 다른 예금을 만들어낼 수 있는 것처럼 묘사한다. 신용을 창출하는 대출을 일으키려면 예금이 먼저 있어야 한다는 것이다. 전문가들조차도 이에 대한 혼동으로 잘못된 결론에 도

달하는 예를 많이 보았다.

실제 현실에서는 은행이 대출을 실행하는 순간 새로운 예금이 생겨난다. 현금 없이도 말이다. 은행 대출은 현금을 옮겨주는 통로가 아니라 새로운 예금을 창출하는 직접적 메커니즘이다. 다시 말해 은행은 돈을 직접 만들어내는 능력을 갖고 있는 것이다.

예를 들어, 은행에서 1억 원 대출을 받았다고 생각해 보자. 은행은 대출금 1억 원을 내 명의의 예금계좌에 입금시켜 주고, 내 통장에는 1억 원이 새롭게 찍힌다. 그다음에 필요하면 이 예금에서 현금을 인출할 것이다. 이때 은행은 예금을 현금으로 바꾸어준다.

이 과정을 은행이 어떻게 회계 처리하는지 살펴보자. 대출 실행과 동시에 은행은 장부에 1억 원의 대출을 자산으로 기록하고 같은 금액의 예금을 부채로 기록한다. 이때 은행의 부채로 기록되는 것이 예금이다. 차입자는 이 예금을 돈으로 사용하게 된다. 이 과정을 보면, 앞의 전통적 설명과 같이 은행에 현금이 먼저 준비되어 있을 필요가 없다. 영란은행의 설명을 빌리자면 은행이 대출을 해줄 때마다 차입자의 계좌에 동일한 금액의 예금이 동시에 창조되며, 이는 새로운 돈의 탄생을 의미한다.[19]

---

19) Michael McLeay, Amar Radia, Ryland Thomas, "Money creation in the modern economy"(Bank of England Quarterly, 2014년)

현금 없이 대출과 동시에 예금 창조

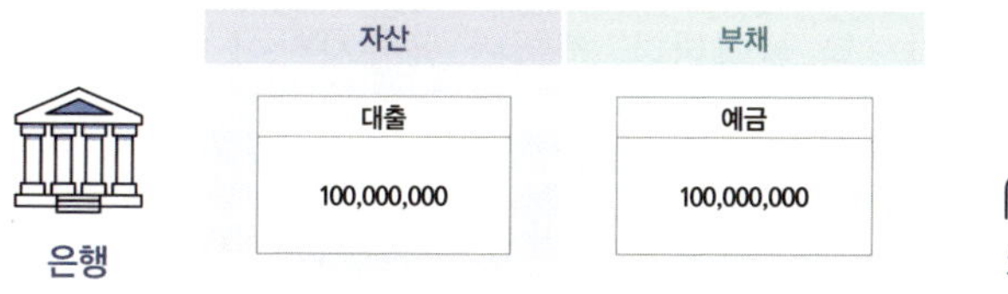

　이러한 현실은 경제학 교과서에 흔히 나오던 묘사와는 근본적인 차이가 있다. 교과서는 은행을 예금된 현금을 다시 빌려주는 중개자로 그리거나, 은행의 예금을 중앙은행의 돈(현금)을 기초로 만들어지는 파생적 존재로 설명한다. 하지만 은행은 단순히 기존 돈을 이동시키는 중개자가 아닌, 새로운 돈을 창출하는 창조자이다. IMF 소속 경제학자[20]들도 은행은 대출 자금의 중개자가 아니라, 대출을 통해 예금을 무(無)에서 만들어낸다고 기술하고 있다.

　그렇다고 해서 은행이 마음대로 무한정 돈을 찍어낼 수 있다는 의미는 아니다. 은행 대출에는 여러 현실적 제약이 따르며, 신용 창출을 남발하면 자기 파멸을 부를 수 있기 때문이다. 실제 은행에서는 돈(예금)이 만들어지는 대출 결정에 있어서 차입자의 신용, 대출의 수익성, 자본 규제, 유동성 규제 등 다양한 요인들을 고려해야 한다.

---

20) Jaromir Benes and Michael Kumhof, "The Chicago Plan Revisited" WP/12/202, (IMF Working Paper, 2012)

규제에 둘러싸인 은행, 그만큼 중요한 은행

통화승수 이론에서는 법정지급준비율이 마치 은행 대출의 결정적 제약인 것으로 설명한다. 하지만 금융시장이 발달한 대부분의 선진국에서 법정지급준비율은 다음과 같은 이유로 더 이상 은행 대출의 실질적 제한 요인으로 작동하지 않는다.

첫째, 과거에는 중앙은행이 시중은행에 엄격한 지급준비율을 부과하고 이를 통해 시중 대출을 조절하려 했다. 하지만 오늘날에는 지급준비율을 아주 낮게 유지하거나 아예 폐지한 경우도 많다. 예컨대 미국, 영국, 캐나다, 호주, 스칸디나비아 국가들은 법정지급준비율을 사실상 0%로 정하고 있다. 물론 그렇다고 은행이 준비금을 쌓아두지 않는다는 것은 아니다. 은행은 자기가 필요한 만큼의 준비금을 보유하게 된다. 다시 말해, 은행의 준비금 규모는 사전적인 제약이 아니라 은행 자체의 필요에 따라 정해진다.

둘째, 은행들은 필요한 준비금을 쌓기 위한 자금을 예금에만 의존할 필요가 없다. 만일 준비금이 부족하게 되면 다른 은행에서 빌릴 수 있기 때문이다. 이렇게 부족한 준비금을 빌리고 남는 준비금을 빌려주는 시장을 지준(준비금) 시장이라고 한다. 한국의 경우 콜 시장[21], 미국의 경우 페더럴펀드 시장[22]이 그것이다.

---

21) 콜 시장(call market)은 금융기관 간에 초단기 자금을 하루 단위(익일물, overnight) 또는 며칠간 서로 빌리고 빌려주는 단기금융시장으로, 금융기관의 일시적인 유동성 부족을 보완하고 단기금리를 형성하는 기능을 수행한다.
22) 페더럴펀드 시장(Federal Funds Market)은 미국 내 예금취급기관들이 연방준비제도(Federal Reserve)에 보유한 준비금을 익일물(overnight) 형태로 상호 대차(貸借)하는 무담보 단기금융시장이다.

이 시장에서는 은행 간에 자체적으로 자금의 과부족이 거래되지만, 때로는 중앙은행이 이 시장에 직접 참여하여 전체 자금의 과부족을 해소해 준다. 즉 은행 간 주고받아도 자금이 전체적으로 부족하면 이를 보충해 주고 남으면 이를 흡수해 준다. 이를 중앙은행의 지준 관리라고 한다.

콜 시장에서의 은행 간 지준 과부족 조정

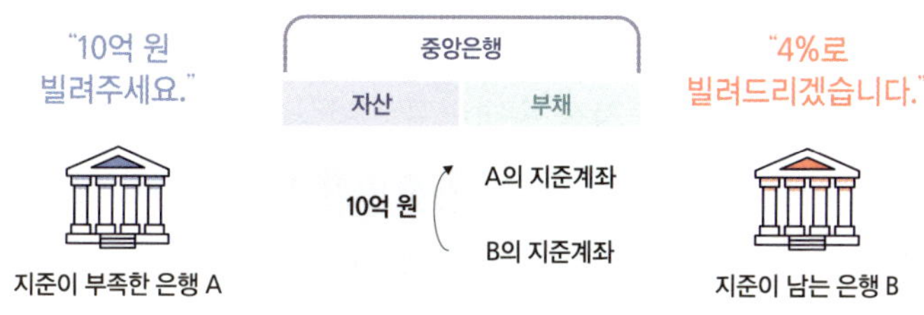

준비금은 은행 대출의 조건이 아니라 결과물에 가까우며, 통상적으로는 준비금 부족으로 대출이 제약받는 일은 드물다. 다만, 은행은 대출을 공격적으로 늘릴 경우 지준 시장에서 빌려와야 할 자금의 금리를 고려해야 한다. 만일 금리가 높다면 은행은 대출에 신중할 것이다. 3부에서 설명하겠지만, 중앙은행은 이 지준 시장에서 거래되는 자금의 금리에 영향을 주고 이것이 은행의 대출결정에 영향을 주게 된다.

현대 은행 대출에서 보다 중요한 제약은 지급준비율이 아니라 대출의 건전성이다. 은행이 대출을 통해 예금을 무한정 만들어낼 수 없는 이유는, 은행 자신의 재무건전성과 금융당국의 규제 때문이다. 은행은 이익을 추구하는 기업이므로 무엇보다 수익성이 중요하다. 만일 신용도나 담보가 부족한 고객에게 무모하게 대출할 경우 대출금을 돌려받지 못하여 손실을 볼 수 있다. 따라서 수익성 및 회수 가능성이 담보된 범위에서만 대출을 늘리려 할 것이다.

또한 금융당국은 은행의 과도한 위험 추구를 막기 위해 각종 규제 비율을 부과해 두었다. 그 대표적인 예가 BIS 자기자본비율 규제이다. 1988년 바젤협약 이후 국제적으로 도입된 이 규제에 따르면, 은행은 위험가중자산[23] 대비 8% 이상의 자기자본을 유지해야 한다. 다시 말해 대출 등 위험자산을 100 늘리려면 최소 8만큼의 자기자본을 갖춰야 한다는 뜻이다. 이는 은행이 과도하게 자산을 팽창시키는 것을 막고, 충분한 자본을 두어 손실이 발생할 경우 이를 자체 흡수 할 수 있게 하려는 목적이다.

2004년 바젤II를 거쳐 2010년대에 도입된 바젤III 규제 체계에서는 한층 강화된 기준들이 적용되었다. 레버리지비율[24]과 유동성커버리지비율[25] 등이 새로 도입되고, 핵심 자기자본비율 요구수준

---

23) 위험가중자산(Risk-Weighted Assets)은 은행이 보유한 대출, 유가증권, 외환 포지션 등 다양한 자산에 대해 신용위험, 시장위험, 운영위험 등의 정도를 반영하여 가중치를 부여한 후 산출한 자산총액이다.

24) 레버리지비율(Leverage Ratio)은 은행의 자기자본을 위험가중 없이 단순 합계한 총익스포저(총자산＋장외항목 등)로 나눈 비율로, 금융위기 이후 과도한 자산 확대와 부외거래 리스크를 억제하기 위해 바젤III 규제체계에 도입되었다.

25) 유동성커버리지비율(LCR, Liquidity Coverage Ratio)은 금융기관이 30일간의 순현금유출(Net Cash Outflows) 발생 시에도 고유동성자산을 통해 이를 충당할 수 있는지를 측정하는 단기 유동성 규제 지표로, 글로벌 금융위기 이후 바젤III를 통해 도입되었다. LCR＝고유동성자산/30일 순현금유출액으로 계산되며, 위기 상황에서도 지급불능을 피하기 위해 최소 100% 이상 유지하도록 규제된다.

도 높아졌다. 예를 들어 바젤III하에서는 은행이 30일간의 순현금 유출을 견딜 수 있도록 고유동성자산을 보유하도록 강제하고, 레버리지비율을 통해 위험가중치가 낮은 자산이라도 과도하게 많이 들고 있지 못하도록 총자산 대비 자본의 하한선을 설정했다.

2008년 글로벌 금융위기 이후 각국 금융당국은 은행들에게 자본 확충을 요구하고 스트레스테스트[26]를 주기적으로 실시하여 위기 대응력을 점검하고 있다. 부실채권 비율이나 부동산 대출 편중 등 위험 신호를 면밀히 모니터링하며, 필요시 대출 한도를 규제하거나 추가 자본 적립을 명령하는 등 거시 건전성 정책수단[27]도 활용한다. 결국 오늘날 은행 신용 창출의 범위는 시장환경과 규제환경에 의해 결정되며, 준비금 규제 하나로 설명할 수 없는 것이 현실이다.

은행들은 돈을 만들어낼 수 있는 힘을 갖고 있지만 어디까지나 수익성 원칙과 각종 건전성 규제의 울타리 내에서 그 힘을 행사한다. 중앙은행도 통화정책을 통해 금리와 유동성 공급을 조절함으로써 은행 대출에 영향을 미친다. 은행은 자본이 부족하면 대출을 자제해야 할 뿐만 아니라 중앙은행이 금리를 올리면 대출수요가 감소하고 은행도 대출에 신중해진다. 이러한 메커니즘 속에서 은

---

26) 스트레스 테스트(Stress Test)는 은행이나 금융기관이 극단적이거나 비정상적인 경제 충격이 발생할 경우 자본, 유동성, 손실흡수능력 등을 얼마나 견딜 수 있는지를 평가한다.
27) 거시 건전성(macroprudential) 정책은 개별 금융기관이 아닌 금융시스템 전체의 안정성 제고를 목표로 한다. 금융위기나 자산가격 버블 등 시스템 리스크를 사전에 억제하고 충격 발생 시 전이 경로를 차단하기 위해 도입되었다.

행의 신용 창출은 통제되고 조율된다.

잘 쓰면 성장의 엔진, 잘못 쓰면 위기의 불씨, 신용창조

은행시스템은 현대 경제에서 돈을 창조하는 핵심 메커니즘이다. 그 신용창조 능력을 바탕으로 현대 경제는 원활하게 작동하고 성장할 수 있다. 그러나 만일 이런 능력이 지나치게 사용되거나 그 역할을 제대로 하지 못할 경우 경제에 막대한 손실을 가져올 수 있다. 다시 말해 은행의 신용창조는 양날의 검인 것이다.

은행이 만들어내는 돈은 양뿐 아니라 질적 측면에서 경제에 막대한 영향을 미친다. 돈을 어떻게 창조하는지에 따라 한 나라 경제의 명암이 갈릴 수 있다. 예를 들어 은행들이 차입자의 상환능력을 제대로 따지지 않고 무분별하게 대출을 늘릴 경우, 그 유동성 효과로 경제는 단기적으로 빠르게 성장할 수 있으나, 결국 경제를 위험에 빠뜨릴 수 있다. 질 낮은 신용 창출이 지속되면서 경제에 큰 부실을 키워 화폐에 대한 신뢰 붕괴로 이어진 예를 우리는 어렵지 않게 찾을 수 있다.

이것은 현대 은행시스템이 신용화폐를 기반으로 하기 때문이다. 신용화폐는 직접적으로 금화 등 물질적인 가치를 담보로 하지는 않으나 다른 어떤 자산을 기초로 창조된다. 앞에서 설명했듯이 예금은 은행이 대출을 실행하면서 만들어진다. 즉 대출자산을 기초로 예금이 만들어진다. 이런 점에서 신용화폐도 궁극적으로 그 이면에 어떤 가치 위에서 만들어지고 유지되는 것이다. 만일 대출이 부실해지면 그 위에 만들어진 예금은 설 자리를 잃게 된다.

결국 은행에게 부여된 신용창조의 권한에는 책임이 따른다는 것을 잊지 말아야 한다. 은행은 스스로 건전한 대출 원칙을 지켜야 하고, 감독당국은 돈이 제대로 된 질적 기반 위에서 창조되도록 균형 잡힌 규제를 실행해야 한다. 이는 금융위기를 예방하고 경제 안정을 유지하기 위한 기본이다. 은행의 신용창조는 기업과 가계에 자금을 공급하여 경제를 움직이는 힘이지만, 동시에 경제를 큰 난관에 빠트릴 수 있기에 항상 견제와 균형이 필요하다.

중앙은행(금융감독기관 포함)은 이러한 시스템의 궁극적인 수호자이다. 돈의 가치를 지키고 위기 시 안정을 되찾는 역할을 담당한다. 경제의 과열이나 침체 신호를 예의주시하며 물가와 경기가 지나치게 큰 폭으로 출렁거리지 않도록 적기에 대응하는 임무를 부여받고 있다. 이러한 중앙은행의 역할에 대해서는 3부에서 살펴보겠다.

4장

돈의 빅뱅(Big Bang)

전통적으로 화폐라 하면 중앙은행이 발행한 현금이나 은행의 예금만을 지칭했지만, 현대 금융에서는 화폐의 기능을 하는 다양한 금융상품들이 존재한다. 예를 들면 증권사의 CMA(종합자산관리계좌)는 예치금을 금융시장의 초단기 상품에 자동 투자 해 이자를 붙이면서도 자유로운 입출금은 물론 카드 결제도 가능하여 사실상 화폐의 기능을 수행한다.

정기예금이나 적금은 만기 전에 중도해지 하면 이자율에서 조금 손해를 보지만 바로 현금화할 수 있다. 더 나아가 CD, Repo, 단기 국공채 등은 하루이틀 안에 현금으로 전환 가능하다. 그럼 이런 일련의 금융상품 중 어디까지를 돈이라고 할 수 있을까? 사실상 돈인 것과 아닌 것을 칼로 무 자르듯이 구분하기 어렵다. 성격에 정도의 차이가 있을 뿐이다.

이러한 현상은 20세기 후반 유럽과 미국을 중심으로 일어난 일련의 금융혁신의 결과이다. 금리자유화와 금융 규제 완화는 금융상품 간 경계를 허물고 자금이 보다 자유롭게 흘러다닐 수 있게 만들었다. 과거에는 화폐가 아니었던 것들이 속속 화폐와 유사한 기능을 갖추게 되었다. 반대로 화폐에 이자가 붙고 여러 금융 기능이 추가되면서 화폐의 쓰임새도 획기적으로 확대되었다. 이 과정에서 화폐인 것과 아닌 것의 경계가 사실상 허물어졌다. '돈의 빅뱅'이라고 부를 만하다.

이제 화폐는 금화나 지폐처럼 형태로 존재하는 것만이 아닌, 결제수단과 가치저장의 기능을 수행할 수 있는 모든 거래 수단으로 정의된다. 달리 말해 이제 '화폐는 하는 일에 의해 정의된다(Money is defined by what it does)'는 실용적 관점에서 화폐를 보아야 한다.

이 장에서는 금융혁신 과정에서 이러한 변화가 어떻게 나타났는지를 간략히 살펴보면서 화폐 개념의 확장과 그에 따른 영향을 살펴보려고 한다. 그리고 이런 맥락에서 암호자산에서 비롯된 새로운 화폐 현상에 대해 생각해 볼 것이다.

금융 자율화, 다시 태어나는 돈

1970년대 후반부터 미국을 비롯한 선진국에서는 금융 억압 (financial repression)[28] 정책기조가 흔들리기 시작했다. 그 전까지 각국은 금리를 인위적으로 낮게 통제하고 은행 대출 한도를 관리하는 등 직접적인 방식으로 금융을 규율해 왔지만, 높은 인플레이션과 시장 압력으로 이러한 규제를 지속하기 어려워졌다.

이 시기 등장한 대표적인 금융상품이 머니마켓펀드(MMF)[29] 이다. 1971년 미국에서 최초의 MMF가 출시되었을 때만 해도 그 규모는 크지 않았다. 그러나 은행이 1970년대 후반 예금금리 상한에 묶여 낮은 이자만 주던 시대에 MMF가 등장하여 시장금리에 연동된 높은 수익을 제공하자 투자자금이 몰리기 시작했다. 예컨대 1978년 무렵부터 미국 가계와 기업들은 시중은행예금 대신 MMF에 대거 자금을 맡겼고, 은행으로부터 자금이 이탈하는 현상이 확산되었다. 결국 규제당국에는 금리 규제 완화에 대한 압력이 가해졌다.

---

28) 금융 억압(financial repression)은 정부가 자국의 재정지출이나 국가채무 부담을 줄이기 위해 금융시장의 기능을 인위적으로 제약하는 것을 말한다. 이 개념은 1973년 맥키넌(McKinnon)과 쇼(Shaw)에 의해 처음 체계화되었으며, 일반적으로 인위적으로 낮은 금리 유지, 자본 이동 통제, 금융기관에 대한 의무적 국채 매입 요구, 지급준비율 강화나 대출 규제 등 직접통제 수단을 포함한다.
이러한 억압적 금융 환경에서는 가계와 기업의 저축이 실질적으로 정부의 채무 부담 완화에 동원되며, 인플레이션과 낮은 명목금리의 조합을 통해 실질 부채를 축소하는 효과를 유도한다. 특히 2차 세계대전 이후 주요국의 재정 안정화 과정이나, 신흥국의 재정 동원 정책에서 자주 사용되었다.
29) 머니마켓펀드(Money Market Fund, MMF)는 투자자들의 자금을 모아 단기금융상품(예: 국공채, 양도성예금증서, 기업어음 등)에 투자하는 금융상품으로, 고유동성·저위험·소액투자 가능성을 특징으로 한다. 예금이 아닌 펀드이지만, 일정 수준의 원금 안정성과 환금성을 제공하며, 기관투자자와 기업의 단기자금 운용 수단으로 널리 사용된다.

   돈의 변신

미국은 1980년에 예금기관자유화법(DIDMCA)을 제정하여 예금금리 상한 규제를 단계적으로 폐지하기 시작했다. 이 법에 따라 은행들은 일부 고액 예금과 시장성 상품에 대해 자유로운 금리를 적용할 수 있게 되었고, 대출금리도 고정에서 변동금리로 전환이 허용되기 시작했다. 1982년에는 금리상한이 없는 새로운 예금상품인 단기금융시장예금(MMDA)이 도입되어 은행들이 MMF와 유사한 기능의 예금을 제공할 수 있게 되었고, 1983년에는 소액정기예금의 금리상한이 폐지되었다.

마침내 1986년에는 여타 저축성 예금의 금리까지 자유화되면서 미국의 예금금리 규제는 기업 당좌예금(checking account)을 제외하고는 사실상 완전히 사라졌다. 이로써 미국은 불과 6~7년 만에 예대금리 규제의 족쇄를 풀어내었고, 금융시장 경쟁이 촉진되면서 금융산업 효율성이 크게 높아졌다는 평가를 받았다.

유럽과 일본 등 다른 선진국들도 비슷한 시기에 금융자유화를 추진했다. 일본의 경우 1970년대 중반부터 단계적으로 금리 결정에 시장원리를 도입하기 시작했는데, 배경에는 경제 환경 변화가 있었다. 1960년대 고도성장이 끝나고 기업의 자금 수요가 둔화된 반면, 재정적자로 인한 정부의 국채 발행이 급증하면서 국채금리가 상승 압력을 받자, 더 이상 획일적인 금리 통제가 어렵게 된 것이다.

일본 정부는 1979년에 은행에 대해 양도성예금증서(CD) 발행을 허용하고, 1985년에는 시장금리에 연동되는 예금 상품을 도입하는 등 금리자유화를 계속 진행했다. 1990년대에 접어들어서야 예대금리 규제가 대부분 철폐되었지만, 70~80년대에 걸친 점진적 조치로 이미 시장금리 체제로 접어들고 있었다.

영국과 프랑스, 독일 등 서유럽 국가들도 1980년대에 금융시장 개방과 함께 금리 규제를 풀었다. 영국은 1979년 금융 억제 수단이었던 은행 대출 한도 규제(일명 'Corset')를 폐지하고 금융자유화의 길로 들어섰으며, 1986년 '빅뱅(Big Bang)'이라 불리는 대대적 금융 자율화 조치를 통해 자본시장 거래 규제를 철폐하고 경쟁을 도입했다. 프랑스는 1984년 새로운 은행법으로 금리자유화와 은행 간 경쟁 촉진을 선언했고, 1987년까지 남아있던 여신 한도 등 직접규제를 모두 폐지하는 등 금융자유화를 단행했다.

이처럼 1970년대 후반부터 1980년대에 걸쳐 미국과 유럽, 일본 등에서는 금융산업에 대한 직접규제에서 간접규제로의 큰 전환이 이뤄졌다. 중앙은행이나 정부가 일일이 금리와 대출의 규모를 직접 통제하던 방식에서 벗어나, 시장에서 금리가 자율적으로 형성되도록 하고 이에 맞추어 금융기관들이 대출의 양을 조절하도록 바뀐 것이다.

이러한 금융혁신 과정은 은행과 비은행 간 경쟁을 촉발했고, 전통적인 예금과 유사한 상품들이 속속 등장하면서 돈의 경계도 사실상 무너져 내렸다.

예를 들어 미국에서는 1980년대 초 NOW 계좌[30]라고 불리는 이자 지급이 가능한 당좌예금이 등장했는데, 이는 기존에 이자를 줄 수 없었던 요구불예금에 이자를 지급하는 것이었다. 다른 한편으로 증권사인 메릴린치 등은 어음관리계좌(CMA)[31]를 도입하여 고객이 맡긴 돈을 자동으로 MMF에 투자하고 필요시 수시로 인출할 수 있게 함으로써, 사실상 은행예금과 유사한 서비스를 제공하기 시작했다.

은행 밖의 은행, 그림자금융의 성장

금융규제 완화로 금융시장의 규모가 확대되고 고도화되면서, 새로운 자금 중개 활동이 급속히 성장하였다. 이 가운데 일부는 전통적 은행과 유사한 기능을 하면서도 은행에 대한 규제 밖에서 운영되고 있는데, 이를 그림자금융(shadow banking) 또는 비은행금융중개(NBFI)라고 한다.

그림자금융은 1980년대 이후 자본시장 기반의 금융 활동이

---

30) NOW 계좌(Negotiable Order of Withdrawal account)는 수표 발행 기능과 이자 수령이 동시에 가능한 예금 상품이다. 기존에는 지급결제 기능이 있는 계좌에는 이자 지급이 금지되었으나, 고금리 환경 속에서 은행이 고객 유치를 위해 도입한 절충 형태로, 1980년 Depository Institutions Deregulation and Monetary Control Act (DIDMCA) 이후 전국적으로 허용되었다. 현재는 이자 지급이 가능한 다양한 요구불성 계좌가 일반화되면서, 전통적인 NOW 계좌의 제도적 구분은 사실상 유명무실해졌지만, 금융억압 정책기(1970~80년대)의 규제 대응 사례로서 중요한 의미를 가진다.

31) 어음관리계좌(Cash Management Account, CMA)는 증권사 등 금융투자회사가 고객으로부터 자금을 수시로 입·출금할 수 있도록 하면서, 자금을 단기 금융상품에 자동 투자 해 이자 수익을 제공하는 수익형 계좌이다. 고객은 CMA를 통해 현금처럼 사용할 수 있으면서도 일정 수준의 수익률을 기대할 수 있는 유동성 자산을 운용할 수 있다.

본격화되면서 빠르게 확산되었다. 자산운용사, 투자은행, 구조화투자회사(SIV) 등이 단기자금을 조달하여 장기 대출을 운용하는 형태로서 이를 위한 다양하고 복잡한 금융상품이 등장하였다. 대표적인 상품으로 머니마켓펀드(MMF), 자산담보부 상업어음(ABCP)[32]과 환매조건부채권(Repo)[33] 등이 있다.

그림자금융의 혁신은 비유동적이고 위험도가 높은 자산을 유동적이고 안전한 단기 증권으로 전환하여 투자자들에게 공급하는 데 있다. 다시 말해 신용도가 낮거나 장기간 묶여있는 자산을 담보로 단기 자금시장에서 증권을 발행하고 투자자들은 이를 마치 현금처럼 취급할 수 있게 되었다.

예를 들어 2000년대 중반 미국에서 큰 인기를 끌었던 주택담보부증권(MBS)과 자산담보부 상업어음(ABCP)의 구조를 보자. 투자은행들은 개별 주택담보대출들을 한데 모아 MBS를 만들고, 이를 다시 특수목적회사에 넘겨 담보로 삼아 상업어음(CP)을 발행했다. 이 CP들은 만기가 수개월 이내로 짧고 신용평가기관으로부터 최고 등급을 받았으며, 일부는 유동화전문회사나 MMF 등이 매입했다.

---

32) 자산담보부 상업어음(Asset-Backed Commercial Paper, ABCP)는 단기(통상 만기 1년 이내) 상업어음(CP)의 일종으로, 기초자산(예: 매출채권, 리스료, 대출채권 등)에서 발생하는 현금흐름을 담보로 발행되는 유동화증권이다. 일반적인 CP가 기업의 신용을 바탕으로 발행되는 것과 달리, ABCP는 특정 자산풀(asset pool)을 근거로 발행되며, 자산운용사, 증권사, 유동화전문회사(SPC) 등이 발행 주체가 될 수 있다.
33) 환매조건부채권(Repo, Repurchase Agreement)은 보유 중인 채권을 일정 기간 후 다시 사들일 것을 조건으로 매도하고, 해당 기간 동안 실질적으로 자금을 차입하는 단기 금융거래를 의미한다. 실질적으로는 채권을 담보로 한 초단기 대출 형태이며, 매도자는 일정 기간 후 미리 정한 가격으로 해당 채권을 다시 매입해야 한다.

이렇게 만들어진 단기 CP 시장은 은행예금과 유사하게 거대한 단기자금 풀(pool)을 형성했고, 기업들 사이에는 은행 대출 대신 직접 CP를 발행하여 운영자금을 조달하는 금융 기법이 확산되었다. 미국의 CP 시장 규모는 금융위기 직전인 2007년 무렵 2조 달러를 넘어설 만큼 커졌는데, 이는 사실상 은행시스템 밖에서 돈을 만들어내는 신용창조 메커니즘이었다.

환매조건부채권(Repo) 시장의 발전 또한 주목할 만하다. Repo 거래란 하루에서 수주일 이내의 짧은 기간에 국채와 같은 신뢰도가 높은 채권을 동시에 사고파는 것이다. 그 자금 거래의 성격을 보면 사실상 채권을 담보로 현금을 빌리고 나중에 갚는 담보부 단기 대출과 같다. 1980년대 이후 정부 채권 발행이 증가하고 금융기관 간 단기자금 거래가 활발해지면서, Repo는 은행 간뿐만 아니라 증권사, 머니마켓펀드, 기업 등 다양한 주체들이 참여하는 거대한 시장으로 성장했다. 이 거래의 장점은 안전한 담보로 보호되고 만기가 매우 짧아 신용위험이 매우 낮다는 점이다. 평상시에 국채를 담보로 한 Repo는 사실상 현금이나 다름없는 안전자산으로 간주되었다.

그림자금융의 무대는 꼭 한 나라 안에만 있는 것이 아니다. 달러를 쓰지만 미국 국경 안이 아닌 곳에서 움직이는 거대한 시장이 있다. 바로 '유로달러 시장(Eurodollar market)'이다. 이름만 보면 유럽의 화폐인 유로와 달러가 섞인 무언가 같지만, 실제로는 그렇지 않다. 여기서 '유로'는 '해외의(offshore)'라는 옛날식 표현이고, 유로달러란 곧 미국 밖에 있는 달러 예금을 뜻한다. 이 시장은 1960년대 미국의 규제와 세금을 피하려는 은행과 기업들이 달러 예금을 런던이나 파리 같은 해외 금융 중심지에 두기 시작하며 형성되었다.

유로달러 시장은 글로벌 단기금융거래에서 중요한 역할을 한다. 예를 들면, 런던의 한 은행이 뉴욕의 기업에 달러를 빌려주고, 그 돈이 다시 아시아의 금융회사로 흘러가는 식의 융통성 있는 금융거래를 지원한다. 이때 단기 유로달러 예금과 양도성예금증서(CD), 은행 간 Repo, 유로CP(ECP), 은행인수어음(BA), FX스왑 등 다양한 금융상품이 활용된다. 이러한 금융상품들은 주로 금융회사와 대규모 기업들 사이의 복잡한 국제거래를 가능하게 하는 사실상의 화폐로서 기능하고 있다.

이자가 붙는 돈, 화폐인가 금융상품인가?

금융혁신에 따른 돈의 변화 가운데 가장 주목해야 할 것은 돈에 이자를 지급하는 것이다. 역사적으로 은행의 당좌예금과 중앙은행에 예치된 준비금에는 이자가 붙지 않았다. 언제든지 바로 인출할 수 있기 때문이다.

경제학에서는 돈과 여타 금융상품과의 근본적인 차이가 이자의 지급 여부에 있다고 생각해 왔다. 예를 들어 케인즈는 사람들이 이자를 포기해야 함에도 화폐를 직접 보유하는 이유를 유동성 선호에 있다고 했다. 이 이론은 돈에는 이자가 지급되지 않음을 전제하고 있다.

따라서 화폐의 대명사라고 할 수 있는 당좌예금과 준비금에 이자를 지급한 것은 화폐 역사에서 매우 중요한 의미가 있다고 할 수 있다.

과거 당좌예금이나 보통예금에 이자를 주지 않는 것은 이들 예금이 만들어지는 과정과 관련된다. 이들 예금은 은행이 대출을 실행하면서 지급하는 돈이기 때문이다. 그래서 당좌예금이나 보통예금 등 언제든지 출금이 가능한 예금에는 이자를 주지 못하도록 규제되어 왔다.

그러나 금융혁신이 진전되면서 이러한 규제는 점차 사라졌다. 미국의 경우 1930년대부터 당좌예금 금리를 법으로 금지했으나, 1980년대에 들어와 MMF 등 대체상품의 압박이 커지자 제도 변화가 일어났다. 앞에서 설명했듯이 은행의 NOW 계좌에 이자 지급이 허용된 것이다. 다만 기업이 보유한 당좌예금에 대해서는 오랫동안 이자 지급이 금지되었다. 그러던 것이 2010년 금융규제개혁법(Dodd-Frank Act)을 통해 이것마저 폐지되었다.

일본이나 유럽의 은행들도 1980~90년대에 이르러 당좌예금에 약간의 이자를 붙이기 시작했다. 일본은 1994년부터 요구불예금에 대한 금리자유화를 시행했고, 일부 시중은행은 고객 유치를 위해 요구불예금에 소정의 이자를 제공했다. 유럽의 은행들은 국가마다 차이가 있으나, 영국 등은 비교적 일찍부터 당좌예금에 소액 이자를 지급하거나 수수료 면제 등의 혜택을 부여하는 식으로 경쟁에 대응했다.

금리자유화의 최종 완성은 요구불예금에의 금리 지급이라 할 수 있다. 이는 예금과 MMF 간 경계가 완전히 사라지는 효과를 낳았다. 이제 은행에 돈을 맡겨두어도 일정한 이자를 받는 것이 당연시되었고, 더 높은 이율을 찾아 다른 상품으로 이동하는 행위도 자연스러워졌다.

한편 중앙은행 준비금에 대한 이자 지급(Interest on Reserves)은 21세기 들어 주목되는 변화이다. 준비금은 은행들이 지급결제에 대비해 중앙은행 계정에 예치한 자금을 말하는데, 전통적으로 대부분의 나라에서 이 준비금에는 이자를 지급하지 않았다. 따라서 은행들은 준비금을 최소규모로 유지하려 했으나, 중앙은행은 법정지급준비율을 조절함으로써 은행의 대출 규모에 영향을 미칠 수 있었다.

그러다 금융자유화가 진전되면서 은행들은 준비금을 최소화하기 위해 여러 수단을 고안해 냈으며, 이는 중앙은행의 통화정책에 교란 요인으로 작용하기 시작했다. 예컨대 미국 은행들은 1990년대 중반부터 스윕 계정(sweep account)을 도입하여, 고객의 당좌예금 잔액이 일정 수준 이상이면 야간에 자동으로 MMF나 유가증권으로 전환했다가 출금 요청 시 다시 예금으로 돌리는 방식을 활용했다.

이렇게 하면 공식적인 준비금 대상이 되는 예금 잔액이 줄어들어, 은행은 준비금 의무를 회피하고 그만큼의 자금을 운용하여 수익을 높일 수 있었던 것이다. 이로 인해 1990년대 말 미국의 M1 통화지표 증가율이 급격히 둔화되는 현상이 나타났고, 연준은 통화량 파악에 어려움을 겪었다.

이러한 배경 속에서 미국은 2000년대에 들어 준비금에 이자를 부과하는 방안을 추진하게 된다. 2006년 미 의회는 금융서비스 규제개선법을 통해 연준에게 2011년부터 준비금에 이자를 지급할 권한을 부여했다. 그러던 중 글로벌 금융위기 때 상황이 급박해지자 이를 앞당겨 2008년 10월부터 시행하게 되었다.

연준이 준비금에 이자를 지급하기 시작한 것은 은행들로 하여금 굳이 준비금을 줄이려 편법을 쓰지 않도록 유도하고, 동시에 시중금리를 중앙은행 정책 금리 목표에 더 밀접히 따라오도록 하는 목적이 있었다. 이러한 정책적 변화가 갖는 의미에 대해서는 3부에서 보다 자세히 설명하겠다.

한편 유럽중앙은행(ECB)은 1998년 출범 때부터 준비금에 이자를 지급하는 구조를 갖추고 있었다. ECB는 준비금에 정책 금리와 거의 동일한 금리를 제공하여 은행들에게 불필요한 비용을 지우지 않으면서도, 필요시 준비율 조정으로 통화량에 영향을 줄 수 있게 설계했다. 영국은행(BoE)도 2000년대 중반까지는 무이자 준비금을 유지하다가 2006년 이후 준비금 제도를 개편하여 은행들이 목표 수준 범위 내에서 예치한 준비금에 정책 금리와 동일한 금리를 지급하는 방식을 채택했다. 일본은행도 2008년 양적완화 과정에서 초과 지준에 금리를 부여하기 시작했고, 2016년부터는 마이너스금리를 도입하며 일부 준비금에 −0.1%의 금리를 적용하기도 했다.

금융혁신은 '무이자였던 돈'에도 이자를 붙이는 변화를 이끌었다. 요구불예금에 이자를 지급하게 된 것은 은행예금과 시장형 상품 간 경계를 허문 역사적 사건이고, 중앙은행 준비금에 이자를 지급하게 된 것은 통화정책 수단의 진화라 하겠다. 이 두 변화 모두 금융시장 금리의 통일성과 자원배분의 효율성을 높였다는 긍정적 평가를 받는다. 더 이상 돈은 공짜로 머물러있는 무수익 자산이 아니며, 다른 금융상품과 같이 돈도 시장금리에 따라 보상받는 금융 환경이 조성된 것이다.

통화지표가 흔들릴 때, 카멜레온 같은 돈

앞서 살펴본 금융혁신과 그림자금융의 확대는 무엇이 화폐인가에 대한 경계를 매우 흐릿하게 만들었다. 전통적으로 중앙은행은 돈의 양을 측정하는 통화지표를 사용해 왔다. 통상 M1, M2, M3로 구분되는 이들 통화지표는 그 화폐적 성격의 정도에 따라 구분되었다. 현금과 같이 화폐로 바로 사용되는 금융상품은 M1으로 분류되었고 M2, M3로 갈수록 일반 금융상품의 성격이 강해지는 식이다.

그러나 금융혁신 이후 은행예금과 MMF, 수익증권, 단기채권 등과의 차별성이 줄어들게 되면서 이를 다시 정의해야 할 필요가 생겼다. 미국에서는 1980년대 들어 NOW 계좌의 보편화로 M1을 M1A와 M1B로 세분해야 했고, MMF의 성장으로 M2, M3를 다시 정의해야 했다. 중앙은행 입장에서는 경제 내의 통화량을 파악하기 위해 옛날 같으면 그냥 예금 통계만 보면 되었으나, 이제는 MMF 잔액, CP 발행량, Repo 거래 규모 등까지 살펴봐야 전체 돈의 양을 짐작할 수 있는 상황이 전개된 것이다.

이러한 변화는 1980년대 이후 통화량 지표로 실물경제 흐름을 이해하는 데 많은 어려움을 만들어냈다. 과거에는 통화량(M1이나 M2)의 증가 속도를 조절함으로써 물가나 경기에 영향을 줄 수 있다는 믿음이 있었으나, 금융혁신으로 통화량을 측정하는 통화지표가 불안정해지면서 이 방식을 사용하기 힘들어진 것이다.

미국의 사례를 보면, 1979년 볼커 의장이 높은 인플레이션을 낮추기 위해 통화 증가율을 엄격히 통제하려 했지만 이듬해부터 M1 증가율이 목표를 크게 벗어나면서 큰 혼란을 겪었다. 앞서 보았듯이 1980년대에 접어들며 금융혁신과 자유화가 빠르게 진행되면서 각 금융상품의 화폐적 성격에 큰 변화가 발생했기 때문이다. 이에 따라 통화량을 정확히 측정 및 통제하기 어렵게 되었고, 통화지표와 최종 목표(물가나 경기) 사이의 관계도 불안정해졌다.

당시 연준의 한 정책입안자는 "이제 통화지표가 우리를 버렸다"[34]라고 토로하며, 통화량을 중간 목표로 삼는 정책 운용이 힘들어졌다는 것을 시사했다. 결국 미국 연준은 1984년 이후 사실상 통화량 목표를 폐기하고, 연방기금금리(federal funds rate)를 중심으로 한 금리목표 체제로 복귀했다. 유럽 각국 중앙은행도 비슷하게 1980년대 말과 1990년대에 걸쳐 통화량에서 금리를 중심으로 한 정책으로 이동했고, 유럽중앙은행(ECB)은 금리 조절과 인플레이션 목표에 집중하는 체제를 채택했다.

금융혁신이 만들어낸 또 하나의 극적인 장면은 2007~2008년 글로벌 금융위기 시기에 나타났다. 평소 현금과 다름없다고 여겨지던 단기금융상품들이 위기 국면에서 대규모의 뱅크런(bank run) 상황을 겪은 것이다. 2008년 9월, 미국의 대표적 MMF였던 리저브 프라이머리 펀드는 투자했던 리먼브라더스의 어음이 부도나면

---

34) Blinder, Alan S. (1998), Central Banking in Theory and Practice, MIT Press. p. 43: "As one Federal Reserve official quipped in frustration in the early 1980s, 'The monetary aggregates have abandoned us.'" 이 발언은 1982년 10월 5일에 열린 연방공개시장위원회(FOMC) 회의에서 당시 연준 이사였던 라일 E. 그램리(Lyle E. Gramley)가 한 말이다.

서 펀드 순자산가치가 1달러 아래로 떨어지는 사태가 벌어졌다. 이는 MMF 투자자들에게 큰 충격을 주어 단기간에 대규모 환매 사태가 일어났고, 결국 정부와 연준이 나서 MMF에 대한 일시적 보증을 제공하며 시장 안정을 도모해야 했다.

또한 같은 시기에 투자은행들 사이에서 담보로 널리 쓰이던 MBS의 부실이 드러남에 따라 Repo 거래가 급격히 위축되면서 기관 간 자금조달 시장이 마비된 일도 있었다. 평소에는 안전자산으로 여겨졌던 담보가 신뢰를 잃자 Repo의 가치가 하루아침에 증발해 버리는 상황이 발생한 것이다.

이처럼 위기 상황에 닥치자 그림자금융으로 창출된 그림자 화폐(shadow money)들은 순식간에 화폐 기능을 상실하였다.

규제 중심에서 시장 중심으로, 한국 금융의 전환

한국에서도 1980년대 후반부터 선진국의 흐름에 맞추어 금융 자율화와 자본시장 개방이 추진되었다. 오랫동안 정부가 금리를 정하고 은행 대출을 통제하여 왔지만, 1980년대 중반 이후 거시경제 여건이 호전되고 국제화 압력이 높아지면서 더 이상 구시대적 규제를 지속하기 어려워졌다.

특히 1986년 이후 지속된 경상수지 흑자와 풍부한 유동성으로 시장금리가 안정되자 정부와 한국은행은 1988년 말 대폭적인 금리자유화 조치를 발표했다. 이는 통화정책 운영을 직접 통제에서

간접관리로 전환하려는 시도로서, 대부분의 예대금리를 자유화하
겠다는 담대한 계획이었다.

그러나 1989년 초 물가상승으로 시장금리가 급등하자 당국은
다시 창구지도를 통해 금리를 억제하면서, 1988년 조치는 실질적
으로 중단되고 말았다.

한 차례 시행착오를 겪은 후, 1991년 8월 정부와 한국은행은
금리자유화 추진 계획을 새로이 수립했다. 이 계획은 요구불예금
등 일부 단기예금을 제외한 모든 금리를 1996년까지 단계적으로
자유화한다는 로드맵을 제시한 것으로, 완전한 금리자유화를 목
표로 했다.

계획에 따라 1991년 11월에 1단계 금리자유화가 단행되어 은
행의 당좌대월(한도 대출), 상업어음 할인 등 단기 여신 금리가 우선
자유화되었다. 예금금리 측면에서는 91일 이상 양도성예금증서
(CD), 3천만 원 이상 거액 예금 등 주로 만기가 길거나 거액인 상품
부터 규제가 풀렸다.

이어 1993년 말 2단계 자유화로 중기 예금과 일부 대출금리가
추가로 자율화되었고, 1994~95년에 걸친 3단계 조치를 통해 남
아있던 요구불예금 등 단기 수신 금리와 정책자금 대출금리까지
순차적으로 자유화되었다. 1995년 말까지 계획된 조치가 완료되
면서 한국은 예대금리에 대한 규제를 대부분 철폐하였고, 금융기
관들이 자율적으로 금리를 결정하는 시대에 진입했다.

이는 30여 년간 유지되어 온 금리 통제 정책의 종식이자, 금융

시장 가격 기능 회복의 신호탄이었다.[35] 필자는 1991년 한국은행에 입행한 후 바로 옆자리의 동료들이 이 금리자유화 계획을 수립하고 진행하는 과정을 지켜볼 수 있었으며, 1997년 저축예금 금리자유화 방안을 직접 작성하기도 했다.

금리자유화와 더불어 금융시장개방도 속도를 냈다. 1992년에는 주식시장 일부를 외국인에게 개방하여 처음으로 해외 자금이 국내 주식에 투자될 수 있게 했고, 1993년에는 새로운 정부 출범과 함께 금융 자율화 및 대외 개방 1단계 조치를 발표하여 외환거래 규제완화, 외국인 투자 한도 확대 등을 추진했다.

1996년 한국이 OECD에 가입하면서 자본자유화 의무를 수용함에 따라, 남아있던 해외 차입 규제와 증권투자 제한 등을 대부분 철폐하게 되었다. 이러한 급속한 개방은 1997년 외환위기 당시 급격한 자본유출을 초래했다는 비판도 있지만, 거시적으로 보면 한국 금융시장의 가격 기능을 살리기 위한 불가피한 과정이었다.

외환위기 이후에는 그 당시까지 남아있던 몇몇 제한 조치들이 추가로 풀리고 금융산업 구조조정이 단행되었다. 이로써, 2000년대 초반 한국의 금융 환경은 금리·환율이 시장에서 결정되고 국제 자본 이동이 자유로운 개방경제로 전환되었다.

---

35) 금리자유화 4단계 조치는 2007년 12월 시행되었으며, 그동안 남아있던 요구불예금과 보통예금의 금리규제를 철폐함으로써 전면적인 금리자유화가 완료되었다. 이로써 1991년 수립된 4단계 금리자유화 계획이 약 16년 만에 공식적으로 마무리되었다. 출처: 한국은행(2007), 「금리자유화 추진현황 및 평가」, 보도자료, 2007.12.24.

한편 금융 환경의 변화에 대응하여 한국은행은 통화량 지표 체계를 1990년대 중반 이후 단계적으로 조정하였다. 기존에 중간 목표로 사용하던 M2는 금전신탁과 양도성예금증서(CD) 같은 상품 간 자금 이동에 민감해 예측력이 약화되었다. 한국은행은 이를 보완하기 위해 1997년부터 M2에 CD와 금전신탁을 포함한 MCT(M2+CD+Trust)를 새로운 중간 지표로 병행 활용 하였다.

이어 2000년대에 들어서면서는 은행에서 자본시장으로 자금 이동 확대에 따라, 통화지표의 불안정성은 지속적으로 확대되었다. 1990년대 중반부터 머니마켓펀드(MMF)나 기업어음(CP) 시장이 본격화되고, 2000년대 초에는 증권회사의 CMA(종합자산관리계좌) 등이 등장하면서 시중자금이 은행예금이 아닌 다양한 형태로 운용되기 시작하였다. 특히 2003년 카드사 사태나 2011년 저축은행 부실 등에서는 단기자금 시장의 위축이 실물경제에 직접 충격을 주면서, 유동성 개념을 보다 넓게 정의할 필요성이 더욱 분명해졌다.

이에 한국은행은 2006년 6월 은행예금뿐 아니라 예금과 유사한 2금융권 수신상품 및 시장성 금융자산까지 포함하는 새로운 유동성 지표체계(M1, M2, Lf, L)로 전환하였다. 이러한 통화지표의 확장은 실물경제와 금융 간 연계가 복잡해지는 현실을 반영한 것이었다.

지표	구성 금융상품 및 범위
M1 (협의통화)	현금통화 + 요구불예금 + 수시입출식 저축성 예금
M2 (광의통화)	M1 + MMF, 시장형 상품, 2년 미만 정기예·적금, 금융채, 금전신탁 등
Lf (금융기관 유동성)	M2 + 2년 이상 장기금융 상품, 수익증권, 증권금융 예수금, 생명보험사의 책임준비금 등
L (광의 유동성)	Lf + 비금융기관(기업·정부) 발행의 회사채, 기업어음(CP), 국공채 등

은행도 중앙은행도 아닌 곳에서 태어난 돈, 탈중앙화 화폐

지금까지 살펴본 바와 같이, 금융혁신은 화폐 그 자체를 바꾼 것이 아니라 화폐의 경계와 모습을 바꾸었다. 화폐는 과거보다 훨씬 유연해졌으며 더 다양한 기능을 수행할 수 있게 되었다. 이제 화폐를 보유하는 것이 이자 등 금융 수익을 포기하는 것이 아니게 되었다. 위에서 살펴본 금융혁신의 과정은 우리가 화폐를 단순히 형태로 정의하지 말라고 가르친다.

이런 점에서 지금 진행되고 있는 디지털 혁신은 화폐의 개념을 또 한번 변화시킬 가능성이 있다. 암호자산과 디파이(탈중앙화 금융) 같은 새로운 금융혁신은 화폐의 경계를 다시금 허물 수 있다. 지금 진행되는 혁신은 종전과는 매우 달라 보인다. 그러나 이번에도 돈이 무엇인지에 대한 우리의 개념을 뒤흔든다는 점에서는 같다.

스테이블코인을 예로 들어보자. 결제수단으로서 화폐에 가까운 기능을 수행할 수 있는데 은행을 거치지 않고도 국경을 넘나들 수 있다. 디파이는 은행 등 금융기관 없이도 예금과 대출 등 핵심 금융 서비스를 자동으로 중개한다. 그 배경에는 개인과 개인을 서로 직접적으로 연결해 주는 암호화된 네트워크가 있다.

현금과 예금이 돈으로서 기능하는 것은 중앙은행과 은행, 그리고 이 돈을 만들어내는 금융기관을 연결하는 정교한 지급결제시스템이 있기 때문이다. 국가 간 화폐의 교환, 즉 외환도 이러한 은행시스템의 연장일 뿐이다. 이 화폐 시스템에서 돈의 본질인 신뢰를 유지하기 위해 중앙 집중적인 금융시스템을 구축해 왔다.

그러나 암호자산에서 시작된 디지털 혁신은 이 신뢰를 암호화된 기술에 의해 구축하려 한다. 이를 통해 기존의 중앙 집중적인 화폐유통 체계에서 벗어나려 한다. 이러한 암호 기술에 의한 분산된 결제시스템이 또 다른 돈의 빅뱅으로 자리 잡을 수 있을지 아직은 판단하기 어렵다. 이는 우리 사회가 이를 얼마나 수용할 수 있느냐에 달려있다. 결국 신뢰 구축의 문제이다.

다만 우리가 이러한 암호자산과 암호화폐를 바라보는 관점은 좀 달라질 필요가 있다. 우리는 금융혁신 과정에서 돈의 개념과 그 경계가 흐려졌음을 살펴보았다. 돈이 반드시 현금과 같을 이유는 없다. 돈은 그보다 훨씬 다양한 모습과 형태를 지닐 수 있다. 다만 그 본질인 가치 유지에 대한 신뢰가 유지되고 거래를 얼마나 원활히 중개하느냐가 중요하다.

지금 암호자산과 그것의 화폐적 형태인 스테이블코인은 자체 신뢰 구축 시스템과 결제망을 갖추고 점차 우리의 경제활동에 사용 범위를 넓혀가고 있다. 이 혁신적 변화가 어디까지 확장될 수 있을지 아직은 미지수이지만 이미 넓은 의미에서 화폐의 모습을 지니고 있음을 부정해서는 안 된다.

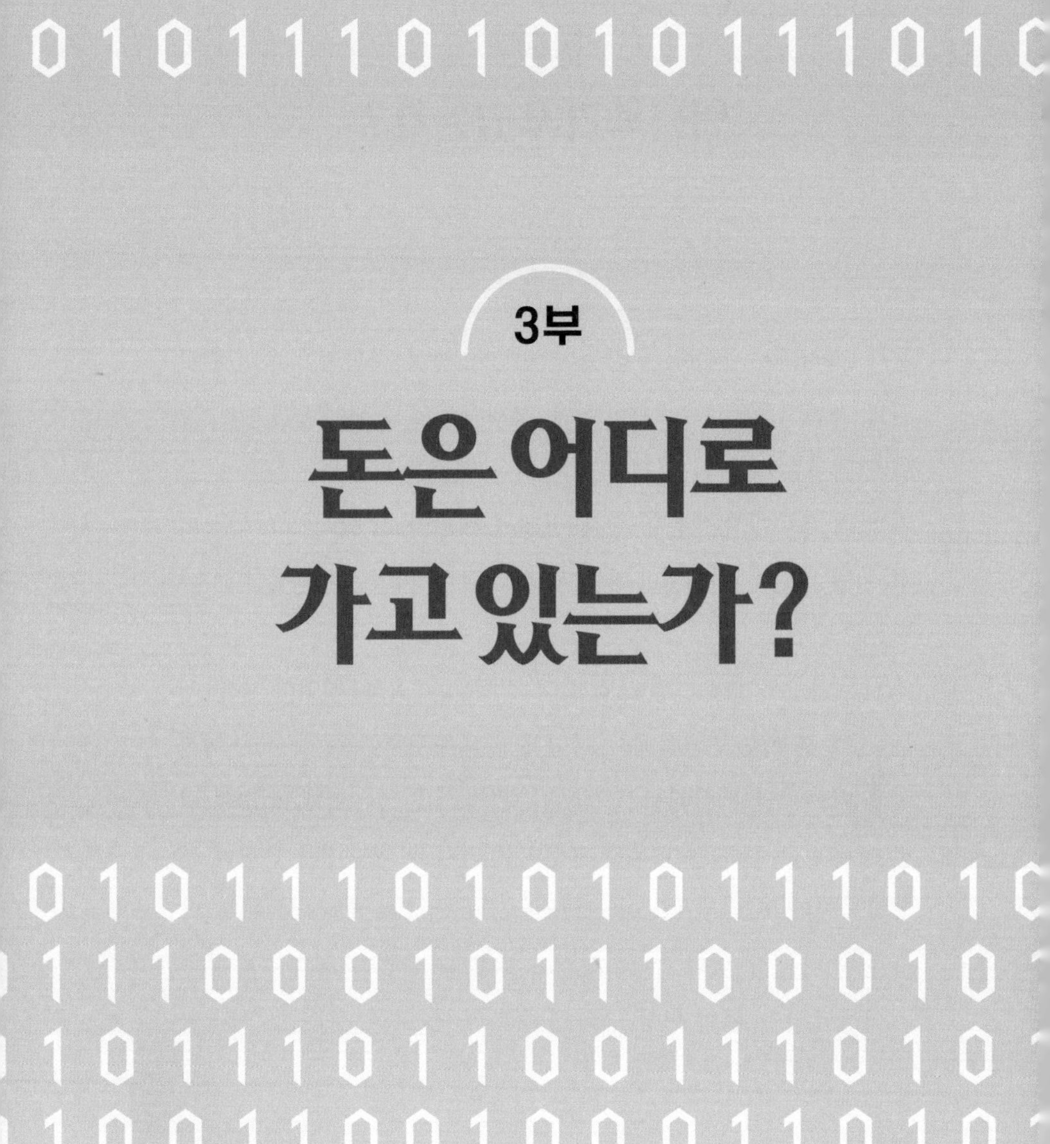

3부
돈은 어디로
가고 있는가?

돈은
어디로 가고 있는가?

돈은 그 자체로 존재하지 않는다. 인간이 만든 사회적 약속이자 교환과 가치저장의 수단이다. 돈은 경제활동의 중심에 있으며 그것을 이해하는 일은 곧 경제 전반의 작동 원리를 파악하는 일과 다르지 않다. 3부에서는 돈이 현대 경제 속에서 어떤 방식으로 움직이고 어떤 영향을 미쳐왔으며 앞으로 어떤 방향으로 변화할지를 살펴본다.

1부와 2부에서는 돈의 본질과 작동 방식을 다루었다. 이번에는 돈이 경제의 구심점에서 어떻게 변신해 왔는지를 보다 구체적이고 역사적인 관점에서 살펴본다. 필자가 한국은행에서 30여 년간 여러 돈과 관련된 업무를 수행하는 가운데 나름대로 정리해 온 생각들이다. 따라서 이러한 접근은 경제학 교과서의 내용과는 다소 결이 다를 수 있다.

1장에서는 돈의 위상 변화에 주목한다. 교환수단으로 시작된 돈은 자본시장을 통해 투자 자본으로 기능하게 되었고, 오늘날에는 금융시장에서 실물경제를 압도하는 힘으로 작동하기에 이르렀다. 돈의 변신은 글로벌 자본 이동을 통해 경제 전반에 영향을 주는 구조를 만들었고, 우리는 그 결과가 어떻게 나타나는지를 살펴본다.

2장은 돈의 위기를 다룬다. 신용창조와 금융시장 확대는 경제를 역동적으로 움직이는 힘이지만, 그 이면에는 위기의 씨앗이 존재한다. 민스키의 이론을 바탕으로 신용의 과잉이 어떻게 시스템적 위험으로 발전하는지를 설명하고, 글로벌 금융위기, 아시아 외환위기, 한국의 신용카드 사태 등 구체적인 사례를 살펴본다.

3장에서는 이러한 돈의 위기 속에서 중앙은행이 어떤 역할을 해왔고, 어떤 책무를 지고 있는지를 살핀다. 중앙은행의 발권력, 최종결제 기능, 유동성 공급자 역할은 단순한 제도를 넘어 돈에 대한 사회적 신뢰를 유지하기 위한 장치이다. 오늘날 그 신뢰는 자산 시장 과열, 통화정책의 한계, 정치적 압력 등 다양한 도전에 직면해 있다.

4장은 디지털 시대의 새로운 돈, 스테이블코인을 다룬다. 기존의 화폐 시스템이 기술과 탈중앙화 흐름 속에서 어떤 도전에 직면해 있으며, 이를 어떻게 수용하고 규율할 수 있을지를 모색한다. 특히 공공 화폐의 존재 이유와 통화 질서의 단일성을 유지하기 위한 조건에 대한 논의를 통해 중앙은행 디지털화폐(CBDC) 등 돈의 미래에 대해 살펴보았다.

마지막, 5장에서는 한국 경제에서의 돈의 변신을 구체적으로 추적한다. 산업화 시기의 은행 중심 금융, 외환위기 이후의 가계대출의 확대, 부동산과 금융시장의 과잉유동성, 그리고 최근의 해외 투자 확대와 환율 구조 변화에 이르기까지, 한국 경제의 주요 흐름 속에서 돈이 어떻게 작동해 왔는지를 분석하고 향후 과제에 대해 생각해 보았다.

1장

돈의 변신

20세기 후반에 이르러 세계경제의 판도가 바뀌기 시작했다. 돈과 금융이 실물경제를 지원하는 조연을 넘어, 주도권을 쥔 주연으로 부상한 것이다. 산업현장에서 생산과 고용을 늘리는 일보다도, 금융시장에서 자금이 어떻게 움직이는지가 한 나라의 성장과 국민생활을 좌우하게 되었다.

이러한 변화의 이면에는 돈이 경제에서 차지하는 비중과 역할의 변화가 있다. 이러한 돈의 변신을 여러 측면에서 살펴보려 한다. 돈이 경제활동에 어떤 역할을 하는가는 경제학의 오랜 연구 대상이다. 케인즈에서 시작된 거시경제학의 태동과 그 이후의 논의를 살펴보면 돈의 역할 변화를 엿볼 수 있다.

그러나 돈은 그 이상으로 변화하여 왔다. 돈은 경기변동에 영향을 주는 것을 넘어 자본으로 변신하여 경제성장의 중요한 축으로 올라섰다. 우리는 산업혁명을 거치면서 자본 형성을 뒷받침하는 효율적인 자본시장 없이는 국가경제의 지속적인 성장이 가능하지 않음을 살펴볼 것이다.

돈은 여기서 멈추지 않는다. 20세기 들어 자본은 국가의 경계를 허물고 있다. 거대한 자금이 선진국 금융시장을 하나로 만들었을 뿐 아니라, 새로운 기회를 찾아 신흥국과 개발도상국을 넘나들고 있다. 돈은 이제 세계경제 전체를 대상으로 한 투자 포트폴리오를 구성하는 거대한 금융자본으로 변신하였다.

이러한 돈의 변신은 그 규모와 이동 속도가 과도할 때 개별 금융시장과 국가경제를 위기에 빠뜨리기도 한다. 그리고 더 나아가 전 세계 금융시장과 경제를 흔들어놓는 단계에까지 이르렀다.

경제 속에서 바뀌어온 돈의 역할, 실물과 금융을 잇는 흐름

현대 거시경제학은 돈의 변신과 함께 발전해 왔다. 경제학 역사에서 돈(화폐)은 때로는 단순한 거래 수단에 불과한 '베일'로 여겨졌지만, 때로는 실물경제를 좌우하는 혈액으로 인식되기도 했다. 산업 발전과 함께 경제 규모가 커지면서 돈은 경제활동을 촉진하기도 하고 반대로 제약을 가하며 위기를 불러오기도 했다. 돈이 실물경제에 어떤 영향을 미치는지는 오래된 논쟁거리였으며, 역사적 경험을 통해 그 시각은 여러 차례 변모해 왔다. 아래에서는 금본위제하의 고전적 관점부터 대공황과 케인즈 혁명, 그리고 전후 화폐제도의 변화와 금융혁신에 따른 통화정책의 진화를 거치면서 경제학에 투영된 돈의 변신을 살펴보겠다.

고전학파의 시각: 돈은 '한낱 베일'일 뿐

19세기부터 20세기 초까지 주류였던 고전학파 경제학은 돈의 역할을 매우 제한적으로 보았다. 당시 경제학자들은 '화폐의 중립성'을 믿었는데, 이는 돈의 공급이 늘어나거나 줄어들어도 생산이나 고용 같은 실물경제에는 영향을 미치지 않는다는 생각이다. 쉽게 말해, 돈은 경제 위에 드리운 베일과 같아서 거래를 편하게 할 뿐, 그 베일을 걷어내도 경제의 실질 구조는 변함이 없다는 것이다.

이러한 믿음 아래에서 중앙은행이 통화량을 조절해도 장기적으로는 물가수준만 달라질 뿐, 경제성장이나 일자리에는 영향을 못 미친다고 여겼다. 예컨대 금본위제 아래에서 금이 많이 발견되어 통화량이 늘어나거나, 반대로 금 유출로 통화량이 줄어들면 물가가 일시적으로 오르내릴 뿐 경제의 총생산은 변하지 않는다고 보았다. 돈은 그저 교환의 윤활유일 뿐, 기술·자원·노동 같은 실물요소가 경제의 방향을 결정하며, 화폐는 단지 가격표만 조정하는 역할에 그친다고 보았다.

실례로 1873년과 1893년에 있었던 공황의 경우 은행 대출이 크게 줄면서 기업활동이 위축되고 대량 실업이 발생했었다. 이와 같은 돈의 부족과 신용경색이 실물경제를 움츠러들게 만들 수 있다는 교훈을 주었지만, 당시에는 이를 실물 부문의 일시적 불균형으로 치부했다.

돈은 중요하지 않다는 고전파의 관점은 경제가 균형으로 돌아가는 과정에서 돈이 그 흐름에 영향을 주지 못한다는 것이었다. 이러한 시각에서 중앙은행의 역할은 적극적으로 경기를 부양하기보다는 통화의 안정적 관리에 국한되어 있었다.

| 대공황과 케인즈: 돈의 위력에 눈뜨다 |

이 고전학파의 통념을 뿌리부터 뒤흔든 사건이 바로 1930년대 세계 대공황이다. 1929년 미국에서 주식시장 붕괴로 시작된 대공황은 전 세계로 파급되어 전례 없는 장기침체와 디플레이션(물가하락)을 초래했다. 수천 개의 은행이 문을 닫으면서 대출을 통한 돈의 공급은 급격히 쪼그라들었다. 물가는 해마다 떨어지고 실업자는 거리에 넘쳐났다. 고전학파 이론은 시장이 균형을 되찾아 불황이 해소될 것이라고 기대했지만, 현실은 그렇지 않았다.

이때 등장한 영국 경제학자 존 메이너드 케인즈는 돈과 경제의 관계에 대한 생각을 완전히 바꿔놓았다. 그는 1936년 『고용·이자·화폐의 일반이론』에서 시장에는 스스로 완전고용을 회복시켜주는 자동장치가 없다고 주장했다. 임금의 조정은 어려우며 수요 부족도 쉽게 해소되지 않아 불황이 길어질 수 있다는 것이다.

무엇보다 케인즈는 돈과 이자율이 실물경제에 큰 영향을 준다는 사실을 간파했다. 경기침체 시기에 사람들이 현금을 움켜쥐고 소비·투자를 줄이면, 전체 수요가 부족해져 생산이 위축된다는 것이다. 이때 정부가 재정지출을 늘리고 중앙은행이 금리를 인하하는 통화완화 정책으로 시중에 돈을 풀어 수요를 늘려야 한다고 강조했다. 돈이 단순한 교환수단을 넘어 소비와 투자에 영향을 미쳐 경제 전체를 움직이는 힘으로 작용한다는 것이다.

대공황을 계기로 미국 등 각국은 금본위제에서 벗어나 통화정책에 유연성을 갖기 시작했다. 미국 루스벨트 행정부는 통화 완화 정책과 뉴딜 공공투자로 경제를 부양했다. 영국 등도 금리를 크게 낮춰 시중에 돈을 풀었다. 미국 연방준비제도(Fed)는 대공황 초기 통화량 급감을 방치한 것이 사태를 악화시켰음을 훗날 인정했다.

이처럼 케인즈 시대에 얻은 교훈은, 화폐는 중립적이지 않으며 오히려 실물경제의 혈류 역할을 한다는 점이었다. 돈의 양과 흐름이 잘못 관리되면 대공황 같은 경제 재앙이 일어날 수 있지만, 적극 활용하면 침체에서 벗어날 활로를 열 수도 있다는 사실을 전 세계가 경험한 것이다.

전후 호황과 스태그플레이션: 돈의 힘과 위험

제2차 세계대전 후 세계경제는 빠른 성장세를 보였고, 케인즈주의에 입각한 적극적 거시경제 정책이 표준이 되었다. 1944년 전후 국제 통화 질서로 브레튼우즈체제가 출범하여 각국 통화가치를 달러 및 금에 연동시켰지만, 미국 내에서는 중앙은행이 금리를 낮게 유지하고 정부지출을 늘려 완전 고용을 달성하려는 정책이 펼쳐졌다.

당시 경제학자들은 약간의 인플레이션을 감수하면 실업률을 낮출 수 있다고 믿었다. 1950~60년대 선진국들은 크게 높지 않은 물가상승을 용인하면서 적극적으로 돈을 풀어 경기를 부양했고, 그 결과 전후 대호황과 낮은 실업률을 누릴 수 있었다. 중앙은행도 낮은 금리로 시중에 충분한 신용 공급을 유지하며 성장을 지원했다.

하지만 이러한 낙관은 1970년대에 중대한 도전에 직면했다. 1973년과 1979년 두 차례 오일쇼크로 석유 가격이 폭등하자, 전 세계적으로 물가는 치솟는데 경기는 침체하는 초유의 사태가 벌어진 것이다. 이러한 스태그플레이션(stagflation)에 케인즈식 정책은 적용하기 어려웠다. 경기 부진에 대응하여 통화량을 늘리면 이미 높은 물가를 더 상승시킬 것이기 때문이다.

이 혼란의 시대에 주목받은 것이 바로 통화주의(monetarism) 학파이다. 미국 경제학자 밀턴 프리드먼(Milton Friedman)은 "인플레이션은 언제 어디서나 화폐적 현상이다"라고 주장했다. 돈을 너무 많이 풀면 결국 물가상승을 불러와 경제에 해가 된다는 것이다.

그는 정부나 중앙은행이 돈을 풀어 실업률을 낮출 수는 있어도, 사람들이 물가가 올라갈 것이라는 기대를 가지게 되면 임금이 상승하여 결국 고용효과는 사라지고 인플레이션만 남는다고 지적했다. 결국 지속적으로 안정된 성장과 낮은 물가를 이루려면 통화 공급을 엄격히 관리해야 한다는 것이다.

결국 미국 연준은 1970년대 말 폴 볼커 의장 체제에서 통화주의 처방을 과감히 적용했다. 1979년부터 연준은 시중 통화공급량 증가율을 목표로 삼고 긴축에 돌입했다. 이에 따라 경기침체와 실업 증가의 고통이 있었지만, 결국 치솟던 물가를 잡는 데 성공했다. 영국 등 다른 나라들도 비슷한 통화 긴축으로 당시 만성화된 인플레이션을 진정시켰다.

1960~70년대 사례는 과도한 돈의 팽창이 얼마나 위험한지 그리고 돈의 안정된 관리가 경제 안정에 얼마나 중요한지를 교훈으로 남겼다.

금융혁신과 통화정책의 변화: 베일 뒤로 숨은 돈

볼커 시대 이후 인플레이션이 잡히자, 1980년대 중반부터는 역설적이게도 중앙은행들이 통화량 목표제를 서서히 폐기하기 시작했다. 2부 4장에서 살펴보았듯이, 금융 규제가 풀리고 금융시장이 빠르게 발달하면서 은행예금에 금리가 지급되고, MMF, 신용카드 등의 금융혁신이 쏟아져 나왔다. 돈은 다양한 형태의 금융상품 속으로 스며들었고 이전 예금 중심의 통화지표로는 돈의 양과 움직임을 파악할 수 없게 되었다.

이에 따라 미국 연준은 1984년 공식적인 통화 증가율 목표를 폐기하는 대신 단기금리를 주된 수단으로 삼아 경제를 조절하는 현대적 통화정책으로 전환하였다. 금리를 인하하거나 인상하여 대출 비용을 바꾸면, 가계와 기업의 소비·투자 행동에 직접 영향을 주기 쉽기 때문이다.

한편, 거시경제 이론도 변화하여 고전파와 케인즈파 양쪽의 교훈을 절충하기에 이르렀다. 경제학자들과 중앙은행들은 '장기적으로는 화폐가 중립적'이라는 명제를 대체로 받아들이면서도, '단기적으로는 통화정책을 잘 써서 경기변동을 완화할 수 있다'는 실용적 입장에 동의하게 되었다.

1990년대 이후 많은 나라에서 물가안정을 최우선 목표로 삼는 물가목표제가 도입된 것도 이러한 배경에서이다. 중앙은행은 통화량 같은 중간 목표 없이, 명시적 물가상승률 목표와 탄력적인 금리 조정을 통해 경제를 관리하기 시작했다.

그 결과 1980년대 중반부터 2000년대 중반까지 선진국들은 전반적으로 낮은 인플레이션과 완만한 경기변동을 누렸다. 경제사에서는 이 시기를 '대안정기(Great Moderation)'라고 부르는데, 일부에서는 '이제 거시경제 운용의 문제는 상당 부분 해결된 것 같다'는 낙관론도 제기되었다.

그러나 이러한 낙관론은 2000년대 중반 들어 다시금 큰 난관에 봉착하고 만다. 돈의 계속되는 확장을 금융시장과 정책당국이 미처 알아채지 못하였기 때문이다. 왜냐하면 금융혁신을 통해 돈이 베일 뒤에 숨어 그 규모가 얼마나 되는지, 어떤 리스크를 내포하는지 제대로 파악하기 어려웠던 것이다.

오늘날의 돈은 그 양과 가치(금리, 환율 등)를 통해 경제활동에 직접적인 영향을 미친다. 그러나 돈의 형태와 역할은 끊임없이 변화하여, 그 규모와 기능을 한눈에 파악하기 어렵다. 이하에서는 이러한 변화가 어떻게 이루어졌는지를 살펴보려고 한다.

국경을 묶는 가치의 통합, 하나로 연결되는 시장

│ 국민국가의 형성과 화폐 통일 │

근대 이전까지는 지역마다 사용하는 화폐가 제각각이었다. 한 나라 안에서도 도시와 농촌, 영지에 따라 서로 다른 주화나 쌀·베와 같은 상품화폐를 썼고, 지역 간 교역에는 물물교환이나 복잡한 환전 과정을 거쳐야 했다. 이렇게 화폐가 분산되어 있어 넓은 범위의 단일 시장이 형성되기 어려웠다.

국민국가의 탄생과 함께 화폐를 전국적으로 통일함으로써 비로소 근대적인 국민경제의 토대가 마련되었다. 한 나라 안에서는 누구나 동일한 화폐로 거래하고 같은 단위로 가격을 표시할 수 있게 되었고, 이는 생산자와 소비자, 지역과 지역을 하나의 시장으로 연결하는 거대한 국민경제의 형성으로 이어졌다.

19세기 유럽의 국민국가 통일 과정은 통화단위의 통일로 경제통합을 이룬 대표적 사례이다. 예컨대 독일은 1871년 제국이 성립된 이후 각 지역에서 통용되던 여러 화폐를 마르크화로 일원화했다. 비스마르크 정부는 금본위에 기반한 통일 통화를 도입하고 제국 중앙은행을 설립했으며, 이러한 변화는 통일에 따른 국민적 낙관론과 맞물려 전례 없는 경제호황을 가능케 했다.

이탈리아도 마찬가지로, 1860년대 통일 이후 수백 종류에 달하던 지방 화폐를 리라화로 정리하여 국가경제를 하나로 묶고 세계경제 변혁에 동참할 기반을 마련했다. 통일된 리라화의 도입은 국내시장 통합의 수단이 되었고, 이탈리아가 이후 산업화와 성장의 길로 나아가는 토대가 되었다.

일본 역시 메이지유신 직후인 1871년 신화폐 조례를 제정하여 엔화를 공식 통화로 채택했다. 이는 번(藩, 막부시대 영주가 다스리던 지역)마다 따로 발행하던 복잡한 번찰(藩札) 등 봉건적 화폐를 일거에 폐지하고 근대적 통화제도로 개편하려는 조치였다.

이처럼 각국이 중앙정부 주도로 자국 통화를 전국적으로 통일함으로써, 지역 단위로 단절되어 있던 여러 시장을 하나로 결합시키는 데 성공했다. 단일 화폐를 통한 거래 통일은 국내 상공업의 발달과 세수 일원화, 중앙은행을 통한 금융정책 운용 등을 가능케 하여 근대 국민경제 형성에 결정적인 역할을 했다.

국제 금본위제의 등장과 세계경제의 통합

19세기 후반에 이르러 교통·통신의 발달로 국제무역과 해외투자가 급증하자, 국가 간 통화가치의 표준화를 향한 요구도 높아졌다. 각기 다른 화폐를 사용할 경우 환율 변동과 교환 수수료 등의 장벽이 무역을 가로막았기 때문이다.

이를 해소하기 위해 19세기 후반 등장한 국제 금본위제는 주요국 통화를 금을 통해 묶어둔 최초의 글로벌 통화 시스템이었다. 영국이 1816년 금본위제를 공식 채택한 이후 세계경제의 중심국들은 점차 금에 통화를 연계하기 시작했고, 특히 1871년 독일의 금본위제 도입을 계기로 1900년경에는 대부분의 선진국 통화가 금본위제로 연결되었다.

각국 화폐는 정해진 금 함량에 따라 고정환율이 유지되었으며, 이런 공통의 가치척도 확립으로 국경을 넘는 거래비용이 크게 줄어들었다. 1870년대부터 1914년까지의 고전적 금본위제 기간 동안, 세계경제는 하나의 거대한 화폐 공동체처럼 작동했다. 영국 파운드화, 미국 달러화, 독일 마르크화 등 당시 기축통화들이 모두 금에 고정됨에 따라 각 통화 간의 환율은 금의 중개로 항상 일정한 비율을 유지했다.

이를 통해 무역상들은 안심하고 국제거래를 할 수 있었고, 자본가들도 환차손 위험 없이 해외투자에 나설 수 있었다. 금본위제가 확립된 1870년대 이후 명목환율 변동성이 사라지면서 세계 교역이 급증하였고, 각국 간 대규모 무역수지 흑자·적자가 환율 조정 없이도 조정되는 등 하나의 통화권처럼 경제가 통합되어 갔다.

국제 금본위제는 1871년부터 1914년까지 약 반세기 동안 지속되었으며, 이 시기는 흔히 '세계화의 제1의 황금기'로 불린다. 하지만 금본위제는 제1차 세계대전의 발발과 함께 와해되었고, 전시 재정 부담으로 각국이 금 태환을 일시 중지하면서 고정환율 체제가 흔들리기 시작했다.

브레튼우즈체제와 달러 중심의 화폐 블록

20세기 중반, 두 차례 세계대전을 겪은 후 등장한 브레튼우즈체제는 국제 통화 질서의 새로운 장을 열었다. 달러가 금을 대행하는 기축통화 역할을 하게 된 것이다. 고정환율로 묶인 세계 통화 시스템은 1971년까지 거의 30년간 유지되며 사실상 전 세계를 하나의 거대한 화폐 블록으로 결속했다. 각국은 안정적인 환율 아래에서 수출입 대금을 결제할 수 있었고, 자본 이동은 IMF 체제하에서 엄격하게 관리되었다.

세계 각국이 사실상 달러라는 단일통화로 연결되자, 전후 복구와 글로벌경제 통합이 한층 탄력을 받았다. 만약 이러한 통일된 화폐 단위와 환율 시스템이 없었다면, 전후 폭발적인 세계무역 성장이나 장기간의 경제호황은 불가능했을 것이라는 평가가 있다. 브레튼우즈체제는 전 세계를 달러라는 공통 화폐 기반 위에 묶음으로써, 본격적인 글로벌경제 통합의 문을 열었다.

브레튼우즈체제는 1971년 달러 금 태환 정지 선언으로 막을 내리고 1973년 주요 국가들이 변동환율제를 시행하면서, 국제통화 질서도 새로운 국면을 맞이했다. 각국 통화의 가치는 시장에서 수요·공급에 따라 실시간으로 변동하게 되었고, 이전처럼 하나의 공통 화폐에 모두 묶여있지 않게 되었다.

그러나 화폐 통합의 추구는 다른 형태로 지속되었다. 유럽에서는 자국 통화를 포기하고 초국가적인 단일통화를 도입하는 도전이 이루어졌다. 1979년 출범한 유럽통화체제(EMS)를 거쳐 1992년 마스트리흐트(Maastricht)조약이 체결되었고, 마침내 1999년 유로화(€)가 창설되었다. 유럽연합(EU) 회원국 가운데 경제 조건을 충족한 11개국이 자국 화폐를 폐지하고 유로화를 법정 통화로 채택함으로써, 역사상 유례없는 범국가적 통화 통합이 현실화되었다.

유로화는 현재 20개국으로 확대된 유로존의 공동 화폐로 자리 잡았다. 유로 도입으로 회원국들의 경제는 이전보다 훨씬 깊이 결합되었다. 국경 간 거래에서도 더 이상 환전과 환율 위험이 발생하지 않아 재화·자본의 이동이 자유로워지고 시장 통합의 폭이 넓어졌다.

달러 체제의 지속과 새로운 과제

한편 브레튼우즈체제 붕괴 이후 공식적인 국제통화체제는 사라졌지만, 실질적으로는 달러화 중심 체제가 지속되었다. 미국 달러는 금 태환이 중단된 뒤에도 세계에서 가장 신뢰받는 기축통화로서 지위를 유지했으며, 오늘날까지도 각국 중앙은행 외환보유고의 상당 비중을 차지하고 있다.

달러화는 세계의 지배적 준비통화로 굳건히 남아있고, 미국의 통화·금융정책은 여전히 세계무역과 투자, 타국 경제에 큰 영향을 미치고 있다. 변동환율제로 전환된 이후 수십 년이 지났지만 많은 국가들이 자국 통화가치를 암묵적으로 달러에 연동하거나 아예 고정시켰고, 국제 원자재 가격도 달러로 표시되면서 달러 중심의 통화 질서는 계속되고 있다.

이러한 달러 중심 통화 체제는 글로벌 금융위기와 같은 위기 상황에서 더욱 분명히 드러난다. 2008년 금융위기나 2020년 팬데믹 위기 당시 국제금융시장에서 달러 유동성이 부족해지자, 미 연방준비제도(Fed)는 주요국 중앙은행들과 통화스왑 라인을 가동하여 대규모 달러를 공급했다. 미 달러 스왑 라인은 글로벌경제의 붕괴를 막는 데 결정적 기여를 했다.

하지만 현 국제통화체제는 한 국가(미국)의 통화정책에 세계경제가 크게 좌우된다는 구조적 불균형을 동반한다. 이를 보완하기 위해 G20 및 IMF를 통한 다자 협력, 지역 금융 안전망 구축 등 국제 공조의 중요성이 더욱 강조되고 있다. 예컨대 IMF는 특별인출권(SDR)이라는 통화단위를 도입하여 달러 의존도를 줄이려 시도했고, 각국 중앙은행들은 연준과의 통화스왑 라인을 상설화하여 위기대응 체계를 갖추고 있다.

이처럼, 화폐의 통합과 표준화는 경제통합의 강력한 촉매 역할을 해왔다. 국내적으로는 단일 화폐가 국민경제의 탄생과 성장을 가능케 했고, 국제적으로는 공통 통화 기준이 세계시장의 팽창과 자본 이동의 촉진을 이끌었다.

그러나 동시에 특정 통화에 권력이 집중되는 통화 패권의 문제와 이에 따른 국제 협력의 과제도 함께 떠올랐다. 경제가 하나의 화폐로 묶인 시대에는 화폐의 움직임이 곧 경제의 흐름을 결정짓는다. 안정된 통화 질서를 유지하기 위한 노력은 곧 세계경제의 안정과 지속적 성장을 위한 필수 조건이 되었다.

교환수단에서 투자자본으로, 주역으로 올라선 돈

화폐는 원래 재화의 교환을 돕고 가치를 저장하는 수단에 불과했지만, 자본시장의 출현으로 그 위상이 근본적으로 달라지기 시작했다. 돈이 자본으로 변신한 것이다. 자본은 수익을 목적으로 장기간 사업과 생산에 투입되는 자금이며, 자본시장은 이 자본을 모으고 배분하는 공개적 장(場)이다.

그 변신의 핵심은 집합과 변환이다. 흩어진 개인의 돈이 유한책임과 증권의 양도성, 공개 공시와 같은 제도를 매개로 모이고 섞이면서 위험은 분산된다. 또 이 과정에서 정보와 지식은 공유되고 결국 실물의 설비와 인력·아이디어로 변형된다. 이 변형의 플랫폼이 바로 자본시장이다.

자본시장에서는 돈의 성격이 변모한다. 화폐는 수동적인 가치의 저장고에서 생산과 혁신을 움직이는 능동적인 동력으로 성격이 바뀐다. 돈이 은행에 머무르면 단기 유동성 역할을 하지만, 자본시장을 거치면 장기 모험자본으로 변신하는 것이다.

17세기 네덜란드 암스테르담에서 세계 최초의 현대적 증권거래소가 등장했다. 1602년 동인도회사가 주식을 발행하여 암스테르담 시민들 사이에서 거래되기 시작했는데 주식은 회사의 자본을 액면가로 분할하여 누구나 사고팔 수 있게 만들었고, 투자자의 최대 손실을 투자액으로 한정하는 유한책임을 가능하게 하였다.

특히 거래소에는 항해일지와 소문, 도착한 금·후추의 양 같은 정보가 집중되었으며, 투자자에게 회사의 항해 수익과 비용을 보여주었다. 더불어 장부 기장과 회계의 표준을 통해 유통되는 주식의 가치에 대한 신뢰가 형성될 수 있었다.

무엇보다 국가의 재정에 의존하지 않고도 민간의 돈이 장거리 항해와 무역 기지 건설 같은 초대형 프로젝트를 감당할 수 있게 되었다. 화폐가 교환의 윤활유에서 장기·고위험 사업을 떠받치는 자본으로 방향을 튼 것이다. 이 경험은 불특정 다수의 돈도 제도만 갖추면 거대한 모험을 가능케 한다는 인식을 유럽 전역에 전파했다.

이는 국가나 왕실 후원 없이도 많은 사람들의 자금을 모아 대항해 무역과 해외 진출을 가능케 한 혁신으로, 화폐가 단순한 교환 수단을 넘어 거대한 사업을 움직이는 힘이 되었음을 보여준다. 또한 돈이 증권의 형태로 유통되는 경험은 이후 자본시장의 가능성을 전 세계에 각인시켰다.

19세기에 이르러 자본시장은 영국과 미국을 중심으로 더욱 발전했다. 산업혁명기의 영국 런던은 방대한 잉여 자본을 토대로 철도 건설과 해외 식민 사업에 투자하며 세계 금융의 심장으로 부상했다. 영란은행과 런던 증권거래소를 축으로 런던의 자본시장은 국내외 기업과 정부에 필요한 막대한 자금을 조달해 주었고, 돈은 산업과 제국을 떠받치는 자본으로서 그 중요성이 한층 부각되었다.

뒤이어 미국 뉴욕의 월 스트리트(Wall Street)도 19세기 후반부터 급성장하여, 20세기 초에는 런던에 버금가는 새로운 금융 중심지로 자리 잡았다. 뉴욕 증권거래소를 통한 주식·채권 발행으로 철도, 철강 등 신흥산업에 거대한 투자금이 몰렸고, 이로써 돈은 경제발전의 원동력이자 부의 증식 수단으로 자리매김했다.

이렇듯 암스테르담에서 런던, 뉴욕에 이르는 역사적 흐름 속에서 자본시장의 등장과 발달은 돈의 역할을 근본적으로 변모시켰다. 돈은 이제 거래를 매개하는 조연이 아니라 경제활동을 이끄는 주역, 즉 자본으로서 중심에 서게 된 것이다.

전통적으로 금융은 은행을 중심으로 이루어져 왔다. 가계의 저축은 은행예금으로 모이고, 은행은 대출을 통해 기업에 자금을 공급하는 구조였다. 이는 국민경제 통합과 화폐제도 형성이라는 측면에서 중요한 역할을 했지만, 은행만으로는 감당할 수 없는 거대한 규모의 투자 수요를 충족시키기에는 한계가 있었다. 은행은 예금자 보호와 유동성 유지를 위해 위험을 제한적으로 감수할 수밖에 없고, 대출에도 담보 등의 조건이 필요하기 때문이다.

반면 주식과 채권발행을 중심으로 한 자본시장에서는 보다 광범위한 투자자들이 참여하여 자금을 모을 수 있다. 주식과 채권시장에서 기업은 미래의 성장성을 담보로 불특정 다수에게서 직접

자금을 조달받을 수 있게 되었다. 주식은 손실 흡수 자본으로, 채권은 확정 이자를 약속하는 부채로 기능하며, 두 증권의 조합으로 기업은 원하는 자본구조를 만들 수 있게 되었다. 또한 투자자들은 위험을 분산시키면서도 높은 수익을 기대할 수 있게 되었다.

이 과정에서 돈은 더 이상 단순한 결제수단에 머물지 않고, 거대한 산업과 벤처사업의 밑거름이 되는 투자자본으로 거듭난다. 결과적으로 은행은 유동성과 결제·운전자본을, 시장은 장기·모험자본을 제공하는 분업이 정착된다. 이 분업이 성숙할수록 돈은 고정된 예금에서 해방되어 더 생산적인 용도로 재배치된다.

자본시장에서 돈은 역할과 기능에 큰 날개를 달았다고 할 수 있다. 우선 자원배분의 효율화이다. 주식시장·채권시장과 같은 자본시장은 가계와 기업의 저축을 모아 생산적인 투자로 연결함으로써 자본형성을 돕고, 시장에서의 가격 발견 과정을 통해 자원이 효율적으로 배분되도록 한다. 투자자들은 성장성이 높은 산업과 기업을 찾아 자금을 공급하고, 주식이나 채권 가격은 그 전망을 반영함으로써 자연스럽게 돈이 보다 생산적인 분야로 흘러들어 가게 만든다.

자본시장의 또 다른 능력은 기업에 대한 감시와 통제이다. 불특정 다수의 주주로부터 자금을 조달받는 공개기업은 경영 내용을 투명하게 공개해야 한다. 주가는 기업 성과에 따라 민감하게 반응하는데, 경영진이 방만하게 회사를 운영하면 주가 하락이나 적대적 인수합병과 같은 시장의 응징을 받을 수 있다. 또한 연기금

같은 기관투자가들도 필요하면 이사회 교체나 구조조정을 요구함
으로써 기업이 건전하게 운영되도록 감시한다. 이렇듯 자본시장
은 기업들이 투입된 자본을 최대한 효율적으로 활용하도록 압력
을 가하는 장치인 셈이다.

더 나아가 자본시장은 위험 관리와 유동성 제공을 통해 돈의
능력을 강화하였다. 투자자들은 국채나 우량회사채 같은 안정적
인 자산뿐 아니라 벤처기업 등 위험은 높지만 고수익인 투자도 선
택할 수 있다. 또한 증권거래소를 통한 주식 매도나 채권시장에서
의 매매를 통해, 투자자들은 비교적 손쉽게 자산을 현금으로 바꿀
수 있다. 이러한 기능들을 통해 돈은 자본시장에서 단순한 교환수
단을 넘어 경제의 심장과 뇌 역할을 수행하는 핵심 자원으로 거듭
나게 되었다.

결국 자본시장의 발달이 가져온 가장 큰 변화는 장기 경제성장
동력의 강화이다. 과거 고전학파 경제학자들은 화폐를 실물경제
와는 상관없는 중립적인 것으로 보았지만, 현대에 와서는 금융과
자본의 움직임이 실물경제를 좌우하는 결정적 요인으로 떠올랐
다. 특히 자본시장의 등장은 성장 방식 자체를 바꾸어놓았다.

효율적인 자본시장은 투자, 혁신, 성장 간 선순환을 만들어내
며 경제 전반의 역동성을 높인다. 선진국들의 사례를 보면 자본시
장의 발전이 경제성장과 발전을 이끌어온 것을 알 수 있다. 미국이
나 영국처럼 주식·채권시장이 발달한 나라는 신기술 기업이 쉽게
자금을 조달받아 빠르게 성장할 수 있었고, 경제 전반의 생산성이

향상되는 결과를 얻었다. 반면 자본시장이 제 역할을 하지 못하면 유망한 기업이 자금을 구하지 못해 성장 기회를 놓치거나, 기존 기업들이 비효율적으로 자원을 점유하는 현상이 지속되어 경제 활력이 떨어진다.

자본시장의 중요성은 우리나라의 경험을 통해서도 실감할 수 있다. 1997년 외환위기 이후 한국은 외국인 투자 제한 완화, 채권시장 개방, 공시·회계의 국제화 등으로 시장 기반을 넓혔다. 기업은 은행 대출 의존에서 벗어나 회사채·유상증자·해외발행 등 다양한 수단을 활용했고, 연기금과 자산운용 산업의 성장으로 기관투자가의 역할도 커졌다.

외국인지분 제한 해제는 유동성과 가격 발견 기능을 강화했고, 국제회계기준 도입은 정보의 표준화를 진전시켰다. 회사채 시장의 확장은 은행 대출에 편중된 자금 구조를 분산시켜 금융안정을 높였다. 또한 KOSDAQ과 다양한 사모·공모펀드는 혁신기업 초기·중기 단계의 자금 공백을 부분적으로 메우는 수단이 되었다. 연기금의 스튜어드십 활동은 기업 지배구조에 새로운 압력을 가해 자본조달의 구조를 바꾸기 시작했다.

그러나 한국의 자본시장은 여전히 발전이 미흡하다는 지적을 받고 있다. 한국은 세계적으로 손꼽히는 높은 저축률과 풍부한 성장 잠재력을 지니고 있음에도 불구하고, 정작 자금 배분의 효율성이 떨어진다는 것이다. 시중의 돈이 자본시장을 통해 혁신적인 신생기업이나 위험이 따르는 신기술 분야에 모험자본이 충분히 공급되지 못하고, 부동산 등 비생산적 자산에 몰리는 현상이 지속되고 있다.

이러한 구조적 한계 때문에 한국은 높은 투자 대비 낮은 성장률, 즉 투자효율성의 제약에 직면해 있다. 다만, 최근 들어 한국에서도 스타트업 투자 확대, 자본시장 개혁 등의 노력이 진행되고 있어 향후 자본시장 발전을 통해 경제 역동성을 끌어올릴 여지는 크다고 할 수 있다. 돈이 제대로 자본으로 기능하기 위해 금융시스템의 제도적 개선과 투자 문화의 변화가 필요하며, 이는 앞으로 한국경제에 주어진 중요한 과제가 될 것이다. 한국 자본시장의 구조적문제와 향후 개선 방향에 대해서는 5장에서 더 구체적으로 논의할것이다.

세계 주요 자본시장

시장 명칭	국가	주요 거래 상품	특징
New York Stock Exchange(NYSE)	미국	주식, ETF, 폐쇄형펀드, 예탁증권	세계 최대 시가총액 규모의 하이브리드(장내+전자) 시장
Nasdaq	미국	주식, ETF, 일부 파생 (그룹 산하 옵션거래소)	세계 최초 전자식 증권시장, 기술주 중심 생태계
London Stock Exchange(LSE)	영국	주식, ETF, 채권(ORB), AIM(성장시장)	유럽의 대표적 자본조달 플랫폼
Tokyo Stock Exchange(JPX)	일본	주식, ETF, J-REIT, 인덱스	일본 최대 거래소, 2013 JPX 출범
Shanghai Stock Exchange(SSE)	중국	주식, 채권, 펀드	본토 최대, STAR Market(科創板) 운영
Hong Kong Stock Exchange(HKEX)	홍콩	주식, 파생, 상품 (LME 포함 그룹)	중국 본토와의 Stock Connect 허브

시장 명칭	국가	주요 거래 상품	특징
Euronext (AMS, PAR 등)	유럽	주식, ETF, 채권, 파생	다국가 단일 오더북, 2021 이탈리아 편입
Frankfurt Stock Exchange(FSE)	독일	주식, ETF, 채권	전자시스템 Xetra, 파생은 Eurex
Korea Exchange (KRX)	한국	주식(KOSPI·KOSDAQ), 파생	2005 통합거래소, KOSPI200 파생 유명
Singapore Exchange(SGX)	싱가포르	주식, 채권, 파생	아시아 외화채·파생 허브
미국 국채현물(OTC)	미국 (글로벌 참여)	미 재무부채(국채)·	프라이머리 딜러 중심 도매시장, 전자플랫폼(BrokerTec 등) 확산
유로본드 시장(OTC)	런던 중심 (글로벌)	역외통화 표시 장기채	다국적 발행·글로벌 투자자 기반
미국 회사채 OTC(D2C/D2D)	미국	투자등급· 하이일드 회사채	딜러-투-클라이언트 구조, 2002 TRACE로 사후공시 도입
글로벌 OTC FX	글로벌	현물·선도·스왑	분산(장외) 24시간, CLS(2002)로 결제리스크 축소
레포(repo)시장 (OTC)	미국 (글로벌)	국채·MBS 담보 단기자금	양자·삼자(tri-party) 구조, 2009~2015 인프라 개혁
커머셜페이퍼(CP) 시장(OTC)	미국 (글로벌)	만기 270일 이내 무담보 단기채	대기업 단기자금 조달의 핵심 수단
OTC 금리파생 (IRS/OIS)	글로벌	이자율스왑, 선도금리계약 등	장외 대형 파생시장, 2010s 이후 청산비중 확대

국경을 넘나드는 자본, 돈의 세계적 확장

돈이 자본시장이라는 무대를 거치며 장기·모험자본으로 탈바꿈했다면, 그다음 장면은 그 자본이 국경을 넘는 순간이다. 같은 돈이더라도 국가의 경계를 벗어나는 즉시 통화와 법, 정책과 정보 환경이 바뀌면서 전혀 다른 성질을 띠게 된다. 이 변화는 단순한 범위 확장이 아니다. 돈이 다시 한번 탈피하여 새로운 모습을 드러내는 것이다. 이렇게 변신한 돈은 한편으로 각국의 성장 잠재력을 키우지만, 다른 한편으로는 금리와 환율을 흔들며 경기의 파동을 키울 수도 있다. 그 변신이 어떻게 일어나는지, 어떤 경로를 거쳐 오늘의 국제금융시장이 만들어졌는지를 역사와 메커니즘을 통해 살펴본다.

역사로 보는 글로벌 자본 이동의 부상

1970년대까지만 해도 많은 나라들은 외환과 자본 거래에 높은 장벽을 세우고 있었다. 전쟁 이후의 고정환율 체제와 자본통제는 무역과 투자에 어느 정도의 예측 가능성을 주었지만, 동시에 국경을 넘는 자본의 흐름을 억눌렀다. 해외에서 돈을 빌리거나 투자하려면 정부 허가가 필요했고, 환율도 정부가 정한 범위 안에서만 움직였다.

하지만 1980년대에 들어서 상황은 급격히 바뀌었다. 물가 불안과 경기침체를 경험한 주요국들은 통화정책의 방식과 금융시스템을 바꾸기 시작했다. 영국에서는 1986년 이른바 '빅뱅(Big Bang)'이라 불리는 대대적인 금융개혁이 단행되었다.

런던 금융시장은 수십 년간 유지해 오던 규제를 걷어내며 세계 자본의 허브로 다시 태어났다. 미국도 단계적으로 자본시장 규제를 완화하고 새로운 거래·결제인프라를 도입해 글로벌자금의 경유지이자 발원지로 부상했다. 유럽 각국은 역내 자본 이동 자유화를 추진했고, 1990년대에는 IMF의 권고를 받으며 신흥국들까지

자본시장을 개방하기 시작했다.

Global Capital Flows/GDP[36]

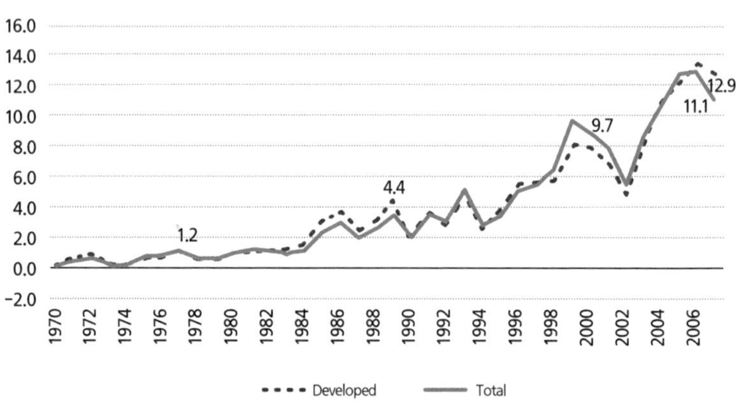

이런 변화는 숫자로도 뚜렷하게 확인된다. 1970년대 초만 해도 세계 GDP 대비 국경 간 자본흐름은 0.4% 수준에 불과했다. 하지만 1980년대 중반 선진국들이 문을 열자 이 비율은 4%로, 2000년대 초에는 9~10%로 뛰어올랐다. 금융 세계화가 절정에 달한 2007년 직전에는 무려 세계 GDP의 11%를 넘어섰다. 불과 20~30년 사이 자본 이동의 규모가 수십 배로 커진 것이다.

---

36) 출처: David Villani and Nicolas Hernan Zeolla, "Neo-Structuralism and the New Approach for Financing Development - Recent Transformation in the World Economy: The Rise of Finance". 『Development in Latin America』

구체적으로 어떻게 달라졌을까? 과거에는 은행 간 외환거래와 상업은행의 대출이 자본 이동의 중심이었지만, 1990년대 이후 국제 채권 및 주식시장, 그리고 파생상품시장이 폭발적으로 성장했다. 2000년대 들어서는 전자거래와 시장 및 상품 지수, ETF, 프라임 브로커리지(Prime Brokerage) 같은 새로운 인프라가 결합했다.

이제는 버튼 몇 번만 누르면 대륙을 가로지르는 대규모 포트폴리오 이동이 가능해졌다. 한때 국가마다 높이 쳐져 있던 장벽은 점점 낮아졌고, 자본은 더 많아졌으며, 더 빨라지고, 더 가볍게 움직이게 되었다. 위 그래프는 이를 압축적으로 보여준다. 국경을 넘는 자본의 물결은 점점 더 큰 파도를 만들며, 세계경제의 풍경을 바꾸어 놓았다.

│ 왜 움직이나: 자본은 무엇에 이끌리는가? │

자본은 가만히 머물러있지 않는다. 어디든 조금이라도 더 높은 수익을 낼 수 있는 곳이 있다면, 자본은 그곳을 향해 움직이려 한다. 물론 모든 자금이 같은 방식으로 움직이지는 않는다. 누군가는 위험을 피하려 하고, 또 누군가는 위험을 감수하더라도 더 큰 수익을 원한다. 중요한 건 이 수많은 투자자들의 선택이 합쳐지면, 결국 자본의 흐름에는 일정한 방향성과 패턴이 생긴다는 점이다.

국제 자본이 어느 나라에 유입되거나 반대로 빠져나가는 데에는 두 가지 요인이 영향을 미친다. 경제학자들은 이를 '푸시(push)' 요인과 '풀(pull)' 요인이라고 부른다. 말 그대로 밀어내는 힘과 끌어당기는 힘이다.

먼저 푸시 요인은 자본이 있는 나라, 즉 자금 공급지에서 비롯되는 요인이다. 전 세계적으로 금리가 낮아지면 투자자들은 더 높은 수익을 찾아 해외로 자금을 돌리려 한다. 달러가 약세를 보이면, 달러화 자산의 상대 매력이 떨어지면서 자금은 미국을 떠나 다른 지역으로 흘러간다. 또 세계경제가 안정되고 투자자들의 위험 선호가 높아질수록 자본은 상대적으로 위험하지만 수익률이 높은 신흥국 시장을 향한다. 이처럼 글로벌한 경제·금융 환경이 자금을 국경 너머로 '밀어내는' 힘을 만든다.

반면 풀 요인은 자본을 '끌어당기는' 힘이다. 이는 자금이 유입되는 나라의 조건과 특성에서 비롯된다. 해당 국가의 경제가 빠르게 성장하고 있고, 인플레이션이 낮으며, 재정과 외환이 안정적이라면 외국인 투자자 입장에서는 투자 매력도가 높아진다. 금융시장이 발달해 있고 환율이 비교적 안정적이며, 규제가 과도하지 않고 자산을 쉽게 사고팔 수 있는 환경이 마련되어 있다면 자본은 그 나라를 향해 움직이게 된다.

이 두 가지 요인은 서로 맞물려 작용한다. 예를 들어 2010년대 초반 미국과 유럽이 초저금리정책을 펼치며 시장에 막대한 유동성을 공급했을 때, 많은 자본이 아시아·남미 등 신흥국 시장으로 흘러들었다. 이는 전형적인 푸시 효과였다. 한편 시기가 같아도 어느 나라는 자본이 활발히 유입된 반면, 어느 나라는 그렇지 못했다. 이는 결국 각국이 내세운 '풀' 조건의 차이에서 비롯된 것이다.

IMF와 같은 국제기구는 이 푸시 및 풀 요인을 정량적으로 분석하려는 노력을 기울였다. 다양한 통계와 사례를 종합한 연구들은, 자본흐름의 큰 방향은 푸시 요인에 의해 결정되지만, 그 크기와 구체적인 유입 경로는 풀 요인이 좌우한다고 결론짓는다.

예를 들어 미국이 금리를 인상하면 전체적으로 신흥국으로 향하는 자본의 흐름은 약해진다. 하지만 그 와중에도 재정이 튼튼하고 외환보유고가 충분한 나라는 자본이 일부 남는다. 반면 정치 불안이나 통화가치 불안정이 있는 나라는 같은 환경에서도 훨씬 빠르게 자본이 빠져나간다.

자본의 입장에서 생각해 보면 이 선택은 전혀 이상할 것이 없다. 자금의 흐름은 본질적으로 '리스크 대비 수익률'이라는 한 가지 기준을 따라 움직이기 때문이다. 위험은 낮고 수익은 높은 곳으로, 그것이 없다면 적어도 비슷한 수익을 주되 더 안전한 곳으로. 이는 개인투자자든 연기금이든, 미국 헤지펀드든 한국의 자산운용사든 모두 동일하게 작동하는 기본 원칙이다.

중요한 점은, 이 자본흐름의 원리가 단순히 금융시장만이 아니라 국가경제 전반에 영향을 준다는 것이다. 자본이 몰리면 통화가치가 올라가고, 기업들이 외화로 싼 이자를 빌려 투자를 늘리게 된다. 반대로 자본이 썰물처럼 빠져나가면 환율이 급등하고 자산 가격이 급락하며, 때로는 금융시스템 전체가 흔들릴 수도 있다.

즉, 푸시와 풀이라는 단순한 이름 아래 숨어있는 것은 바로 세계경제와 각국 경제가 서로 얼마나 정교하게 연결되어 있는가 하는 문제이다. 우리는 이 연결 고리가 강해질수록, 그리고 자본이 점점 더 빠르고 더 민감하게 반응할수록 경제정책의 여지가 그만 큼 줄어들고 시장의 반응이 정책보다 먼저 움직이는 시대에 살고 있다.

| 무엇이 오가나: 자본이 움직이는 방식과 그 속성 |

자본이 국경을 넘나든다는 말은, 말 그대로 돈이 나라를 옮겨 다닌다는 뜻이다. 그런데 이때 오가는 '돈'은 단순한 현금이 아니 다. 그것은 투자라는 옷을 입고 움직이며, 그 형태에 따라 경제에 미치는 영향이 전혀 달라진다.

자본의 흐름을 가장 먼저 구분하는 방식은 직접투자와 간접투 자, 즉 포트폴리오투자로 나누는 것이다. 직접투자는 공장을 짓고, 설비를 들여오고, 사람을 고용하고, 기술을 이전하는 투자다. 흔히 외국인 직접투자(FDI)라고 부르는 것들이 여기에 속한다. 이런 투 자는 한 번 결정하면 쉽게 빠져나가지 않는다. 돈이 아니라 기업이 옮겨가는 것이기 때문이다.

20세기 후반 이후 다국적 기업들이 급속히 확산되면서, 직접 투자는 세계경제의 중요한 축으로 자리 잡게 되었다. 이때 방식은 크게 두 가지이다. 하나는 새로운 생산설비를 직접 세우는 그린필 드(greenfield) 투자이고, 다른 하나는 기존 기업이나 자산을 인수하 는 브라운필드(brownfield) 투자이다. 두 방식 모두 해외에 생산과 경영 거점을 두지만, 투자 이후의 성격은 조금 다르다.

또한 투자 방향성에 따라 수평적 직접투자와 수직적 직접투자로 나눌 수 있다. 수평적 직접투자는 동일한 상품을 다른 나라에서 생산하기 위한 투자라면, 수직적 직접투자는 생산 과정을 분할하여 각 나라에 나누는 방식이다. 최근에는 글로벌 가치사슬(GVC)이 촘촘히 연결되면서, 수직적 직접투자(즉 중간재·부품·조립 단계를 각국에 분산시키는 방식)의 비중이 점차 커지고 있다. 직접투자가 단순히 단일 기업의 해외 진출이라기보다, 국가 간 생산 네트워크를 재구성하는 구조로 진화하고 있는 것이다.

반면 포트폴리오투자는 주식이나 채권, 펀드 같은 금융상품을 사고파는 방식의 투자이다. 이 경우 자금을 버튼 하나로 이동할 수 있는데, 그래서 더욱 민감하고 빠르다. 경제의 체질이나 구조가 바뀌지 않아도 정치 불안이나 금리 변화, 환율 방향성 하나만으로도 자본이 움직인다. 요즘과 같은 글로벌 금융시장에서 문제가 되는 것은 대개 이 포트폴리오투자 쪽이다.

특히 기관투자가들이 형성한 글로벌 자금은 규모가 워낙 커서 특정 시장에 들어올 때는 호황을, 빠질 때는 패닉을 만들어내곤 한다. 신흥국 시장에서는 이러한 자금 흐름이 경제 전반의 온도를 결정할 정도로 큰 영향을 미친다. 그래서 자본 이동을 이야기할 때는 직접투자보다 포트폴리오투자 자금을 중심에 놓고 이해하는 것이 중요하다.

그런데 흥미로운 사실 하나는, 이 포트폴리오투자 대부분이 선진국 간 거래라는 점이다. 각국의 연기금, 자산운용사, 보험회사,

중앙은행 등이 서로의 국채나 주식, 파생상품에 투자하는 구조가 주를 이루며, 신흥국으로의 포트폴리오 유입은 전체 흐름에서 보면 제한적인 비중을 차지한다. 하지만 소규모경제에서는 이 제한적인 흐름조차 시장 전체를 흔들기에 충분한 위력을 지닌다.

다음은 자본의 주체에 따른 구분이다. 즉, 자본이 어디에서 왔고 누구의 돈이냐 하는 문제인데, 크게 보면 공공자본과 민간자본으로 나눌 수 있다. 공공자본에는 중앙은행, 국부펀드, 공적 연기금 등이 있다. 이들은 장기적인 전략과 비교적 안정적인 포트폴리오를 추구하므로 자산을 움직일 때 신중하다. 하지만 규모가 워낙 크기 때문에, 한번 방향을 틀면 시장 전체에 영향을 미칠 수 있다.

민간자본은 좀 더 다양하다. 헤지펀드(hedge fund)처럼 빠르게 움직이며 기회를 포착하는 자금도 있고, 연기금이나 보험회사처럼 비교적 안정성을 추구하는 장기자금도 있다. 일반 개인이 투자하는 해외주식이나 채권도 이 범주에 포함된다. 최근에는 ETF와 같은 상품을 통해 소액투자자들도 글로벌 자산에 쉽게 접근할 수 있게 되면서, 민간자본의 구성은 더 복잡해지고 있다.

결국 자본의 흐름은 단순한 금액의 이동이 아니라, 특정 성격을 지닌 돈의 이동이다. 그리고 그 성격에 따라 시장이 받는 충격의 방식과 크기가 달라진다. 자본이란 결국, 그 나라의 신용과 제도, 성장에 대한 판단을 수반한 채 움직이는 돈이다. 단순한 돈보다 훨씬 더 복합적이고 전략적인 존재이다.

자본의 무대 확대: 국가를 넘어선 시장의 연결

자본이 커졌다. 그리고 이제 그 자본은 한 나라 안에 머물지 않는다. 돈이 자본으로 변신한 뒤, 자본시장에서 더욱 정교한 형식으로 정제된 이후, 그 자본은 자연스럽게 또 다른 무대를 찾기 시작했다. 그 무대는 더 이상 하나의 국가가 아니다. 이제 자본은 국경을 넘고, 대륙을 가로질러, 세계 전역의 시장들을 하나로 묶는 역할을 한다. 자본의 무대는 점점 더 국제금융시장이라는 이름으로 확장되고 있다.

이러한 흐름에 주목하는 이유는 단순히 시장의 크기가 커졌기 때문만이 아니다. 더 중요한 요인은 구조의 변화이다. 연기금과 자산운용사, ETF, 보험사 같은 기관투자자들이 운용하는 자금은 과거와 비교할 수 없을 만큼 커졌고, 이들 대부분은 다양한 국가와 자산에 분산된 포트폴리오를 구성한다. 이들은 서로 다른 나라의 채권, 주식, 외환, 파생상품에 걸쳐 자산을 배분하면서 동시에 유사한 투자 기준과 리스크관리 원칙을 따른다.

이렇게 동일한 기준과 규칙을 따라 움직이는 자본은, 결과적으로 각국의 자본시장을 하나의 거대한 시장처럼 연결시킨다. 세계 곳곳의 금융시장이 단일시장으로 '통합'되어 간다는 말은 단지 비유적인 표현이 아니다. 실제로 이들은 동일한 지수를 기준으로 수익률을 평가받고, 동일한 글로벌 벤치마크(예: 미국 국채, 독일 국채 등)를 중심으로 리스크를 판단하며, 비슷한 방식으로 자산을 사고 팔기 때문이다(이에 대해 보다 자세한 논의는 다음 장으로 미룬다).

이 연결은 가격을 통해 가장 명확히 드러난다. 글로벌 자본시장의 동조화라는 말이 실감 나는 지점이다. 한 나라의 금리가 올라가면, 다른 나라의 금리도 같은 방향으로 움직이는 경우가 많아진다. 환율도 마찬가지다. 미국의 금리인상 신호 하나에 신흥국 통화가 동반 약세를 보이는 일은 익숙한 장면이 되었다.

그 배경에는 크게 세 가지 채널이 작동하고 있다.

첫째는 금리 채널이다. 각국의 국채 수익률은 이제 독립적으로 움직이지 않는다. 대부분의 투자자들은 미국 국채금리, 독일 국채금리와 같은 글로벌 기준금리를 기준 삼아 자신이 투자할 시장의 스프레드를 평가한다. 국가별 금리는 글로벌 금리에 일정한 '프리미엄'을 얹는 구조로 움직이는데, 예를 들어 특정 국가의 국채금리가 미국보다 2%포인트 높다면, 이것이 적절한 리스크 프리미엄인지 아니면 위험 신호인지 평가해야 한다.

둘째는 환율 채널이다. 환율은 이제 무역보다 자본의 흐름에 더 민감하다. 어느 나라의 금리가 오르면 자금이 유입되고, 통화가 강세를 보일 수 있다. 반대로 금리가 낮거나 정책의 신뢰가 약해지면 자금이 빠져나가며 환율이 하락한다. 이러한 흐름은 자본이 어느 통화를 보유하는가에 따라 직접적인 환차익이나 손실로 이어지기 때문에 투자자 입장에서도 중요한 고려 대상이 된다. 결과적으로 환율은 '투자의 가격'이기도 하다.

셋째는 신용 채널이다. 기업과 은행이 외화를 조달할 때 적용받는 금리는 해당 국가의 신용도뿐 아니라 세계 시장의 위험 인식에 따라 좌우된다. 글로벌 신용 스프레드가 확대되면 신흥국 기업의 외화 조달 비용이 급등하는 일은 흔하다. 이 역시 자본시장이 서로 연결되어 있음을 보여주는 단면이다.

이처럼 자본은 이제 더 이상 단일한 국가의 통제하에 있지 않다. 각국의 정책은 자본의 흐름에 맞춰 조정되거나, 최소한 그것을 감안하지 않고는 작동할 수 없게 되었다. 특히 자본의 흐름이 환율과 금리에 영향을 미치고, 이것이 다시 투자와 소비, 수출입에 영향을 주는 방식은 매우 빠르고 복합적이다.

요컨대 자본이 글로벌화되었다는 것은 단순히 이동 거리가 길어졌다는 뜻이 아니다. 그것은 국가 간 경계를 넘어 시장들끼리 연결되고, 가격이 연결되고, 정책이 연결되며 결국 경제 전체가 더 밀접하게 엮이게 되었음을 의미한다.

금리와 환율에 미치는 영향: 무역의 시대에서 자본의 시대로

한 나라의 금리와 환율은 왜 움직일까? 과거에는 이 질문에 대한 답이 비교적 단순했다. 금리는 물가와 통화량, 중앙은행의 기준금리에 의해 움직이고 환율은 수출과 수입의 균형, 즉 무역수지에 따라 결정된다고 여겨졌다. 외환이 많이 들어오면 통화가 강세를 보이고, 외환이 빠져나가면 약세를 보이는 구조였다.

하지만 이제는 그 설명만으로는 부족하다. 오늘날 금리와 환율은 단지 국내 여건만으로 결정되지 않는다. 오히려 더 큰 영향을 미치는 것은 글로벌 자본의 흐름, 특히 포트폴리오 자금의 유입과 유출이다. 그리고 이 변화는 지난 몇십 년 사이 조용하지만 광범위하게 진행되어 왔다.

국제자본시장의 발달로 각국의 금융시장은 하나의 거대한 시장처럼 연결되었고, 그 속에서 금리와 환율은 더 이상 내부 요인의 결과물이 아니다. 오히려 그것들은 자본의 방향성과 속도를 보여주는 신호가 되었다. 즉, 금리와 환율은 자본이 들어오는지, 나가는지를 보여주는 지표이자, 때로는 자본이 움직이게 만드는 동인이기도 하다.

대표적인 예가 금리이다. 이론적으로는 중앙은행이 기준금리를 조정함으로써 시장금리를 조절한다. 하지만 글로벌 자본이 자유롭게 이동하는 시대에 한 나라의 금리는 그 자체로 고정된 값이 아니다. 외국인 투자자가 그 나라의 채권을 살지, 아니면 팔고 나갈지에 따라 금리는 시장에서 상시적으로 조정된다. 특히 외국인의 자금이 이탈하는 시점에는 국채금리가 단기간에 크게 뛰는 일이 자주 벌어진다. 기준금리와 시장금리의 괴리가 커지고, 중앙은행의 통화정책은 자본시장과의 밀고 당기기 속에서 그 효과가 희미해질 때도 있다.

환율도 마찬가지이다. 과거에는 환율이 물가나 무역수지, 경상수지에 따라 움직인다고 배웠다. 지금도 이 요인들이 무시되는 것은 아니지만, 현실에서는 자본 이동의 방향이 환율을 실질적으로 좌우하는 일이 훨씬 더 흔하다. 외국인 투자자가 주식과 채권을 사들이면 통화가 강세를 보이고, 투자 비중을 줄이면 통화가 약세로 돌아선다.

무역의 균형이 천천히 영향을 미친다면, 자본은 즉각 반응한다. 미국의 금리인상 소식이 전해지는 날, 브라질 헤알화와 한국 원화가 동시에 약세를 보이는 현상은 이제 일상이 되었다. 무역 거래가 아닌 포트폴리오투자 흐름이 환율을 결정하는 시대, 그 속에서 금리와 환율은 더 이상 국내 정책의 단순 결과가 아니다.

여기서 중요한 점은, 자본의 움직임이 단지 외부 충격에 따라 마구잡이로 흔들리는 것이 아니라는 점이다. 자본은 판단을 한다. 그리고 그 판단의 기준은 단기금리차만이 아니라, 그 나라의 경제 성장률, 인플레이션, 재정 안정성, 정책 신뢰, 통화 체계, 외환보유고 수준 등에 대한 종합적인 평가다.

예를 들어 두 나라의 금리가 모두 5%라고 해도, 한 나라는 외환보유액이 풍부하고 정치적으로 안정되어 있는 반면, 다른 나라는 물가 불안과 정치 불확실성에 시달리고 있다면 자본은 앞의 나라를 택할 것이다. 즉, 단순한 금리 비교보다 리스크 조정 수익률(risk-adjusted return)이 중요한 시대이다.

결과적으로, 같은 금리인상이더라도 시장의 반응은 다를 수 있다. 신뢰를 회복하는 금리인상은 자본유입을 자극하지만, 경기둔화와 정책 혼선 속에서의 금리인상은 오히려 자본유입을 위축시키기도 한다. 환율 역시 단기적 숫자가 아니라, 정책의 일관성과 경제의 체력에 대한 평가로 작동한다.

이런 상황 속에서 각국 정책의 선택 여지는 줄어든다. 중앙은행은 기준금리를 조정하기 전, '시장금리와의 괴리는 어느 정도인가', '외국인 투자자는 어떻게 반응할까', '금리인상이 자본유입으로 이어질까, 아니면 경제 둔화를 앞당길까' 등 복합적인 판단을 해야 한다. 외환시장 개입도 마찬가지이다. 외환보유액을 소진해서 환율을 방어할 것인지, 아니면 시장에 맡길 것인지는 단순한 정책 선택이 아닌 국제자본의 시선을 고려한 전략적 선택을 내려야 한다.

이제 금리와 환율은 단지 정책의 결과가 아니라, 자본이 평가하는 실시간의 가격 신호가 되었다. 그리고 이 신호는 정책뿐 아니라 기업의 투자, 가계의 소비, 금융기관의 의사결정에도 영향을 미친다.

이것이 바로 자본이 또 한번 변신한 결과이다. 한때는 은행 계좌 속 숫자였던 돈이 자본시장을 통해 투자 자본으로 바뀌고, 다시 국제자본시장으로 이동하면서 이제는 금리와 환율이라는 핵심 변수의 형성 과정 그 자체를 좌우하게 되었다.

자본의 빠른 이동과 시장에 미치는 영향

자본이 이동한다고 할 때, 그 움직임은 단지 국경을 넘는다는 의미를 넘어서 이동속도에 대한 뉘앙스를 포함하고 있다. 포트폴리오 자본은 단기수익률의 변화나 정책 변화, 또는 시장의 정서에 반응하여 놀라울 만큼 빠른 속도로 방향을 바꾼다.

이러한 빠른 포지션 전환(position switching)이 가능한 이유는 몇 가지 핵심 요인에 있다. 먼저, 유동성 높은 금융상품이다. 상장지수펀드(ETF), 글로벌채권펀드, 파생상품을 통한 헤지 전략 등은 거의 실시간으로 비중 조정이 가능하다. 특히 ETF나 글로벌채권펀드는 수십 개국 자산에 걸쳐 투자하면서 동시에 수익률과 리스크를 통합적으로 관리하기 때문에, 하나의 국가에 대한 인식이 변하면 곧바로 매도 또는 매수로 반응한다.

다음은 글로벌 투자자의 운용시스템이다. 앞서 설명한 바와 같이, 많은 기관투자자는 벤치마크지수에 맞추어 자산을 관리한다. 지수에서 특정 국가의 비중이 줄어들면, 실제 포트폴리오에서도 비중을 줄인다. 그 과정은 대개 시스템에 의해 자동으로 실행되며, 추적오차가 커지지 않도록 관리된다. 기계적 리밸런싱이 자금의 흐름을 만들어내는 시대, 그것이 현재의 자본시장이다.

여기에 정책 신호와 기대도 영향을 준다. 한 나라가 금리를 인상할 것이라는 기대가 생기면, 자본은 미리 움직인다. 반대로 정부가 시장의 기대와 다른 방향으로 나아갈 때, 자본은 빠르게 빠져나간다. 정치 불확실성이나 환율 불안, 재정 악화 가능성 같은 심리적 요인도 마찬가지이다. 자본은 언제든지 움직일 수 있기 때문에, 투자자는 움직여야 할 이유를 계속해서 찾는다. 그게 눈에 띄는 데이터일 수도 있고, 정책의 미묘한 변화일 수도 있다.

결과적으로 이런 구조는 시장을 매우 민감하게 만든다. 자본유입이 갑작스러운 강세장을 만들기도 하고, 반대로 자본유출은 짧은 시간 안에 자산 가격과 환율을 급변시키며 불안을 키운다. 작은

뉴스 하나가 시장 전반의 리밸런싱을 유도하고, 이는 다시 금융 불안을 불러오는 구조이다.

이러한 특성은 위기를 촉발하거나 증폭시키는 잠재력이 된다. 자본의 흐름이 급변할 수 있는 구조, 포지션이 일시에 전환되는 방식, 그리고 그것을 흡수할 수 있는 시장의 완충 능력 부족 때문에 이런 조합은 때때로 위기의 무대가 되기도 한다.

여기서는 위기의 구체적인 전개 과정을 설명하지는 않는다. 하지만 다음 장에서 다룰 아시아 외환위기, 2008년 글로벌 금융위기, 2020년 팬데믹 당시의 금융 불안이 바로 이러한 구조 위에서 벌어졌다는 점을 기억할 필요는 있다. 지금 우리가 보고 있는 자본의 움직임은, 단지 금융시장의 풍경이 아니라, 위기의 씨앗이 뿌려지는 토양이기도 하다.

돈, 글로벌 금융자본으로의 변신

우리는 돈의 변신을 살펴보았다. 처음엔 단순한 교환의 매개였던 돈이 자본시장이라는 플랫폼을 만나 장기·모험자본으로 탈바꿈했고, 이제는 국경을 넘는 글로벌 자본으로 확장되어 세계경제의 구석구석을 움직이고 있다.

이런 변화는 단지 돈의 규모가 커졌다는 뜻이 아니다. 돈이 작동하는 방식 자체가 달라졌다는 것, 그것이 이 장의 핵심이다. 자본은 더 이상 한 나라 안에서만 순환하지 않는다. 글로벌 금융시장의 규칙, 포트폴리오 자산의 운용 구조, 금리와 환율의 연동 메커니즘 속에서 돈은 이제 세계를 무대로 작동하는 하나의 구조화된 행위자가 되었다.

그 중심에는 수익률이 있다. 글로벌 자본의 목표는 단순하다. 더 높은 위험조정수익률이다. 자본은 그 수익을 좇아 움직이고, 그 과정에서 국가 간의 경계를 거침없이 넘나든다. 이 자본은 특정 국가의 정책 변화, 성장률의 변화, 정치적 불확실성 등 수많은 요인에 민감하게 반응하며 포지션을 바꾼다. 이 움직임은 때로는 조용히 흐르고, 때로는 한 나라의 금융시장을 요동치게 만든다.

자본의 흐름은 경제에 이중적 영향을 미친다. 장기적으로는 생산성과 자본 효율성을 높이고, 새로운 기술과 아이디어가 필요한 곳에 자원을 공급하는 긍정적인 기능을 한다. 다양한 국가에 분산 투자 된 자금은 글로벌 성장의 기반을 넓히고, 자본비용을 낮추며, 시장의 투명성과 효율성을 제고한다.

하지만 단기적으로는 금리와 환율을 흔들고, 경기 사이클을 증폭시키며, 때로는 금융시장의 불안과 위기의 씨앗이 되기도 한다. 자본은 언제든지 방향을 바꿀 수 있고, 그런 변화는 하루아침에 일어날 수 있다. 단순히 돈이 많고 적은 문제가 아니라, 그 돈이 얼마나 빠르게 어떤 신호에 반응하여 움직이는지가 더 중요해졌다.

이러한 구조 속에서 개별 국가는 더 이상 완전한 의미의 자율적 경제단위가 아니다. 각국의 금리와 환율은 세계 자본시장의 리듬 속에서 조율되고, 자본시장의 신뢰와 연동되는 방향으로 정책이 설계되어야 한다. 국가와 시장, 정책과 자본이 하나의 거대한 회로 속에서 함께 움직이는 구조, 그것이 바로 오늘날 글로벌 자본주의의 현실이다.

글로벌 금융자본으로 변신한 돈은, 단지 국경을 넘는 자금이 아니라, 금융시장의 논리와 메커니즘이 세계경제 전반에 작용하고 있다는 사실의 상징이다. 그리고 우리는 이제, 이 흐름을 이해하지 않고는 어느 나라의 경제도 제대로 이해할 수 없는 시대에 들어섰다.

투자 흐름의 거대한 축, 포트폴리오 자본의 성장

우리가 흔히 쓰는 '자본'이라는 말은 사실 매우 다양한 얼굴을 가진다. 기업의 입장에서는 공장을 짓고 기계를 들여오는 데 필요한 장기자금이 자본이고, 가계의 입장에서는 집을 사고 교육에 투자하는 저축이 자본이다. 그런데 근대 이후 특히 20세기에 들어서면서 등장한 새로운 형태가 있다. 바로 금융자본이다.

금융자본은 말 그대로 금융시장 안에서 운용되고 재생산되는 자본을 뜻한다. 단순히 실물 투자를 위해 모인 돈이 아니라, 금융상품과 제도를 매개로 하여 끊임없이 증식되고 재배치되는 자본이다. 주식과 채권, 대출과 예금뿐 아니라, 각종 파생상품, 사모펀드, 연기금, 국부펀드, ETF와 같은 다양한 금융 기구 속에서 움직인다.

산업자본이 공장과 기계를 통해 부가가치를 창출한다면, 금융

자본은 돈 자체의 흐름과 구조를 통해 이윤을 창출한다는 점에서 구별된다. 이는 자본주의가 성숙해 가면서 나타난 필연적인 진화이다. 기업이 더 크게 성장하려면 더 많은 자금이 필요했고, 투자자는 그 자금을 공급하면서 위험을 관리하려 했다. 이 과정에서 돈은 단순한 교환과 축적의 수단에서 벗어나, 스스로 새로운 수익을 낳는 독립적 주체로 기능하기 시작했다.

역사적으로 보면 금융자본의 형성은 몇 가지 중요한 사건을 통해 가속화되었다.

- 19세기 말~20세기 초: 대규모 철도·산업 프로젝트를 뒷받침하기 위해 은행과 증권시장이 결합하면서 금융자본의 기초가 마련되었다. 루돌프 힐퍼딩(Rudolf Hilferding) 같은 경제학자들은 이 시기를 금융자본주의의 시작으로 보았다.
- 2차 세계대전 이후: 브레튼우즈체제와 함께 국제금융 질서가 재편되면서 각국은 통화와 금융을 제도적으로 관리했지만, 동시에 은행과 자본시장은 점점 더 긴밀하게 연결되었다.
- 1970~80년대: 변동환율제 도입과 금융자유화, 규제 완화가 본격화되면서 금융시장의 비중이 폭발적으로 커졌다. 이때부터 자본은 실물 투자를 넘어 전 세계 금융시장에서 회전하며 수익을 창출하는 글로벌 금융자본의 성격을 본격적으로 띠기 시작했다.

금융자본의 핵심은 집합성과 유동성이다. 은행에 묶여있던 돈이 풀려나와 수많은 투자자들의 자금이 모여 하나의 거대한 덩어리를 이루고, 그것이 금융시장에서 증권화되어 자유롭게 거래된다. 그리고 이 덩어리는 국가의 경계조차 넘나들며 새로운 투자처를 찾는다.

이렇게 형성된 금융자본은 과거의 산업자본과 달리, 물리적 제약에서 비교적 자유롭다. 공장을 세우는 데 수년이 걸리는 산업자본과 달리, 금융자본은 버튼 하나로 대륙을 건너가고 몇 시간 만에 전 세계를 순환한다. 바로 이 속성이 오늘날 금융자본을 세계경제의 핵심 행위자로 만든다.

금융자본이 형성되었다는 사실은 곧 돈의 성격이 또 한번 바뀌었음을 의미한다. 교환의 매개였던 돈이 자본시장에서 모험자본으로 변신했다면, 이제는 글로벌 금융시장에서 자체적으로 이윤을 창출하고 자산과 자산을 연결하며, 세계경제 전체를 동시에 움직이는 금융자본으로 변신한 것이다.

포트폴리오 자본의 성격: 돈의 거대한 집합체

산업자본은 개별 기업이나 프로젝트 단위로 움직이지만, 금융자본은 수많은 돈이 모여 하나의 거대한 집합체로 운용된다. 이 집합체는 흔히 '펀드(fund)'라는 이름으로 불린다. 연기금, 국부펀드, 보험사, 대학 기금, 심지어 은행의 자금 운용 부서까지도 본질적으로는 모두 포트폴리오 펀드이다. 이들은 단일한 기업을 돕는 대출

 돈의 변신

자나 채권자가 아니라, 세계 자산을 통합하여 바라보는 거대한 투자자로 활동한다.

포트폴리오 자본의 성격을 잘 보여주는 사례가 바로 연기금이다. 각국 정부와 기업은 고령화에 대비해 막대한 자금을 쌓아두어야 했고, 이 자금은 대부분 장기 운용을 필요로 했다. 일본의 GPIF, 미국의 캘퍼스(CalPERS), 한국의 국민연금 등은 그 규모만 수천억에서 수조 달러에 이른다. 이 거대 기금들은 국내 자산에만 돈을 묶어두지 않는다. 위험을 분산하고 수익을 안정적으로 확보하기 위해 전 세계 주식, 채권, 부동산, 인프라자산에 고루 투자한다. 이렇게 형성된 포트폴리오는 사실상 세계경제 전체의 단면을 축소해 담아낸 미니어처라 할 수 있다.

국부펀드 역시 마찬가지이다. 석유 수출국, 무역흑자국은 벌어들인 외화를 국부펀드라는 형태로 모아 운용한다. 노르웨이의 국부펀드처럼 자국 GDP를 훌쩍 뛰어넘는 자산을 가진 펀드도 있다. 이 펀드들은 단일 기업보다 훨씬 장기적인 안목을 가지고 있으며, 단순히 이윤을 추구하는 것을 넘어 국가경제의 안정과 미래세대의 복지까지 고려한다. 하지만 투자전략 자체는 철저히 글로벌 포트폴리오 원칙에 따라 움직인다.

포트폴리오 자본의 또 다른 특징은 전략성이다. 산업자본이 '이 공장을 세울 것인가, 말 것인가'라는 이분법적 선택을 하는 것과 달리, 금융자본은 자산군을 세밀하게 나누고, 서로 다른 위험과 수익을 조합해 최적의 배분을 추구한다. 국채와 회사채, 선진국 주식과 신흥국 주식, 원자재, 부동산, 사모펀드 등은 모두 하나의 포트폴리오 안에서 조율된다. 이 과정에서 중요한 것은 개별 투자처의 특성이 아니라, 전체 포트폴리오의 균형이다.

예컨대 어느 나라의 주식시장이 단기적으로 불안하더라도, 그것이 전체 포트폴리오의 변동성을 낮추는 효과를 가진다면 오히려 매수 비중을 늘리기도 한다. 반대로 안정적인 자산이라도 포트폴리오 전체의 위험을 키운다면 줄여야 한다. 즉, 포트폴리오 자본은 개별 자산을 독립적으로 보지 않고, 상호작용 속에서의 포지션을 기준으로 판단한다.

이러한 집합성과 전략성은 포트폴리오 자본을 국제경제의 거대한 행위자로 만든다. 특정 국가의 국채 발행이 성공할지, 특정 산업의 주가가 오를지, 특정 통화가 강세를 유지할 수 있을지는 이제 개별 기업이나 정부의 힘만으로는 설명되지 않는다. 세계의 포트폴리오가 어떻게 움직이느냐가 중요한 변수가 되었다.

결국 포트폴리오 자본은 단순히 많은 돈이 모인 덩어리가 아니다. 그것은 세계경제의 다양한 위험과 기회를 하나의 체계 속에 통합해 운용하는 새로운 형태의 자본이다. 그래서 포트폴리오 자본은 안정성을 주기도 하고, 때로는 위기를 빠르게 전염시키는 매개체가 되기도 한다.

| 운용 방식과 메커니즘: 분산, 헤지, 그리고 빠른 전환 |

포트폴리오 자본의 운영 철학은 한마디로 말해 '위험을 분산하고 수익을 극대화한다'는 것이다. 그런데 이 단순한 원칙을 실행하는 과정은 생각보다 훨씬 복잡하다.

포트폴리오 운용의 기본은 20세기 중반 해리 마코위츠(Harry Markowitz)가 제시한 현대 포트폴리오이론(Modern Portfolio Theory)이다. 이 이론의 핵심은 '개별 자산의 위험은 피할 수 없지만, 서로 다른 성격의 자산을 조합하면 전체 위험은 줄일 수 있다'는 것이다. 예컨대 주식은 수익률이 높지만 변동성이 크고, 국채는 수익은 낮지만 안정적이다. 둘을 섞으면 주식의 위험을 국채가 완충해 주면서 평균적으로 안정적인 수익을 확보할 수 있다.

이런 사고방식은 오늘날 거의 모든 연기금, 국부펀드, 대형 자산운용사의 기초 규범이 되었다. 실제로 거대 기금들은 포트폴리오를 주식·채권·대체 자산(부동산, 인프라, 사모펀드 등)으로 나누고, 각 비중을 장기목표에 맞춰 조정한다. 그리고 그 안에서도 국가, 산업, 통화, 만기별로 세분화해 위험을 분산시킨다.

하지만 단순한 분산만으로는 부족하다. 시장은 언제나 변동성이 크고, 예상치 못한 사건이 발생하기 때문이다. 그래서 포트폴리오 자본은 파생상품을 적극적으로 활용한다.

- 선물·옵션은 주식시장과 원자재 시장에서 흔히 쓰인다. 보유 자산이 가격 하락 위험에 노출되면 옵션으로 헤지(hedge)하고, 반대로 수익을 노릴 때는 레버리지 효과를 활용한다.
- 스왑(Swap)은 금리와 환율위험을 관리하는 도구이다. 예를

들어 달러 표시 채권을 산 투자자는 환율이 급락할 위험을
통화스왑으로 방어한다.

- CDS(신용부도스왑)는 특정 기업이나 국가의 부도 위험을 다
른 투자자에게 전가하거나, 반대로 위험을 감수하고 수익을
얻는 방식이다.

이처럼 파생상품은 위험을 줄이는 안전장치이자, 동시에 수익
을 더 키우는 도구가 된다. 문제는 이런 거래가 워낙 복잡하고 상
호 연결 되어있다 보니, 특정 위험이 현실화되면 되레 충격을 증폭
시킬 수도 있다는 점이다.

포트폴리오 자본의 또 다른 특징은 빠른 포지션 전환이다. 이
는 세 가지 메커니즘에서 비롯된다.

첫째, 벤치마크지수이다. 대부분의 글로벌자금은 특정 지수를
기준으로 성과를 평가받는다. 예컨대 신흥국 주식 펀드는 MSCI
신흥국 지수를 따라가고, 글로벌 채권 펀드는 블룸버그 글로벌 종
합 채권지수를 기준으로 한다. 따라서 지수에 편입·제외되거나 국
가 비중이 달라지면, 실제 투자자금도 거의 기계적으로 조정된다.

둘째, 리스크관리 규칙이다. 투자자들은 보통 포트폴리오의 위
험도를 숫자로 관리한다. 대표적인 지표가 VaR(Value at Risk)다. 시
장 변동성이 커지면 VaR 값이 늘어나고, 이때 자산을 줄여 위험
한도를 맞춘다. 결국 시장 불안이 생기면 포트폴리오 매도 압력이
일제히 커지게 된다.

　　　　　　　　　　　　　　　　　　　　　　　돈의 변신

셋째, 담보와 마진콜이다. 파생상품 거래나 레버리지를 사용하는 경우, 자산가치가 떨어지면 증거금 추가 납부가 요구된다. 이를 충족하려면 다른 자산을 팔아야 하고, 그 과정이 매도세를 키운다. 이는 2008년 금융위기 때도 크게 작용했던 구조이다.

이 세 가지 메커니즘 덕분에 글로벌 포트폴리오 자본은 마치 하나의 거대한 기계처럼 움직인다. 특정 사건이 일어나면 수많은 자산운용사들이 동시에 비슷한 반응을 보이고, 그 결과 시장의 방향이 순식간에 바뀌거나 충격이 확대된다.

포트폴리오 자본은 겉으로는 안정적이고 합리적인 자산 배분 전략처럼 보이지만, 실제로는 '비슷한 규칙을 따르는 거대한 집합체'라는 점에서 불안정성을 내포한다. 모두가 같은 기준을 따라가면, 충격이 왔을 때 움직임도 똑같아지고 시장은 더 크게 흔들린다.

그럼에도 불구하고 이 메커니즘은 포트폴리오 자본을 오늘날 세계경제의 핵심 동력으로 만든다. 장기적으로는 위험을 분산해 안정성을 높이고, 단기적으로는 포지션 전환을 통해 유동성을 공급한다.

영향과 리스크: 안정과 불안이 공존하는 구조

포트폴리오 자본이 형성되면서 세계경제는 분명 새로운 장점을 얻었다. 동시에, 그 장점은 언제든 약점으로 바뀔 수 있는 그림자를 드리우고 있다. 이 이중성은 금융자본 시대의 본질이기도 하다.

먼저 긍정적 측면은 다음과 같은 세 가지를 생각할 수 있다.

첫째, 자금조달의 용이성이다. 과거 한 나라의 기업이 필요한 자금을 마련하려면 자국 은행이나 정부 지원에 크게 의존해야 했다. 하지만 포트폴리오 자본의 시대에는 글로벌 투자자들이 국경을 넘어 채권과 주식에 투자하면서, 기업과 정부는 더 낮은 비용으로 더 다양한 원천에서 자금을 조달할 수 있게 되었다.

둘째, 위험의 분산이다. 투자자 입장에서 포트폴리오 자본은 전 세계로 분산된 수많은 자산을 통해 개별 국가나 기업의 위험을 희석할 수 있다. 예를 들어 한 나라에서 금융위기가 발생해도, 다른 지역 자산에서 수익을 올려 손실을 상쇄할 수 있다. 이는 자본이 한 국가에 머물렀을 때보다 훨씬 더 안정적이다.

셋째, 시장 효율성의 제고이다. 글로벌 포트폴리오는 가격을 통해 정보를 반영한다. 성장 가능성이 있는 국가는 더 많은 자금을 끌어들이고, 비효율적이거나 신뢰를 잃은 곳은 자금이 빠져나간다. 이는 자원의 효율적 배분을 촉진하는 압력이 되어 각국이 제도를 개선하고 기업들이 투명성을 높이도록 자극한다.

그러나 이런 장점은 언제든 단점으로 뒤집힐 수 있다. 첫째, 집단적 움직임의 위험이다. 앞에서 본 것처럼 글로벌 포트폴리오는 대체로 동일한 벤치마크와 위험 관리 규칙을 따른다. 이는 평상시에는 안정적이지만, 위기 상황에서는 반대로 모든 자금이 같은 방향으로 움직이는 결과를 낳는다. 투자자들이 일제히 자산을 매도

하면 시장은 더 큰 충격을 받는다.

둘째, 충격의 전염성이다. 포트폴리오 자본은 세계 각국의 자산을 거미줄처럼 연결해 놓았다. 그래서 한 지역에서 작은 문제가 발생하면 다른 지역으로 빠르게 번져나간다. 위험을 분산한다는 것이 아이러니하게도 위기의 확산 경로가 되기도 한다.

셋째, 레버리지와 파생상품의 확대이다. 위험을 줄이려는 목적에서 시작된 파생상품과 레버리지는, 때때로 자산시장의 불안정을 키우는 요인이 되기도 한다. 특히 금융기관이 높은 레버리지를 동원해 파생상품을 거래할 경우, 작은 가격변동이 곧바로 큰 손실로 이어지고 이는 다시 자산 매도로 연결된다.

이 이중성을 보여주는 대표적 사건이 1998년의 LTCM(Long-Term Capital Management) 사태이다. LTCM은 노벨경제학상 수상자를 포함한 최고의 금융공학자들이 만든 헤지펀드였다. 그들은 정교한 수학모델을 통해 위험을 거의 완벽하게 관리할 수 있다고 믿었다. 하지만 예상치 못한 러시아 디폴트 사태 앞에서 과도한 레버리지는 순식간에 무너졌다. 수십억 달러의 손실이 발생했고, 뉴욕 연방준비은행이 긴급히 주요 은행들을 모아 구제하지 않았다면 그 충격은 전 세계 금융시스템을 뒤흔들었을 것이다.

불과 10년 뒤인 2008년 글로벌 금융위기는 포트폴리오 자본이 가진 구조적 취약성을 더 선명하게 드러냈다. 미국 주택담보대출을 묶어 만든 주택저당증권(MBS)과 부채담보부증권(CDO)이 전 세계 포트폴리오에 편입되면서, 미국의 부동산시장 문제 하나가 글로벌 금융위기로 비화했다. 위험이 분산된 것이 아니라, 사실은 전 세계에 동일한 위험이 퍼져있었던 셈이다.

포트폴리오 자본은 오늘날 세계경제의 필수 인프라이다. 자금을 원활히 공급하고 위험을 나누며 효율을 높인다. 하지만 동시에 그것은 불안정성을 내포한 거대한 구조물이기도 하다. 요컨대 포트폴리오 자본은 세계경제의 안전벨트이자 위기의 증폭기라는 두 얼굴을 동시에 지니고 있다.

2장

돈의 위기

20세기 후반에 접어들면서 세계경제는 또 한번의 전환기를 맞이
했다. 돈과 금융은 실물경제를 뒷받침하는 기반을 넘어 경제의 취
약성과 위기를 만들어내는 핵심 요소로 부상했다. 과거에는 금융
불안이 실물경제의 충격에 뒤따르는 결과로 인식되었지만 이제는
금융 내부에서 형성된 불균형이 먼저 위기를 촉발하고 그 충격이
생산과 고용, 국민 생활 전반으로 확산되는 경우가 빈번해졌다.

　이러한 변화의 첫 번째 배경에는 신용의 양면성이 자리 잡고 있
다. 은행을 중심으로 한 현대 금융시스템에서 돈은 대출을 통해 새
롭게 창조되며, 이 신용창조 메커니즘은 경기확장기에 경제활력을
높이는 역할을 한다. 그러나 동시에, 과도한 낙관과 레버리지가 누

적될 경우 금융 구조는 점점 더 취약해지고, 작은 충격에도 체계적인 위기로 이어질 수 있다. 하이먼 민스키가 지적했듯이, 안정이 오히려 위험을 축적하는 계기가 되고 반복적으로 금융위기가 발생하는 구조적 현상이 된다. 이 장에서는 민스키의 금융 불안정성 가설을 바탕으로 신용팽창과 위기의 반복 메커니즘을 설명한다.

두 번째는 넘치는 유동성과 돈의 가치의 불안정성이다. 2000년대 이후 IT 버블 붕괴, 글로벌 금융위기, 그리고 팬데믹이라는 세 차례의 큰 충격을 거치면서 각국 중앙은행은 전례 없이 완화적인 통화정책을 반복적으로 사용했다. 위기 때마다 중앙은행은 더 낮은 금리, 더 많은 유동성을 공급하며 금융시스템의 붕괴를 막았고, 이는 통화정책이 위기 대응 수단에서 일상적 정책으로 자리 잡는 변화를 불러왔다. 이런 easy money 구조는 한편으로 금융시스템의 안정성을 유지하는 데 기여했지만, 동시에 장기적인 자산 가격 상승과 신용 확대를 자극했다. 그 결과 2020년대에 접어들며 인플레이션이 다시 전면에 등장하게 된 배경이 되었다. 이 장의 중간 부분은 통화정책의 구조적 변화와 그에 따른 물가의 불안정성을 짚는다.

세 번째는 달러화의 기축통화로서 위상 변화 가능성이다. 현대 세계경제는 오랫동안 달러화를 중심으로 움직여왔으며, 달러에 대한 신뢰는 국제무역과 금융안정의 핵심이었다. 그러나 최근에는 미국의 재정 부담 확대, 정치적 불확실성, 보호무역 및 금융제재의 빈번한 활용 등 다양한 도전이 달러의 신뢰를 위협하고 있다. 이러한 변화는 향후 글로벌경제 교역의 위축, 국제금융 질서의 불안정성 증대와 연결될 수 있다. 이 장의 마지막 부분에서는 달러 체제의 구조적 변화 가능성과 그 파급효과를 다룬다.

이처럼 신용팽창의 위험, 통화정책의 변화와 인플레이션, 그리고 달러화 신뢰의 약화라는 세 가지 측면을 중심으로, 돈의 위기가 현대 경제에 어떤 방식으로 자리 잡고 있는지 살펴보고자 한다.

돈의 변신이 키운 불안정성, 신용팽창의 구조적 위험

앞 장에서 살펴본 '포트폴리오 자본'은 수익률과 유동성에 민감하게 반응하며 국경을 초월해 자산시장을 빠르게 이동한다. 이 자본은 개별 국가의 통화정책이나 실물경제 흐름에 직접적인 영향을 미치며, 특히 신흥국의 경우 정책의 자율성을 위협할 정도로 강력한 시장 세력을 형성한다.

이러한 포트폴리오 자본은 단기간 내 대규모 유입으로 자산시장과 신용을 동시에 자극하고, 위험 신호가 감지되면 또다시 순식간에 이탈해 시장을 붕괴시킬 수 있다. 그 결과, 오늘날의 금융시스템은 내부적으로는 신용의 자율적 팽창 메커니즘, 외부적으로는 자본의 급변하는 흐름이라는 이중의 불안정성에 직면해 있다.

이 같은 현실은 미국의 경제학자 하이먼 민스키(Hyman Minsky)가 제시한 금융 불안정성 가설(Financial Instability Hypothesis)을 오늘날 더욱 의미 있게 만든다. 민스키는 '안정이 불안정을 낳는다'는 역설적 통찰을 통해 현대 금융 체제가 본질적으로 자가증폭적 위험을 내포하고 있다는 점을 강조했다. 그의 이론은 국내 신용 창출 과정뿐만 아니라, 글로벌 자본 이동이 시장 안정성을 어떻게 흔드는지를 이해하는 데에도 적용 가능한 분석틀이 된다.

│ '호황이 위기를 잉태한다': 금융 불안정성 가설 │

민스키에 따르면, 경제가 장기간 안정적인 성장세를 지속하면 사람들은 점점 위험을 가볍게 여기게 되고, 이전보다 더 큰 차입을 통해 더 많은 투자를 감행하게 된다. 처음에는 빚을 내서 투자해도 수익이 이를 상회하니 문제가 없어 보인다. 하지만 시간이 지날수록 부채의 규모는 누적되고, 수익으로 이자조차 감당하기 어려운 단계에 이른다.

민스키는 이 과정을 세 단계로 구분했다. 첫째는 '헤지 금융(hedge finance)' 단계로, 이자와 원금을 모두 갚을 수 있는 안전한 수준의 차입이 이루어진다. 둘째는 '투기 금융(speculative finance)' 단계로, 이자만 간신히 감당하면서 원금은 차입을 갱신해 연장하는 구조로 전환된다. 마지막은 '폰지 금융(ponzi finance)' 단계이다. 이는 자산 가격이 계속 오를 것이라는 기대만으로 빚을 빚으로 막는 위험한 국면으로, 이 단계에선 부채의 피라미드가 위태로운 균형 위에 놓이게 된다. 특히 오늘날에는 이러한 기대가 포트폴리오 자본의 유입으로 강화되는 경향이 있으며, 자금이 빠져나가는 순간 이러한 구조는 일시에 무너질 수 있다.

바로 이 시점에서 작은 충격 하나(예를 들어 금리인상이나 자산 가격 하락)만으로도 금융시스템 전체가 무너지는 '민스키 모멘트(Minsky Moment)'가 도래한다. 민스키 모멘트는 갑작스러운 신용경색과 자산 가격 급락이 한꺼번에 터져나오는 위기의 순간으로, 시장참여자들의 과도한 낙관과 부채 누적의 귀결점이라 할 수 있다.

2008년 글로벌 금융위기, 1997년 아시아 외환위기, 그리고 일본의 자산 버블붕괴 등 현대 금융 역사에 등장한 여러 위기 사례는 민스키의 이론적 경고와 놀라울 정도로 유사한 경로를 밟았다. 따라서 민스키의 이론은 단지 과거의 위기를 설명하는 데 그치지 않고, 오늘날에도 여전히 유효한 분석의 틀로 기능하고 있다.

민스키는 1980년대 이후 자본주의가 새로운 국면으로 접어들었다고 보았다. 그는 금융이 실물경제를 뒷받침하는 보조 수단이 아니라, 시장의 중심축으로 부상한 시대를 '머니 매니저 자본주의(Money Manager Capitalism)'라고 명명했다. 연기금, 헤지펀드, 투자은행, 자산운용사 등 전문 금융기관들이 거대한 자금을 운용하며 경제의 흐름을 좌우하게 된 것이다.

이들은 흔히 포트폴리오 자본으로 불리며, 국가 간 수익률 차이에 따라 대규모 자금을 이동시킨다. 이로 인해 특정 국가의 자산 가격과 통화가치가 급등락을 반복하는 사례가 늘고 있으며, 이는 금융의 주체와 흐름이 점점 더 글로벌화된 기대에 좌우된다는 점을 시사한다.

이러한 흐름은 앞에서 살펴본 '포트폴리오 자본'의 특성과도 맞닿아 있다. 즉, 자산 가격의 변화에 따라 대규모 자금이 단기간에 이동하고, 이로 인해 실물경제가 금융시장의 사이클에 더욱 종속되는 구조가 형성된다. 오늘날 금융화(financialization)라는 말로 표현되는 이러한 현상은, 실물 투자보다는 자산 거래와 단기 수익에 치중하는 경향을 강화시키며, 금융시스템의 불안정성을 심화시킨다.

민스키의 이론은 바로 이 지점에서 '돈'이라는 존재의 성격을 다시 묻게 만든다. 돈은 단순한 교환수단이 아니라, 금융시스템의 작동과 그 취약성에 깊이 결합된 불안정한 기제가 된다. 그리고 이러한 기제가 위기 상황에서 어떻게 작동하는지를, 우리는 역사 속 수많은 사례들을 통해 확인할 수 있다.

│ 주요 금융위기 사례와 신용의 위험 │

 돈의 변신

• **미국 저축대부조합(S&L) 사태: 규제 완화가 낳은 대출 남용**

1980년대 미국에서는 '저축대부조합(Savings and Loans, S&L)'이라 불리는 주택담보대출 전문 금융기관들이 대거 파산하는 사건이 발생했다. 당시 금융 규제가 완화되자 이들 기관은 기존의 보수적인 대출 행태에서 벗어나 고위험 부동산개발과 상업용 대출에 뛰어들었다. 저금리 환경에서 시작된 공격적 투자였지만, 곧 이어진 금리 급등과 부동산 경기둔화로 대규모 부실이 현실화되었다.

결국 1,100여 개 S&L 기관이 파산했고, 이를 정리하기 위해 정부는 국내총생산(GDP)의 2~3%에 해당하는 큰 규모의 예산을 투입해야 했다. 이 사건은 금융기관의 도덕적해이와 방만한 신용 공급이 어떻게 금융시스템 전체를 위협할 수 있는지를 보여주는 대표 사례가 되었다. 민스키의 시각으로 보면, 안정기에 과도하게 늘어난 차입과 낙관주의가 어떻게 '폰지 단계'로 발전하며 위기를 초래하는지를 생생하게 보여주는 사례이다.

• **일본의 자산 버블과 장기침체: 낙관의 절정과 붕괴**

1980년대 후반 일본은 플라자합의 이후의 경기둔화를 막기 위해 통화 완화와 저금리정책을 펴면서, 시중 유동성이 급속히 증가했다. 넘치는 자금은 주식과 부동산시장으로 유입되어, 일본의 상업용 부동산 가격은 불과 수년 사이에 몇 배에 가까운 상승을 기록했고, 니케이 지수는 1985년 13,000에서 1989년 38,000 이상까지 치솟았다.

이러한 자산 가격 상승은 금융기관의 낙관적 기대를 자극해 대출을 더욱 확대시켰다. 부동산 가치가 계속 오를 것이라는 전제 아래, 담보대출은 제한 없이 공급되었다. 그러나 1989년 일본은행이 금리를 인상하고 대출 억제 정책을 내놓자, 자산 시장은 급격히 냉각되었다. 주가와 지가는 1990년대 내내 하락했고, 은행들은 막대한 부실채권을 떠안으며 금융시스템이 위기를 맞았다.

일본의 사례는 신용팽창과 자산 버블의 관계를 가장 전형적으로 보여준다. 민스키의 '투기→폰지' 구도를 따라 자산 기대가 신용을 부풀리고, 거품이 터질 경우 신용경색과 실물 침체가 장기간 이어질 수 있음을 실증한 사례이다.

당시 일본 금융시장에는 외국인 포트폴리오 자본도 일부 유입되어 있었는데, 자산 가격 하락으로 이들이 자금을 회수하면서 시장 조정 속도가 더 빨라졌다. 이는 국내 신용팽창의 붕괴가 국제 자본 이동과 맞물릴 경우 위기가 더욱 급격해질 수 있음을 보여주는 초기 사례라 할 수 있다.

• **아시아 외환위기(1997): 자본유입과 과잉 신용의 붕괴**

1990년대 중반, 태국을 비롯한 동아시아 국가들은 고정환율제 하에서 외국 자본의 대규모 유입을 통해 빠른 성장을 경험했다. 포트폴리오 자본은 높은 수익률을 좇아 아시아 신흥국의 주식·채권·부동산에 대거 유입되었고, 동시에 은행시스템은 외화 차입을 확대해 신용을 급격히 팽창시켰다. 이 과정에서 부동산과 금융자산 가격이 상승했고, 기업과 금융기관은 레버리지를 높이며 투자를 확대했다.

그러나 과도한 차입과 금융 부문의 부실, 외환보유액 부족 등의 위험 신호가 감지되자, 국제투자자들은 급속히 자금을 회수하기 시작했다. 포트폴리오 자본이 한꺼번에 유출되면서 외환시장이 붕괴되었고, 자산가격 폭락과 기업 도산, 금융기관 부실이 도미노처럼 이어졌다. 한국도 이 연쇄 위기에 휘말려 외환보유액이 바닥나 IMF 구제금융을 요청하게 된다.

이 위기는 민스키가 말한 '신용의 자가증폭적 팽창'과 함께, 외부 자본의 급격한 조정이 어떻게 체제 전체의 균형을 무너뜨릴 수 있는지를 잘 보여준다. 자산과 통화, 신용이 동시에 붕괴된 이 사건은 포트폴리오 자본의 이탈이 '민스키 모멘트'를 촉발할 수 있는 글로벌 금융 구조의 단면을 드러냈다.

• 한국의 신용카드 사태: 소비 신용의 폭주

1990년대 말 외환위기를 겪은 한국은 내수 부양을 위해 신용카드 사용을 적극 장려했다. 신용카드 발급 규제가 완화되고 소득공제 혜택까지 부여되면서, 카드 사용액은 1998년 64조 원에서 2002년 623조 원으로 약 10배 가까이 급증했다. 신용

카드는 누구나 가질 수 있는 소비 수단이 되었고, 한때 발급 장수는 1억 장을 넘어섰다.[37]

하지만 이러한 소비 신용의 과잉은 곧 부채의 덫으로 돌아왔다. 수많은 가계가 빚으로 빚을 돌려막는 상황에 몰렸고, 결국 2003년에는 신용불량자가 370만 명을 넘어서는 사회적 충격으로 이어졌다. 금융회사들도 대규모 연체와 부실채권 증가로 큰 손실을 입었다.

이 사건은 국내 정책이 신용팽창을 유도했을 때 어떤 부작용이 나타나는지를 잘 보여준다. 외환위기 이후 국제 금융시장에서 한국에 대한 신뢰가 회복되면서 외국인 자금 유입이 확대되고, 주식·채권시장이 활황을 보이던 상황에서 정부가 내수 진작을 위한 신용 확대를 동시에 밀어붙인 것이 사태를 더욱 심화시켰다. 외부 자본의 긍정적 신호와 내부 신용팽창 정책이 맞물려 위기 상황을 만든 사례이다.

• **미국 서브프라임 사태와 글로벌 금융위기: 민스키 모멘트의 현실화**

2000년대 중반 미국에서는 저금리와 느슨한 대출 심사로 인해 주택담보대출, 특히 신용등급이 낮은 계층에 대한 서브프라임 모기지 대출[38]이 폭발적으로 증가했다. 이들 대출은 MBS(주택

---

37) KDI 경제교육·정보센터, 「2002년 카드대란」 관련 자료, 신용카드 사용액 추이(1998~2002년).
38) 서브프라임모기지(Subprime Mortgage)는 신용등급이 낮은 차입자(subprime borrower)를 대상으로 한 고위험 주택담보대출을 의미한다.

저당증권)[39], CDO(부채담보부증권)[40] 등의 파생금융상품으로 구조화되어 전 세계 투자자들에게 판매되었고, 표면적으로는 리스크가 분산된 것처럼 보였다.

그러나 기초자산인 미국 주택가격이 2006년을 정점으로 하락세로 전환되면서, 다수의 대출자가 원리금을 상환하지 못했고, 파생상품의 가치도 급격히 붕괴되었다. 2008년 9월 리먼 브라더스의 파산은 시장의 신뢰를 무너뜨렸고, 이는 곧 글로벌 금융시스템 전체를 뒤흔드는 위기로 확산되었다.

이 과정에서 포트폴리오 자본의 이동은 위기를 증폭시켰다. 미국 부동산과 연계된 금융상품에 대거 투자했던 글로벌자금은 위험 신호가 커지자 일시에 빠져나갔고, 그 충격은 미국 금융기관에만 그치지 않고 유럽, 아시아의 은행과 투자자들에게도 그대로 전이되었다. 나아가 신흥국 금융시장에서도 외국인 자금이 급격히 이탈하면서 통화가치와 자산 가격이 동반 하락 했다. 즉, 미국의 신용 버블 붕괴는 국내적 '민스키 모멘트'였지만, 글로벌 자본 이동을 매개로 순식간에 세계적 금융위기로 비화했다.

민스키가 경고한 '폰지 단계'의 불안정성은 미국 내부에서 비

---

39) 주택저당증권(Mortgage-Backed Securities, MBS)은 은행이나 금융기관이 보유한 다수의 주택담보대출(모기지)을 기초자산으로 묶어 증권 형태로 유동화한 금융상품이다.

40) CDO(Collateralized Debt Obligation)는 주택저당증권(MBS), 회사채, 대출채권 등 다양한 부채성 자산을 모아 하나의 풀(pool)로 구성한 뒤, 이를 기초로 다시 증권화한 2차 구조화 금융상품이다.

롯되었으나, 포트폴리오 자본의 글로벌 네트워크를 통해 전 세계로 파급된 것이다. 이 사례는 신용 시스템이 얼마나 긴밀히 연결되어 있으며, 한 국가의 금융 불안이 자본 유출입을 통해 어떻게 세계적 충격으로 확산될 수 있는지를 극명하게 보여주었다.

통제되지 않은 신용과 자본 이동이 부른 불안정

앞서 살펴본 사례들이 공통적으로 말해주는 것은 하나이다. 신용의 과잉은 대부분 자산시장, 특히 부동산 가격의 거품과 밀접히 연관되어 있으며, 이러한 거품이 터질 때 금융시스템은 큰 충격을 받는다는 점이다. 위기 이전까지는 모두가 호황의 수혜자처럼 보이지만, 위기가 도래하면 손실은 광범위하게 전가된다. 여기에 더해, 글로벌 금융화가 진전된 오늘날에는 자본의 급격한 이동이 위기의 속도와 파급 범위를 한층 더 키운다는 점도 확인할 수 있다. 자본이 빠르게 유입될 때는 신용팽창을 자극하고 자산가격을 끌어올리지만, 위험 신호가 감지되면 곧바로 대규모 이탈이 발생해 위기를 증폭시키는 것이다.

이 과정에서 특히 주목할 부분은 은행의 '신용창조 기능'이다. 은행은 단순히 보유한 예금을 대출하는 것이 아니라, 대출을 통해 새로운 예금을 창출함으로써 실질적인 '돈'을 만들어낸다. 이로 인해 신용이 빠르게 늘어나면 통화량 자체도 확장되고, 경제는 이를 바탕으로 더 많은 소비와 투자를 감행하게 된다. 그러나 신용의 창조는 필연적으로 부채의 창조와 짝을 이룬다. 일정 시점 이후 이 부채가 감당 불가능한 수준에 이르면 금융시스템 전체가 위기를 맞는다. 과거 사례에서 보듯, 신용팽창은 호황기에는 경제의 엔진이지만, 통제되지 않을 경우 쉽게 위기의 도화선이 된다. 이중적 성격을 가진 신용창조 기능은 그 자체로 양날의 검이다.

또한 글로벌 자본 이동의 불안정성 역시 간과할 수 없다. 국내에서 신용이 팽창하는 동안 해외 포트폴리오 자본이 대거 유입되면 자산 가격 상승과 낙관적 기대가 배가된다. 그러나 일단 위험 신호가 포착되면, 이 자본은 순식간에 이탈하여 금융 불안정을 확대시킨다. 아시아 외환위기나 글로벌 금융위기에서 보듯, 내부의 과잉 신용과 외부의 자본 이동이 결합될 때 위기는 가장 빠르고 강력하게 나타난다.

은행이 부실 위험을 경시하거나 자산가격 상승에 지나치게 의존할 경우, 신용은 거품을 키우는 수단으로 작용한다. 동시에 해외 자본의 유입이 이를 더욱 증폭시키며, 반대로 자본이 이탈하면 신용 수축과 자산가격 하락은 배가된다. 이렇게 신용창조와 자본 이동이 맞물려 상호 증폭될 때, 경제는 악순환의 구렁텅이에 빠지기 쉽다.

민스키가 경고했던 바로 그 지점이다. 안정과 성장은 결국 스스로를 위협하는 불안정의 씨앗을 내포하고 있다. 이른바 '민스키 모멘트'는 이러한 내재된 불균형이 어느 한계점에 이르렀을 때 발생하는 구조적 위기이다. 따라서 금융시장의 팽창을 무조건 긍정적으로 보아선 안 되며, 신용창조의 속도와 방향을 적절히 관리하려는 제도적 노력이 필수적이다.

| 금융안정을 위한 제도와 정책 |

이러한 위험을 인식한 각국은 신용팽창에 대한 대응 수단으로 '거시 건전성 정책'을 적극 활용하고 있다. 대표적으로는 바젤 자본 규제와 같은 국제기준이 있으며, 각국 중앙은행과 금융당국은 이를 토대로 금융기관의 자본 적정성, 유동성비율, 레버리지비율 등을 감시하고 있다.

또한 자산시장 과열 시에는 LTV(주택담보인정비율)[41], DTI(총부채상환비율)[42], DSR(총부채원리금상환비율)[43]과 같은 규제를 강화해 대출 확대 속도를 제어한다. 일부 국가는 금융기관에 특정 대출 부문에 대한 추가 자본적립을 요구하기도 한다. 이러한 규제 장치는 모두 은행의 신용창조 기능이 자산 버블과 금융 불안정을 유발하지 않도록 속도 조절과 완충장치를 마련하는 것이다.

그러나 거시 건전성 정책만으로는 충분하지 않다. 오늘날 금융 위기의 상당 부분은 국경을 넘는 자본의 급격한 이동에서 비롯되

---

41) 주택담보인정비율(LTV)은 대출금액을 담보물(주택)의 시가 대비 비율로 나타낸 지표로, 예컨대 5억 원 주택을 담보로 대출 4억원을 받은 경우 LTV는 80%다.
42) 총부채상환비율(DTI)은 차주의 연간 총소득 중에서 원리금 상환액이 차지하는 비율로, 소비자의 연간 총소득 대비 대출 원리금 부담을 나타내는 지표다.
43) 총부채원리금상환비율(DSR, Debt Service Ratio)은 차주의 연간 총소득 대비 모든 부채(원금 포함)의 연간 원리금 상환액 비율이다. 즉, 연간 상환액 ÷ 연간 소득으로 계산되며, 차주의 상환 부담 수준을 평가하는 데 활용된다.

 돈의 변신

기 때문이다. 따라서 각국은 자본 유출입 관리 장치를 병행하고 있으며, 필요할 경우 일시적 자본통제나 외환 건전성 규제를 도입해 급격한 흐름을 완화하려 한다.

더 나아가 국제적으로는 통화스왑 협정이나 IMF의 위기 대응 프로그램 같은 글로벌 금융 안전망이 필수적이다. 이는 위기가 한 나라의 금융시장을 넘어 전 세계로 전염되는 것을 차단하기 위한 장치다.

또 하나 중요한 제도는 예금자 보호 장치이다. 예금보험제도는 은행이 부실화되더라도 예금자의 자산을 일정 수준까지 보호함으로써, 금융시스템 전반에 대한 신뢰를 유지하는 기능을 수행한다. 미국은 1930년대 대공황을 계기로 연방예금보험공사(FDIC)를 설립하였고, 한국도 1997년 외환위기 이후 1인당 5천만 원까지 예금이 보호되다가 2025년 9월부터는 그 한도가 1억 원으로 높아졌다.

이러한 안전 장치는 위기 시 뱅크런(bank run)을 방지하는 효과를 가지며, 개별 금융기관의 파산이 금융시스템 전체로 번지는 연쇄 작용을 차단한다. 금융 불안이 금융위기로 전이되지 않게 하는 일종의 방화벽 역할을 하는 것이다.

더불어 중앙은행은 위기 시 최종대부자(Lender of Last Resort)로서 기능한다. 금융시장이 급격히 위축될 때, 중앙은행은 유동성을 공급해 시장의 붕괴를 막고, 금융기관의 신뢰를 유지하는 핵심적 역할을 수행한다. 이는 단지 통화정책의 일환이 아니라, 금융시스템의 안정성을 지키기 위한 사회적 보험 기능이라 할 수 있다.

| 민스키의 교훈: 안정 속의 불안정을 인식하라 |

결국 민스키의 통찰은 오늘날에도 여전히 강력한 시사점을 던진다. 안정과 성장이 지속될수록 사람들은 점점 더 위험을 무시하게 되고, 신용은 더 빠르게 증가하며, 자산가격은 실질 가치를 뛰어넘게 된다. 여기에 글로벌 자본의 흐름까지 더해지면, 안정 속의 불안정은 더욱 예측 불가능한 형태로 증폭된다. 위기는 언제나 가장 조용한 시점에 다가오는 법이다.

민스키는 바로 이 점에서 시장참여자의 비이성과 제도적 한계를 모두 인식해야 한다고 주장했다. 그에게 있어 정부와 중앙은행의 역할은 위기를 단순히 사후 대응하는 것이 아니라, 구조적으로 위기가 발생하지 않도록 설계하고 예방하는 데 있다. 오늘날 이 교훈은 국내 신용팽창 관리뿐 아니라, 글로벌 자본 이동에 대응하는 정책과 국제적 공조의 필요성까지 아우른다.

돈이 주연이 된 시대에, 민스키의 가르침은 그 어느 때보다 절실하다. 돈의 창조와 이동은 부의 창출로 이어질 수도, 금융위기로 귀결될 수도 있다. 우리가 선택할 수 있는 길은 오직 하나이다. 돈의 힘을 존중하되, 그 힘을 통제할 수 있는 제도를 국내적으로, 그리고 국제적으로 갖추는 것이다.

넘치는 유동성과 흔들리는 가치, 통화와 물가의 불안정

2021년, 전 세계는 오랜만에 낯설고도 익숙한 경제 현상과 다시 마주하게 되었다. 바로 가파르게 치솟는 물가, 인플레이션이다. 미국의 소비자물가상승률은 그해부터 빠르게 오르기 시작해 2022년에는 9%를 넘겼다. 이는 40여 년 만에 처음 있는 일이었다. 유럽과 영국, 캐나다, 한국을 포함한 여러 나라에서도 비슷한 현상이 나타났다.

사실 그 전까지는 대부분의 경제주체는 인플레이션 걱정을 거의 하지 않고 살았다. 오히려 2008년 글로벌 금융위기 이후부터는 저물가가 오랫동안 이어지며, '디플레이션이 더 문제 아니냐'는 말이 나올 정도였다. 중앙은행들이 막대한 돈을 풀어도 소비자물가는 꿈쩍하지 않았고, 그래서 통화정책도 한층 더 과감해질 수 있었다.

그랬던 인플레이션이, 왜 지금 다시 고개를 들었을까? 그리고 이 물가상승은 일시적 현상일까, 아니면 우리가 경험해 온 경제 환경이 근본적으로 달라지고 있다는 신호일까?

그 실마리를 돈의 변신이라는 시각에서 찾아보고자 한다. 먼저 2008년 금융위기 이후 각국이 왜 그렇게 많은 유동성을 공급했는지부터 짚어보고, 미국을 중심으로 중앙은행의 통화정책이 어떤 방식으로 변화해 왔는지를 살펴본다. 그다음 팬데믹과 경기 반등 이후 인플레이션이 어떻게 본격화되었는지, 그리고 지금 이 상황에서 통화정책은 어떤 점을 고민해야 하는지도 함께 생각해 보려

한다.

| 유동성의 범람: 글로벌 통화 완화의 전개 |

2008년 글로벌 금융위기 이후, 세계 각국의 중앙은행들은 유례없는 수준의 통화정책 완화에 나섰다. 기준금리를 빠르게 낮춘 것은 물론, 단순한 금리인하만으로는 부족하다고 판단되자 국채나 금융자산을 직접 사들이는 방식으로 시중에 막대한 유동성을 공급했다. 이처럼 중앙은행이 자산을 매입하면서 돈을 푸는 정책을 양적완화(Quantitative Easing, QE)라고 부른다.

미국 연방준비제도(Fed)는 그 중심에 있었다. 2008년부터 수차례에 걸쳐 국채와 주택저당증권(MBS)을 대량으로 사들였고, 그 결과 연준의 자산 규모는 금융위기 이전의 8천억 달러 수준에서 2014년에는 4조 5천억 달러를 넘었다.

하지만 이 같은 통화정책 변화는 미국만의 이야기가 아니었다. 유럽중앙은행(ECB)도 2015년부터 유로존 국가들의 국채를 사들이며 유동성을 공급했고, 그보다 훨씬 앞선 시기부터 유동성 확대에 나선 일본은행(BOJ)은 2010년부터 회사채와 상장지수펀드(ETF)까지 매입하며 매우 적극적인 통화정책을 시행하기도 했다.

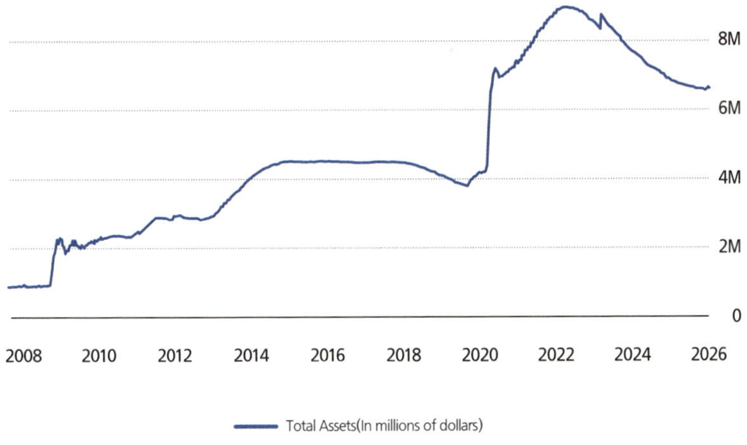

Source: Board of Governors of the Federal Reserve System

이처럼 세계 주요 중앙은행들은 2008년 이후, 양적완화를 하나의 표준 정책처럼 채택하게 되었다. 그리고 2020년 팬데믹이 전 세계를 덮쳤을 때, 각국 정부는 재정지출과 통화 완화 정책을 동시에 총동원했다. 미국 연준은 금리를 다시 0%로 낮추고 대규모 자산 매입을 재개했으며, 유럽과 일본도 유사한 방식으로 긴급 유동성을 공급했다. 중국과 신흥국들도 기준금리를 인하하고 유동성을 공급하는 방식으로 경기부양에 나섰다.

미국 연준의 대차대조표는 팬데믹 이후 2022년 초에는 9조 달러에 가까워졌고, 유럽중앙은행(ECB)도 같은 기간 자산을 2배 이상 확대해 8조 유로에 근접했다. 일본은행(BOJ)은 상장지수펀드

(ETF)와 국채를 꾸준히 사들여 총자산을 약 700조 엔 이상으로 확대했다. 이렇게 전 세계 주요 중앙은행의 자산 규모가 사상 최고 수준으로 급증하면서, 시중에는 그 어느 때보다 많은 유동성이 공급되었다.

이런 흐름의 이면에는 두 가지 공통된 목표가 있었다. 하나는 금융시장 붕괴를 막는 것이고, 다른 하나는 얼어붙은 경기를 다시 움직이게 만드는 일이었다. 이 과정에서 중앙은행들은 과거보다 훨씬 더 적극적인 역할을 맡게 되었고, 그만큼 통화정책의 방식과 틀도 바뀌어가기 시작했다.

통화정책의 전환: 풍부한 준비금 체제와 신용 창출의 확대

중앙은행들이 국채나 금융자산을 대규모로 매입하면서 중앙은행의 대차대조표(Balance Sheet), 특히 자산 규모가 전례 없이 커졌다. 중앙은행의 자산이 커진다는 건 단순히 장부상의 숫자가 늘었다는 의미가 아니다.

연준이 국채를 사들이면 그만큼 시중은행의 계좌에 새로운 준비금(reserves)이 예치되며, 이는 곧 새로운 통화가 경제 시스템에 유입됨을 의미한다. 시중은행이 대출을 통해 돈을 창조하듯, 중앙은행도 자산을 매입하면서 통화를 창출한다.

이처럼 막대한 유동성이 공급되자, 연준은 통화정책을 기존과는 다른 방식으로 운용할 필요가 생겼다. 과거에는 은행 간 준비금이 부족해지면 금리가 올라가고, 준비금이 넘치면 금리가 떨어지는 구조를 이용해 단기금리를 조정했다. 이를 준비금 부족 체제(scarce reserves regime)라고 부른다.

이 시스템에서는 연준이 국채를 매매하는 공개시장운영을 통해 은행의 준비금을 세밀하게 조정했고, 그 결과 연방기금금리(federal funds rate)가 목표 범위 내에서 움직이도록 관리할 수 있었다. 다시 말해, 통화정책의 중심은 준비금의 희소성을 관리하는 데 있다.

하지만 2008년 금융위기 이후 전례 없는 양적완화(QE)로 대규모 준비금이 은행시스템에 공급되면서, 더 이상 준비금 조정으로 금리를 관리하기는 어려워졌다. 초과 지준(Excess Reserve, ER)이 일상화되자 단순한 유동성 공급이나 흡수로는 단기금리 통제가 힘들어졌기 때문이다.

이런 환경에서 연준은 2019년 풍부한 준비금 체제(ample reserves system)로 공식 전환 하여, 준비금의 양 조절이 아니라 지준에 대한 이자 지급(IORB)과 역레포(RRP)[44] 금리 설정을 통해 단기금리를 관리하는 새로운 운영체제를 도입하게 된다. 연준은 이를 이용해 준비금이 넘치더라도 은행 간 시장금리(federal funds rate)를 통제할 수 있게 되었다.

이 체제에 대한 시각은 엇갈린다. 준비금 보유를 선호하게 되

---

44) 역레포(reverse repurchase agreement, RRP)란 중앙은행이 보유한 국채 등을 금융기관에 매도하고, 일정 기간 후 다시 매입하기로 약정하는 거래를 말한다. 연준은 RRP를 통해 초과 유동성을 단기국채 담보와 맞바꾸어 일시적으로 흡수함으로써 단기금리를 정책 목표 범위에 맞추는 보완적 도구로 활용한다.

어 대출 유인이 약화될 수 있다고 보는 시각도 있다. 은행이 예금을 대출로 전환하기보다 중앙은행 계정에 머물게 하려는 유인이 커질 수 있다는 것이다. 그러나 이러한 해석은 은행이 예금의 일부를 준비금으로 남기고, 나머지를 대출 재원으로 활용한다는 관점을 전제로 한다는 한계를 지닌다.

앞서 2부에서 설명했듯이 은행은 사전적인 예금 규모와 무관하게 대출을 실행할 수 있으며, 예금은 오히려 대출과 함께 창출된다. 준비금의 규모는 대출의 선행 조건이기보다는 이후 예금 인출과 지급 과정에서 필요한 결제 자금과 관련된다. 이러한 점에서 준비금에 이자 부여 여부가 은행 대출 규모를 직접적으로 결정한다고 보기는 어렵다.

물론 은행 대출은 준비금에 부여되는 금리에 영향을 받을 수 있다. 다만 이는 준비금 금리가 단기시장금리의 하단을 형성하고, 결과적으로 은행의 자금조달비용과 시장금리에 반영되기 때문이다. 준비금에 이자를 부여하지 않았던 이전 체제에서도 은행 대출은 시장금리의 영향을 받아왔으며, 이 점에서 금리가 대출에 미치는 기본 메커니즘은 변한 것이 없다.

오히려 풍부한 준비금 체제하에서는 결제 자금 부족에 대한 우려가 완화되면서, 은행이 시장금리 수준과 대출 대상의 위험·수익성에 보다 집중해 대출결정을 내릴 수 있는 환경이 조성된다. 또한 은행이 보유한 대규모 준비금은 가장 유동성이 높고 신용도가 우수한 자산으로 기능하며, 대출을 확대할 수 있는 기반이 되기도 한다.

다시 말해, 풍부한 준비금 체제는 은행의 대출결정을 제약하던 결제 유동성위험을 크게 완화함으로써 신용공급이 결제 자금 부족에 의해 사전에 억제되는 구조에서 벗어나도록 했다. 이는 더 많은 유동성이 공급될 수 있는 가능성을 구조적으로 높여놓은 것이기도 하다. 이것은 중앙은행 돈의 변신이라고 평가할 수 있다. 종전 부족한 준비금 체계는 은행의 신용창조를 억제하고 조절하는 역할을 했다. 그러나 이제는 이를 보증하는 지원자로 변신한 것이다.

이 같은 변화는 2008년 금융위기와 같은 은행시스템의 붕괴를 예방하는 데 도움이 될 수 있다. 그러나 그 대가는 분명하다. 준비금 규모를 통한 신용 조절이라는 양적 정책 수단은 정책 운영의 전면에서 물러나게 되었는데, 이는 중앙은행이 결정하는 금리가 은행시스템과 경제 전체에 미치는 영향력도 약화시키는 결과를 가져올 수 있다.

인플레이션의 귀환

중앙은행들이 새 시스템으로 수년간 막대한 돈을 시장에 풀었지만, 2010년대의 물가는 오르지 않았다. 오히려 미국과 유럽에서는 디플레이션을 우려하는 목소리가 나올 정도였고, 일본은 1990년대부터 이미 저물가에서 벗어나지 못하고 있었다.

이런 현상은 시중에 공급된 유동성이 실물경제로 흘러들어 가지 못하고 금융시장에서만 맴돌았기 때문이라는 분석이 많았다. 은행들은 신용위험과 규제를 의식해 대출을 조심스레 운용했고, 기업과 소비자들도 경기회복에 대한 확신이 없어서 투자와 소비를 늘리지 않았다. 대신 풀린 돈은 주식시장, 부동산, 채권 같은 자산시장으로 향했고, 이는 자산가격 상승과 부의 격차 확대라는 또 다른 현상을 낳았다.

그러던 중 2020년, 코로나19 팬데믹이 전 세계를 강타했다. 초기의 충격은 엄청났다. 미국의 실업자는 2020년 4월 한 달 동안 1,590만 명 증가하여 약 2,310만 명에 이르렀고, 실업률은 14.7%로 급등했다. 금융시장도 큰 충격을 받았다. 특히 단기 달러 조달비용이 급등하면서 글로벌 금융시스템 전반에 위기 신호가 번졌다.

이 위기에 대응해 각국 정부와 중앙은행들은 신속하게 동원할 수 있는 수단을 총동원했다. 재정정책과 유동성 지원은 물론, 중앙은행 간 조율을 통한 글로벌 금융 안전망이 가동되었다. 특히 연준은 통화스왑을 확대하여, 달러 유동성 부족이 글로벌 금융시스템 위기로 전이되는 것을 막았다.

그런데 팬데믹 위기는 2008년 금융위기와는 전혀 달랐다. 사실 코로나19 바이러스는 경제 전체가 아닌 부분적 충격이었다. 대면 중심의 산업과 서비스업은 셧다운(shutdown)으로 멈추어섰지만, 온라인 산업은 오히려 큰 성장의 기회를 맞았다. 이에 따라 관련 IT에 대한 투자도 급증했다.

더 중요한 것은 은행시스템이 멀쩡했다는 사실이다. 2008년 위기 후 자본 비율 확충, 풍부한 지준 체제 등으로 은행시스템은 더 건전해 있었고 기업에 신용을 공급할 준비가 되어있었다. 이것은 2008년 당시 은행시스템이 붕괴했던 것과는 전혀 다른 환경이었다.

각국 정부들이 대규모 재정지원을 단행하면서, 그동안 억눌려 있던 수요도 한꺼번에 터져나왔다. 미국 정부는 국민들에게 현금을 직접 지급했고, 실직자들에게는 보조금을 추가로 제공했다. 여기에 중앙은행들은 금리를 크게 낮추었고 앞에서 보았듯이 금융위기 시보다 더 큰 규모의 양적완화를 실시했다. 팬데믹으로 타격을 받은 부문이 재정지원으로 빠른 회복을 보이는 상황에서 금리 인하와 양적완화는 경제 전체에 과도한 돈을 쏟아부은 것이다.

게다가 팬데믹은 글로벌 공급망에 큰 충격을 가했다. 많은 나라에서 공장이 멈추고, 국경이 닫히고, 물류가 끊기자, 마스크, 반도체, 목재, 에너지 등 다양한 재화의 공급이 부족해졌고, 이에 따라 가격이 급등하기 시작했다. 여기에 러시아-우크라이나 전쟁은 이를 더욱 악화시켰다.

결국 공급은 부족한데 수요는 갑자기 늘어나면서, 본격적인 인플레이션이 시작되었다. 처음에는 일시적인 현상이라는 해석도 있었지만, 시간이 지날수록 인플레이션이 고착화되는 조짐이 나타났다. 기업들은 비용 상승을 가격에 반영하기 시작했고, 임금인상 요구도 확산되었다. 인플레이션이 기대심리에 반영되기 시작한 것이다.

이런 흐름은 미국에만 국한되지 않았다. EU, 영국, 캐나다, 한국, 호주 등 많은 나라들이 동시에 비슷한 물가상승을 경험했다. 국가마다 정도와 시차는 있었지만, 전 세계가 동시에 인플레이션 압력에 직면한 것이다. 1970년대 이후 처음 겪는 상황이었다.

그리고 이 현상의 배경에는, 앞서 살펴본 것처럼 수년간 누적된 유동성과 중앙은행의 새로운 운영 방식, 그리고 그 아래에서 형성된 풍부한 신용창조 환경이 자리 잡고 있었다.

│ 인플레이션 대응 정책 │

인플레이션이 본격화되자 중앙은행들은 대응에 나섰다. 미국 연준은 2022년 3월부터 기준금리를 빠르게 올리기 시작했고, 같은 해 양적완화 정책을 종료했다. 대신 국채와 주택저당증권(MBS)의 만기가 돌아와도 재투자하지 않는 방식으로 대차대조표를 점차 축소해 나가기 시작했는데, 이를 '양적긴축(Quantitative Tightening, QT)'이라고 부른다.

이러한 중앙은행들의 금리인상과 긴축정책으로 인해 물가상승률은 한때의 정점을 지나 진정되는 흐름을 보였다. 유럽과 한국 등의 경우 2023년 이후 물가가 점차 둔화되었고, 미국 역시 비슷한 추세를 나타냈으나 다른 나라들과는 다르게 연준이 설정한 목표치인 2%에 접근하지 못했고, 2025년 들어 일부 시점에서는 물가가 다시 오르는 흐름도 나타났다.

이런 가운데, 또 다른 물가 압력 요인이 부상하고 있다. 2025년 트럼프 대통령이 재집권하면서 다시금 자국 산업 보호를 앞세운 관세인상이 시행되었는데, 이는 미국 내 가격 상승 요인으로 작용하고 있다.

이러한 보호무역 기조는 공급망 재편을 초래하고 생산비용을 끌어올려 구조적인 인플레이션 압력으로 이어질 수 있다. 중앙은행 입장에서는 국제무역 정책이 물가에 미치는 영향을 고려해야 하는 상황이 되었고, 물가안정이라는 목표를 달성하는 데 있어 점점 더 많은 변수들이 얽히게 되었다.

통화정책은 이제 단지 기준금리만으로 해결할 수 없는 시대에 들어섰다. 유동성의 크기, 금융기관의 신용 공급 환경, 국제 자본 이동, 정치적 요인 등 다양한 요소가 서로 영향을 주고받으며 물가 흐름을 바꾸고 있다. 그래서 중앙은행의 대응은 과거보다 훨씬 더 복잡하고 신중할 수밖에 없다.

돈의 위기: 과잉유동성의 구조적 지속성

중앙은행이 인플레이션에 대응해 기준금리를 높은 수준으로 유지하고, 자산 매입을 중단하고, 대차대조표를 줄여가고 있지만, 그렇다고 해서 과잉유동성의 시대가 완전히 끝났다고 말하기는 어렵다. 시중에 풀려있는 돈은 여전히 많고, 금융시스템 안에는 위기를 넘기기 위해 누적되었던 유동성의 흔적들이 여전히 남아 있다.

이러한 유동성 환경의 기반에는 중앙은행, 특히 미국 연준의 통화정책 운영 방식이 자리 잡고 있다. 연준은 2008년 이후 대차대조표를 빠르게 키워왔고, 이제는 '풍부한 준비금(ample reserves)' 체제를 통해 금융시스템 안에 일정 규모의 준비금을 상시적으로 유지하고 있다. 이 방식은 위기 대응의 유연성을 높였다는 평가도 있지만, 반대로 보면 유동성이 쉽게 줄어들지 않는 구조를 만들어 놓은 것이기도 하다.

과잉유동성의 시대는 갑작스레 시작되지 않았고, 하루아침에 종료될 수도 없다. 그 배경에는 위기에 대응하기 위한 정책적 필요가 있었다. 그렇지만 이제는 그 불가피한 흔적을 정리하고 관리해 나가야 한다. 단기적인 자산시장 반응이나 경기지표에 휘둘리기보다는, 통화와 금융의 질서를 어떻게 정상화할 것인가에 대한 진지한 성찰과 실천이 요구된다.

달러 중심 체제의 균열, 기축통화 신뢰의 약화

| 달러패권의 형성과 지속: 신뢰와 관성이 만든 기축통화의 힘 |

1945년, 브레튼우즈체제 성립 이후 미국 달러화는 세계경제의 중심축으로 자리 잡았다. 달러는 국제무역과 금융거래의 기본 단위일 뿐 아니라, 각국 중앙은행이 외환위기나 금융 불안에 대비해 보유하는 예비 자산으로서 핵심적 기능을 해왔다. 이러한 지위를 흔히 기축통화(key currency)라고 부른다. 이는 단순히 거래 수단을 넘어서, 신뢰를 기반으로 한 전 세계가 공유하는 통화라는 점에서 특별한 의미를 갖는다.

1971년, 닉슨 행정부가 금 태환 정지를 선언하면서 브레튼우즈체제는 막을 내렸다. 이로써 달러는 일반 법정화폐(fiat money)가 되었지만, 달러의 위상은 크게 흔들리지 않았다. 1970년대 두 차례의 오일쇼크와 인플레이션을 거치며 불안정한 시기도 있었지만, 달러는 여전히 국제금융 질서의 중심에 자리 잡고 있다.

1990년대 들어 글로벌화와 자본자유화가 본격화되면서 달러의 지위는 오히려 더욱 공고해졌다. 특히 1997년 아시아 외환위기와 2001년 아르헨티나 디폴트, 2008년 글로벌 금융위기와 같은 충격이 발생할 때마다 전 세계 자금은 안전자산인 달러와 미 국채로 몰려들었다. 위기의 순간마다 달러는 최후의 피난처라는 인식이 반복적으로 확인되었고, 이는 달러의 기축통화 지위를 더욱 공고히 하는 기제로 작용했다.

달러패권을 지탱해 온 요인은 단지 미국의 경제 규모나 군사력만이 아니었다. 개방된 금융시스템, 투명한 규제, 사법적 안정성, 그리고 무엇보다도 정책의 예측 가능성과 통화의 신뢰가 세계로 하여금 달러를 선택하게 만들었다. 다시 말해, 달러는 단지 미국이 강하기 때문에 쓰인 것이 아니라, 미국의 제도와 시스템이 신뢰받았기 때문에 전 세계의 선택을 받아온 것이다.

현재 시점에서도 달러의 위상은 여전하다. 2025년 3/4분기 기준, IMF가 집계한 전 세계 외환보유고의 56.9%가 달러화 표시 자산으로 구성되어 있다. 이는 두 번째로 높은 비중을 차지하는 유로화(20.3%)를 압도적으로 상회하는 수치다. 외환보유고는 각국이 외환시장개입, 국가 간 거래 결제, 위기 대응 등에 사용하기 위해 보유하는 국제 자산으로, 달러화가 여전히 그 중심에 자리 잡고 있다는 사실은 미국 통화에 대한 신뢰가 견고하다는 방증이다.

국제무역 결제와 외환거래에서도 상황은 크게 다르지 않다. 2025년 10월 기준 SWIFT 통계에 따르면, 국제결제 메시지 중 47.8%가 미 달러화로 처리되어 여전히 글로벌 결제시스템에서 가장 많이 사용되는 통화로 기록되었다. 이는 유로화(22.8%), 영국 파운드(7.4%), 일본 엔화(3.7%)를 크게 앞서는 수준이다. 특히 에너지, 원자재, 전략물자 등의 거래에서는 달러화의 지배력이 여전히 절대적이며, 많은 국가들이 실물 무역과 금융 청산 과정에서 달러를 중심에 두고 있다.

이처럼 달러의 사용은 지금도 광범위하고 지배적이다. 각국은 원자재 거래, 해외 차입, 외환보유 등 다양한 목적에서 달러를 활용하며, 위기 시에는 달러 자금을 융통하거나 외환시장 불안정성을 낮추기 위해 자국 통화를 달러에 연동(페그)하거나 자국 통화와 병행하여 달러를 사용하기도 한다. 일부 국가는 달러화로 직접 가격을 표시하거나 민간에서 달러 예금과 대출이 일반화되는 부분적 달러화(partial dollarization) 상태로 진입하기도 한다.

달러 체제가 이렇게 안정적으로 유지되는 근본적 이유는 네트워크 효과다. 많은 국가와 기업이 달러를 사용하기 때문에, 다른 이들도 달러를 계속 쓸 유인이 생기고, 이는 다시 그 사용 범위를 확장시키는 선순환을 만든다. 일종의 관성이 작동하는 셈이다. 이 네트워크효과는 달러를 단기간에 대체하기 어렵게 만들며, 시장 참여자들의 기대와 거래 관행에 깊이 뿌리내리고 있다. 실제로 많은 전문가들은 단기간에 달러를 대체할 통화는 존재하지 않으며, 달러의 기축통화 지위는 가까운 미래에도 유지될 가능성이 높다고 본다.

| 수면 아래의 균열 - 탈달러화 조짐과 지정학적 변화 |

달러화의 기축통화로서 지위는 여전히 견고해 보이지만, 그 이면에서는 서서히 균열이 감지되고 있다. 특히 국가 간 갈등과 지정학적 긴장, 미국의 일방적 금융 제재 남용, 신흥국들의 경제적 자립 시도 등 복합적 요인들이 얽히며, 과거보다 훨씬 더 뚜렷한 탈달러화(de-dollarization) 흐름이 나타나고 있다.

먼저 주목할 점은 중앙은행들의 외환보유고 구성의 변화이다. 과거에는 달러화 비중이 월등하게 높았지만, 최근 들어 각국이 보유 통화의 구성을 다변화하려는 움직임이 포착된다. IMF 통계에 따르면, 2002년 당시 전 세계 외환보유고 중 달러화 비중은 약 72%에 달했으나, 위에서 보았듯이 56.9% 수준으로 하락했다.

물론 유로화나 엔화, 파운드화 같은 주요 통화가 그 자리를 대체하고 있는 것은 아니지만, 다양한 지역 통화 및 위안화 등 신흥국 통화의 비중이 소폭 증가하고 있다는 점은 흥미롭다. 이는 달러에 대한 맹목적 의존을 줄이고, 정치적 리스크에 대비하려는 전략적 변화로 볼 수 있다.

이 흐름에서 특히 주목되는 통화는 중국 위안화이다. 위안화는 2016년 IMF의 특별인출권(SDR) 바스켓에 편입되며 국제통화로서 첫발을 내디뎠고, 이후 중국 정부의 적극적인 국제화 전략에 따라 점진적으로 그 위상을 확대하고 있다. 물론 여전히 글로벌 준비통화(reserve currency)로서의 비중은 미미하지만, 중국과의 양자 무역에서 자국 통화 사용을 확대하려는 국가들의 사례가 늘고 있는 점은 의미 있게 보아야 한다.

여기에 결정적인 전환점을 제공한 사건이 있다. 바로 2022년 러시아의 우크라이나 침공 이후 G7 국가들이 단행한 강도 높은 금융 제재이다. 이 과정에서 러시아는 국제은행간통신협회(SWIFT)에서 퇴출당했고, 미국과 EU에 보관 중이던 달러화 및 유로화 자산 수천억 달러가 동결되는 초유의 사태를 겪었다.

이 사건은 많은 국가들로 하여금 달러 중심의 국제 금융체제가 언제든 지정학적 무기가 될 수 있다는 우려를 갖게 했다. 외환보유고는 안전자산이 아니라 정치적 위험이 될 수 있다는 현실이 확인된 것이다.

이후 다수 국가들이 미국 주도의 글로벌 금융인프라에 대한 의존도를 줄이기 위한 대응책을 모색하고 있다. 대표적으로 중국, 러시아, 인도, 브라질 등 BRICS 국가들은 자국 통화로의 결제 확대, 상호 금융망 구축, 통화스왑 확대 등 다양한 협력 조치를 강화해 왔다.

예컨대 러시아는 2014년 크림반도 합병 이후 이미 서방 제재를 우려하여 외환보유고 내 달러 자산을 축소하고, 위안화와 금 보유를 확대해 왔다. 2022년 이후에는 대중국 및 대인도 무역에서 루블, 위안, 루피 등 자국 및 상대국 통화를 이용한 청구 및 결제를 적극 확대하고 있다. 이는 단순한 통화의 다변화 차원을 넘은, 달러화 시스템을 우회하려는 분명한 정치적, 전략적 선택으로 해석할 수 있다.

중국 또한 자체적인 국제은행 간 결제 시스템(CIPS)을 통해 미국이 장악하고 있는 SWIFT 시스템의 의존도를 줄이려는 노력을 기울이고 있다. 중국과 교역 비중이 높은 여러 개발도상국들이 CIPS 사용을 확대하면서, 소규모이지만 달러화 중심의 글로벌 결제 구조에 균열이 생기기 시작한 것이다. 중국의 전략은 단기적으로 위안화의 글로벌 점유율을 빠르게 끌어올리기보다는, 특정 지역에서 미국 통화 질서에 대한 대안을 마련하는 데 초점을 맞추고 있는 것으로 보인다.

이러한 흐름은 에너지 시장에도 영향을 미치고 있다. 일부 산유국들, 특히 사우디아라비아, 이란, 아랍에미리트 등은 원유 거래에서 달러 일변도 결제 관행을 완화하려는 움직임을 보이고 있다. 중국과의 석유 거래에서 위안화 표시 가격을 시범 적용 하거나, 복수 통화 기반의 청구 방식이 논의되는 등 페트로(petro) 달러 체제의 구조에 미세한 금이 가고 있는 상황이다.

또 다른 예로, 브라질과 아르헨티나는 남미 역내 교역에서 달러 의존도를 낮추기 위한 공동 결제 시스템을 논의해 왔고, 인도네시아, 말레이시아, 태국 등 동남아 국가들도 역내 통화 청산 체계(Local Currency Settlement)를 통해 자국 통화 결제를 확대하는 등, 비달러화 흐름은 지역적 블록 수준에서 더욱 활성화되고 있다.

이처럼 개별적인 움직임은 아직 초기 단계이지만, 그 방향성은 분명하다. 달러의 독점적 지위에 대한 체계적 도전이 본격화되고 있으며, 이는 미국의 대외정책, 지정학적리스크관리, 글로벌 통화 질서의 재편 가능성과 밀접하게 맞물린 변화다.

| 미국 내부 요인 – 부채, 재정위기, 정치 양극화 |

달러화의 기축통화 지위를 위협하는 요인은 비단 외부의 탈달러화 움직임만이 아니다. 오히려 더 근본적인 위험은 미국 내부로부터 비롯되고 있다는 경고가 점점 더 설득력을 얻고 있다. 국제사회는 기축통화를 발행하는 국가의 정책 건전성, 재정 지속가능성, 정치적 책임감을 신뢰 기반으로 삼는다. 그러나 최근 미국의 내부 상황은 이러한 신뢰를 약화시킬 수 있는 여러 징후를 드러내고 있다.

가장 우려되는 부분은 미국의 막대한 국가부채와 구조적 재정적자이다. 2020년 이후 코로나19 대응 과정에서 재정지출이 급증했고, 감세정책과 국방비 확대가 이어지면서 미국 연방정부의 부채는 가파르게 상승했다. 2025년 10월 현재, 미국 연방정부의 총

 돈의 변신

부채는 약 38조 달러에 이르며, GDP 대비 부채비율은 123%를 넘어서 제2차 세계대전 직후 수준(1946년 106%)을 넘어서고 있다.

이러한 부채 누증은 달러화의 신뢰 기반을 위협하는 핵심 변수로 작용한다. 과거에는 세계 각국이 미 국채를 안정적 투자처로 간주하고 자발적으로 달러화 자산을 축적해 왔지만, 최근에는 이자 지급 부담의 급증, 미국 정부의 신용등급 강등, 정치적 셧다운 위협 등이 반복되며 외국 투자자들의 경계심이 커지고 있다.

더불어, 금리 상승에 따른 이자 지출의 확대는 미국의 재정 구조를 더욱 압박하고 있다. 2025년도 현재 연방정부의 연간 이자 지출은 약 1조 달러를 초과하고 있으며, 이는 국방비를 넘어서는 수준이다. 단기적으로는 이를 감당할 수 있더라도, 장기적으로는 국채 수요 감소와 달러 신뢰 저하라는 위험 요인과 연결된다.

실제로 2011년 S&P는 미국의 신용등급을 AAA에서 AA+로 강등했다. 이어서 2023년에는 Fitch가 미국 등급을 AAA에서 AA+로 하향조정 한 데 더해, 2025년 5월에는 Moody's까지 미국의 신용등급을 최고 등급(Aaa)에서 한 단계 낮은 Aa1으로 강등하였다.

이로써 세계 3대 평가 기관 모두가 미국의 재정건전성과 정책 신뢰에 우려를 표명한 셈이 되었다. 이는 단순한 수치 조정 이상의 상징성을 가지며, 미국 국채에 대한 전 세계의 투자자 신뢰가 점진적으로 약화되고 있음을 시사한다.

하버드대학교 경제학과 교수인 케네스 로고프는 이와 관련해 달러패권의 가장 큰 아킬레스건은 미국 내부의 정책 실패라고 지적한다. 그는 현재 미국이 직면한 가장 심각한 위협을 감당할 수 없는 재정과 천문학적 부채로 인한 신뢰 상실로 규정하며, 외부 통화와의 경쟁보다 미국 내부의 균열이 더 위험하다고 경고한다. 로고프에 따르면 달러화의 지배력은 2015년을 기점으로 점진적 하락세에 들어섰으며, 이는 일시적 현상이 아니라 구조적 신뢰 훼손의 시작일 수 있다고 한다.

이러한 재정적 불안은 미국 정치의 불안정과 맞물려 더욱 심각한 신뢰 위기를 초래하고 있다. 2011년, 2013년, 그리고 2023년까지 반복적으로 벌어진 연방정부 셧다운 위기, 부채한도 협상 파행, 재정 운용의 정치화 등은 미국의 정책 시스템이 더 이상 예측 가능하지 않다는 인식을 심어주고 있다. 이는 단지 미국 경제의 내부 리스크를 넘어, 달러화를 국제적으로 사용하는 모든 국가에 불확실성을 전가하는 결과를 낳는다.

결국 미국 내부에서 벌어지고 있는 이러한 상황은 기축통화를 유지하기 위한 가장 기본적인 전제들(재정건전성, 정책의 예측 가능성, 정치적 책임감)이 서서히 무너지고 있음을 의미한다. 이는 앞서 살펴본 탈달러화 움직임과 결합되어, 달러화의 미래에 대한 구조적 의문부호를 던진다.

미국 우선주의와 통화 통합 기능의 훼손

국제통화체제에서 기축통화는 단순한 결제수단이 아니라, 세

계경제를 하나로 묶는 통화적 통합의 기반이다. 각국이 자국 통화
가 아닌 특정 통화를 기축통화로 받아들인다는 것은, 단지 편의성
때문이 아니라 그 통화를 발행하는 국가에 대한 신뢰, 그리고 국제
적 공공재로서 역할 수행을 기대하기 때문이다.

그런 점에서 최근 미국이 보이고 있는 일련의 정책 기조, 특히
우선주의(national interest first)와 보호무역주의(protectionism)는 기
축통화로서 달러화에 근본적인 의문을 갖게 한다. 트럼프 행정부
1기(2017~2020)는 미국 우선주의(America First)를 전면에 내세우며,
미국이 오랫동안 주도해 온 다자주의적 협력, 규범 기반 통상 질
서, 국제기구와의 연대를 흔들기 시작했다.

당시 미국은 자국의 무역적자를 문제 삼으며 WTO 체제를 무
력화하고, 동맹국을 포함한 주요 교역국에 일방적인 고율 관세를
부과했다. 북미자유무역협정(NAFTA)을 폐기하고, 중국에 대해 대
규모 보복관세를 부과했으며, 안보를 명분으로 철강·알루미늄 등
전략물자에도 관세를 적용했다. 이러한 조치는 글로벌공급망을
왜곡시키고, 국제무역의 예측 가능성과 규칙 기반 질서를 약화시
키는 결과를 초래했다.

이는 단지 무역의 문제가 아니었다. 달러화라는 국제통화 시스
템의 중립성과 통합 기능에도 직접적인 파장을 일으켰다. 왜냐하
면 기축통화는 전 세계가 공동으로 신뢰하고 사용하는 공공재이
기 때문이다. 만약 그 통화가 특정 국가의 외교적 지렛대나 정치적
무기로 사용된다면, 그 신뢰는 급속히 훼손될 수밖에 없다.

실제로 트럼프 1기 행정부는 달러화 결제망을 외교, 안보 목적의 제재 수단으로 적극 활용했다. 이란 핵합의 탈퇴 이후 제3국 기업에까지 달러 결제를 제한한 사례, 베네수엘라, 러시아에 대한 달러 기반 자산동결 조치 등은, 미국의 정책이 달러를 전략 자산으로 다루고 있음을 보여준 대표적 사례였다. 이는 다른 국가들로 하여금 달러를 계속 사용하는 것이 과연 안전한가라는 근본적 회의를 품게 했다.

그리고 이러한 경향은 2025년 트럼프 대통령의 재선 성공으로 다시, 그리고 더 강하게 현실이 되었다. 트럼프 행정부는 제2기 임기 시작과 동시에 더욱 정교화된 자국 우선주의 정책을 추진하고 있다. 취임 직후부터 발표된 일련의 조치들(중국과 EU, 한국 등 주요 교역국에 대한 관세 부활, 산업보조금에 대한 보복관세 경고, 국제기구 분담금 삭감과 탈퇴 검토, 지정학적 제재 강화를 통한 달러 금융망의 무기화 확대)은 모두 미국의 패권주의가 정책 수준에서 제도화되고 있음을 보여준다.

이제는 국제사회조차도 더 이상 이러한 정책을 일시적 일탈로 간주하지 않는다. 트럼프 2기 행정부의 핵심 인사들과 대외 경제 정책 방향은 강한 미국의 귀환이라는 명분 아래, 통상, 금융, 기술 주권을 모두 자국 중심으로 회수하려는 움직임을 보이고 있다. 이는 기축통화국으로서 책무, 즉 국제적 통합과 신뢰 유지를 위한 중립성과는 명백히 충돌하는 행보이다.

이러한 변화는 달러화의 통합 기능을 약화시키고 있다. 달러가 더 이상 정치와 무관하게 작동하는 안정적 거래, 저장, 결제수단이 아니라, 미국의 외교정책과 연계된 정치화된 자산으로 인식되는 순간, 각국은 대체 수단을 고민하지 않을 수 없다. 이는 앞서 논의한 탈달러화 흐름, 지역 통화 블록화, 위안화 기반 결제 확산, 디지털 통화 실험 확대 등으로 연결되며, 달러 체제에 점진적인 균열을 초래하고 있다.

달러화는 단지 미국의 통화가 아니라, 세계경제의 통합을 매개해 온 신뢰의 언어였다. 그러나 미국의 정책이 이 통합을 해치는 방향으로 움직일 경우, 그 언어는 점점 설득력을 잃는다. 그리고 그 틈을 비집고, 유로화, 위안화, 심지어 디지털 통화들까지 대안으로 떠오르기 시작한다.

향후 국제통화 질서와 정책적 시사점

지금까지 살펴본 것처럼 달러는 여전히 국제금융과 실물거래의 중심 통화로 기능하고 있다. 무역, 투자, 외환보유 등 거의 모든 국제경제활동에서 달러화가 차지하는 비중은 여전히 절대적이다. 그러나 이러한 영향력의 지속이 곧 절대적인 지위 유지를 의미하지는 않는다. 달러화가 과거처럼 당연하고도 안정적인 선택이 아니라, 조건부로 채택되는 통화가 되어가고 있다는 점은 분명히 인식할 필요가 있다.

현재로서는 달리를 대체할 만한 단일통화는 뚜렷이 부상하지 않고 있다. 유로화는 통화동맹 자체의 구조적 제약과 회원국 간의 정치·재정 불균형으로 인해 전 세계적 신뢰를 끌어내기에 미흡하고, 위안화는 자본시장 개방의 제한과 제도적 투명성 부족이라는 근본적인 한계를 여전히 안고 있다. 디지털 통화나 암호화폐는 가격 안정성과 제도 기반이 확보되지 않은 상태에서 법정통화의 지위를 대체하기는 어렵다는 점이 반복적으로 확인되고 있다.

이러한 이유로 달러화 체제가 단기간에 몰락할 가능성은 낮다고 보는 견해가 여전히 우세하다. 하지만 그와 동시에 달러의 영향력이 완만하게 약화되는 흐름은 피하기 어렵다는 평가 또한 힘을 얻고 있다. 국제결제나 준비자산 등 핵심 기능에서는 달러화의 점유율이 여전히 높지만, 과거처럼 선택의 여지가 없는 상황은 아니다. 각국은 이미 포트폴리오 구성, 결제시스템, 무역 청구 통화 등에서 점진적으로 탈달러화를 시도하고 있으며, 이는 단지 기술적 조정이기보다는 통화에 대한 신뢰가 다층화되고 있음을 보여주는 현상이다.

이러한 인식은 외환시장에서도 점점 더 뚜렷하게 반영되고 있다. 2025년 초반, 주요국 통화에 대해 달러화 가치는 눈에 띄게 하락했으며, 이는 단순한 경기순환이나 정책 기대의 변화만으로 설명되기 어려운 측면이 있다. 오히려 그 배경에는 달러화의 국제적 위상이 점진적으로 흔들리고 있다는 구조적 진단이 자리하고 있다. 미국 재정의 지속 가능성에 대한 불신, 정치 리스크의 반복, 그리고 트럼프 행정부 2기에 들어 더욱 강화된 자국 중심 정책기조가 투자자들의 환율 기대에 영향을 미친 것으로 해석된다.

무엇보다 시장에서는 이제 달러화가 단기적으로 반등할 수는 있어도, 중장기적으로는 점차 약세 흐름에 놓일 것이라는 전망이 자리 잡고 있다. 외환보유고의 통화 구성 다변화, 국제무역 결제에서의 대체 통화 활용 증가, 비서구 국가들의 금융 협력 심화 등이 복합적으로 작용하면서, 과거와 같은 달러 유일 통화 체제는 더 이상 안정적이지 않다는 인식이 가격 형성 과정에 스며들고 있는 것이다.

이러한 맥락에서 국제통화 질서는 단일 기축통화 중심의 구조에서 점차 다극 체제로 이행할 가능성이 커지고 있다. 특정 통화가 압도적인 지위를 유지하는 시대는 저물고, 지역별, 기능별로 통화의 위상이 분화되는 전환기가 도래할 수 있다. 문제는 이와 같은 전환이 언제, 어떻게 진행되는지에 따라 그 비용과 충격의 크기가 달라질 수 있다는 점이다.

지금까지 달러화는 돈의 돈 역할을 해왔다. 모두가 같은 통화를 기준으로 비교하고 거래해 왔기 때문에 국제거래와 금융자산 운용의 예측 가능성과 효율성이 담보될 수 있었다. 그러나 이러한 공통의 기준이 약화될 경우, 각국은 통화 선택에 있어 보다 다양한 고려를 해야 하며, 이는 금융시장의 변동성과 정책의 불확실성을 높이는 결과로 이어질 수 있다. 특히 외화 의존도가 높은 신흥국일수록 그러한 혼란의 영향을 더 직접적으로 받을 가능성이 높다.

전환기에 중요한 것은 질서 있는 적응이다. 미국은 기축통화국으로서 책무를 자각하고 자국 우선주의를 넘어서는 정책 일관성을 회복할 필요가 있으며, 동시에 각국도 달러 의존도를 줄이기 위한 외환 제도 개선과 통화 신뢰 회복을 추진해야 한다. 국제사회 차원에서는 통화스왑이나 유동성 지원 장치 같은 안전망을 더욱 촘촘히 설계함으로써, 예상치 못한 충격에 공동 대응할 수 있는 체계를 마련해야 할 것이다.

결국 달러의 위기는 통화 시스템의 기술적 문제가 아니라 신뢰의 문제로 귀결된다. 기축통화는 단순한 경제적 편의 수단이 아닌, 발행국의 정책 건전성과 국제사회와의 약속을 전제로 한 일종의 사회적 계약이다. 그 계약이 일방적으로 깨지거나 신뢰가 훼손되는 순간, 달러화는 더 이상 세계경제의 중심 통화로 기능할 수 없다.

3장

돈의 중심

앞에서 우리는 돈이 직면한 문제들을 살펴보았다. 그렇다면 이러한 문제들을 어떻게 해결할 수 있을까? 쉽지 않은 질문이며, 한마디로 답하기도 어렵다. 다만 분명한 사실은 돈의 위기 한가운데에는 언제나 신뢰라는 본질적 문제가 자리 잡고 있다는 점이다. 그리고 신용화폐제도에서 이 신뢰의 중심을 제도적으로 떠받치는 기관이 바로 중앙은행이다. 중앙은행의 핵심 책무인 물가안정과 금융안정은 돈이 지닌 불안정성을 관리하라는 사회적 요구로 부여된 것이다.

중앙은행이 등장하기 이전에도 은행들은 자체적으로 결제 협회를 만들어 서로의 수표와 어음을 정산했다. 그러나 민간 지급망에는 분명한 한계가 있었다. 특정 은행이 무너지면 연쇄도산이 발생했고, 이를 막아줄 마지막 보루는 존재하지 않았다. 또한 여러 은행이 경쟁적으로 지폐를 발행하면서 화폐의 가치와 신뢰는 자주 흔들렸다. 이러한 혼란을 수습하기 위해 '은행들의 은행'을 설립하자는 발상이 등장했고, 그것이 바로 중앙은행의 출발점이었다.

오늘날 모든 은행은 중앙은행에 준비금 계좌를 두고 있으며, 하루에도 수없이 발생하는 은행 간 자금 거래는 중앙은행의 장부에서 최종적으로 정산된다. 중앙은행이 결제의 중심에 서있기 때문에, 어느 한 은행의 결제 실패가 금융시스템 전체의 붕괴로 이어지지 않는다. 우리가 카드 결제나 계좌이체를 할 때 거래가 안전하게 완결될 수 있는 배경에도 중앙은행의 결제인프라가 자리하고 있기 때문이다.

중앙은행은 또한 국가의 법정통화를 독점적으로 발행하는 기관이다. 만약 여러 기관이 경쟁적으로 지폐를 발행한다면, 화폐에 대한 신뢰는 유지되기 어렵다. 중앙은행이 유일한 발행자로 존재하기 때문에 사람들은 화폐를 안심하고 교환과 저축의 수단으로 사용할 수 있다. 이런 의미에서 중앙은행은 화폐 시스템의 최종 지킴이라 할 수 있다.

중앙은행의 역사는 단순한 제도의 변천사가 아니라, 돈의 신뢰를 지켜온 역사이기도 하다. 이 장에서는 중앙은행이 어떤 상황에서 탄생했는지를 살펴보는 것에서 출발해, 위기의 순간마다 어떻게 돈의 위기를 관리하고 극복해 왔는지를 살펴본다. 나아가 돈의 가치를 지키는 사명이 통화정책과 거시 건전성 정책으로 어떻게 발전해 왔는지를 설명하고, 돈의 신뢰를 제도적으로 뒷받침하는 조건으로서 중앙은행 독립성의 중요성에 대해서도 논의한다.

중앙은행디지털화폐(CBDC)는 이러한 중앙은행의 발전 과정에서 또 하나의 이정표가 될 가능성이 있다. 디지털 시대에 걸맞은 공공화폐를 설계하려는 이 시도는, 스테이블코인과 함께 향후 화폐 질서에 중요한 의미를 가지고 있다. 이 장의 마지막에서는 CBDC 도입의 의미와 함께 그 가능성과 과제를 살펴본다.

중앙은행의 탄생과 역할, 통화정책의 진화

│ 혼란한 금융 질서와 중앙은행의 설립 │

은행제도가 막 태동하던 시절, 금융은 불안정의 연속이었다. 각국의 통화 체계는 일관성이 없었고, 정부와 은행들은 필요할 때마다 지폐를 남발했다. 스톡홀름 방코(Stockholms Banco)의 사례가 대표적이다. 17세기 스웨덴에서 탄생한 이 은행은 근대적 의미의 최초의 은행으로 불렸으나, 담보 없이 과도한 지폐를 발행하다 결국 붕괴했다. 사람들은 하루아침에 은행권이 휴지조각으로 변하는 경험을 했다. 이 충격을 계기로 1668년 스웨덴은 현재 가장 오래된 중앙은행으로 꼽히는 릭스방크(Riksbank)를 설립했다. 왕실의 간섭을 줄이고 의회가 통제를 맡아 안정적 통화관리가 가능하도록 한, 최초의 제도적 시도였다.

영국에서도 비슷한 흐름이 이어졌다. 1694년, 전쟁 비용에 시달리던 영국 왕실은 영란은행(Bank of England)을 설립하고 정부에 자금을 빌려주는 대가로 은행권 발행을 허용했다. 영란은행은 점차 영국 금융의 중심축으로 자리 잡았고, 스레드니들 가의 노부인[45]이라는 별칭과 함께 신뢰의 상징이 되었다.

프랑스도 1800년 나폴레옹의 주도로 프랑스 은행(Banque de France)을 설립했고, 산업혁명과 함께 유럽 전역에서 중앙은행 설립이 확산되었다. 각국의 중앙은행은 각각 그 출발은 달랐으나 모두 혼란스러운 초기 금융시스템에 질서를 부여하려는 시대적 요청 속에서 탄생했다.

미국의 경우 중앙은행 설립은 특히 험난했다. 알렉산더 해밀턴의 주도로 제1·제2 은행이 만들어졌지만, 강한 중앙집권을 경계하던 여론과 앤드루 잭슨(Andrew Jackson) 대통령의 반대로 1830년대 이후 중앙은행 제도는 사라졌다. 약 80년 동안 미국은 통합된 중앙은행 없는 상태에서 잦은 금융공황을 겪었다.

1907년 공황은 전환점이었다. 뉴욕의 니커보커 신탁회사(Knickerbocker Trust Company)가 무너지고 뱅크런(bank run)이 확산되자 금융시장은 마비되었다. 당시 정부나 재무부는 속수무책이

---

45) '스레드니들 가의 노부인(The Old Lady of Threadneedle Street)'은 영국 중앙은행인 영란은행(Bank of England)의 별칭으로, 1797년 풍자화가 제임스 길레이(James Gillray)가 제작한 삽화에서 유래하였다. 당시 나폴레옹 전쟁 자금 조달을 위해 금 태환을 중단한 영란은행을 비판하는 장면에서, 정치인 윌리엄 피트가 '스레드니들 가(은행 본점이 위치한 거리)의 노부인'으로 의인화된 영란은행의 금고를 빼앗는 모습이 묘사되었다. 이후 이 별칭은 영란은행을 지칭하는 표현으로 금융계와 언론에서 널리 사용되고 있다.

었고, 민간금융가 J.P. Morgan이 사재를 투입해 은행들을 모아 유동성을 공급하며 간신히 사태를 진정시켰다. 그러나 한 개인이 국가 금융을 구하는 구조는 지속 가능하지 않았다. 결국 1913년 의회는 연방준비법을 통과시키고 연방준비제도(Federal Reserve, 연준)를 창설했다. 연준은 은행들의 준비금을 보관하고 금융시스템의 최종대부자 역할을 맡으며, 미국 금융질서의 중심에 섰다.

| 중앙은행의 특별한 능력: 발권력과 최종결제 |

중앙은행이 처음부터 지금의 위상을 갖고 태어난 것은 아니었다. 어느 시기에는 국왕과 정부의 금고를 맡는 금융 조직이었고, 또 다른 시기에는 상업은행과 다름없이 어음할인과 대출을 하는 하나의 특수한 은행에 불과했다. 전환점은 화폐 발행의 독점, 곧 발권력을 확보하면서 찾아왔다. 발권력의 핵심은 지폐를 인쇄하는 기계적 권한이 아니다. 중앙은행이 발행한 화폐와 준비금이 경제 전체의 유일하고 최종적인 결제수단으로 기능하도록 법과 제도, 그리고 관행이 결합해 부여한 최종결제의 권위이다.

민간은행도 예금과 대출을 통해 신용을 창출한다. 대출이 발생하면 동시에 예금이 생기고, 그 예금은 일상적 결제에 쓰이는 돈처럼 사용된다. 하지만 은행이 만든 이 돈은 조건부 신용이다. 고객이 다른 은행에 이체하거나 은행 간 채권채무가 정산되는 순간, 그 결제는 반드시 중앙은행의 장부에서 준비금으로 마감되어야 한다. 준비금에 대한 전환 가능성, 그리고 그 전환을 통해 결제가 최종적으로 확정되기에 은행 돈의 가치가 지탱된다.

이 점에서 중앙은행은 '은행의 방식으로 돈을 만들되, 자기 장부에서 결제를 완결할 수 있는 유일한 주체'라는 차별적 지위를 갖는다. 중앙은행은 국채 매입, 담보대출, 외화 매입 등으로 자산을 취득하고 그에 상응하는 준비금을 발행한다. 이 준비금은 은행들 사이의 최종결제수단이자 시스템 유동성의 원천이며 통화정책이 작동하는 매개이다.

중앙은행은 준비금의 희소성·가격·공급 경로를 통제함으로써, 전체 신용 시스템의 박동과 리듬을 조율할 힘을 갖는다. 중앙은행이 금리의 상·하한을 제시하고, 지급준비제도와 상시 대출 기구를 통해 유동성의 마지막 창구가 되는 순간, 신용의 규모와 속도, 위험의 분포는 중앙은행이 설계한 레일 위를 달리게 된다.

이 능력은 기술적으로 무제한의 유동성 공급 가능성까지 열어두지만, 실제 운영은 정반대이다. 이런 능력이 자칫 인플레이션, 자산 가격 버블, 도덕적해이를 초래할 수 있음을 잘 알기에, 중앙은행은 자기 절제와 투명한 의사소통, 규범화된 정책을 통해 그 힘을 신중히 사용한다. 은행 결제 자금의 조절 능력이 시장참가자의 기대를 형성하고, 그 기대가 다시 민간의 신용 행태에 영향을 주는 선순환구조를 만드는 것이 통화정책의 실질적 기초이다.

결국 핵심은 결제다. 모든 은행은 중앙은행에 계좌를 두고, 그 계좌의 준비금으로 서로에게 진 빚을 갚는다. 하루의 거래가 끝나면 각 은행의 채권채무는 중앙은행 장부에서 상계·정산되고, 그 순간 법적·회계적·경제적 의미의 최종결제가 성립한다. 중앙은행은 바로 이 최종결제의 자리에서 통화의 단일성을 보증하고, 신용의 방향과 강도를 조절하며, 금융시스템 전반의 안정이라는 공적 목적을 수행한다. 발권력은 결제를 떠받치고, 결제는 발권력에 실질을 부여한다. 중앙은행의 힘은 이 둘의 결합에서 나온다.

│ 최종대부자 기능 │

이 발권력과 최종결제 능력을 근간으로 중앙은행은 또 하나의 고유한 기능, 즉 최종대부자(Lender of Last Resort) 역할을 수행할 수 있다.

최종대부자 기능의 본격적인 등장은 19세기 영국의 금융위기와 관련된다. 1866년 오버엔드·거니 앤 컴퍼니(Overend, Gurney and Company) 사태는 당시 영국 금융시장에 깊은 충격을 던졌다. 대형 금융회사가 갑작스레 파산하자, 다른 금융기관들은 서로 돈을 빌려주기를 꺼리면서 시장은 순식간에 얼어붙었다. 위기가 확산되자 영란은행은 유동성 공급을 확대했고 결과적으로 연쇄 붕괴는 가까스로 진정되었다.

이 사건을 계기로 중앙은행의 위기 대응 방식은 새로운 전환점을 맞게 되었다. 『롬바드 스트리트』에서 월터 배젓은 이를 이론화하며 다음과 같은 원칙을 제시했다. "신용경색 시 지급 능력이 있는 은행에는 충분하고 신속하게 돈을 빌려주되, 반드시 담보를 요구하고 고금리를 부과하라" 이 원칙은 배젓의 원칙(Bagehot's

Dictum)이라 불리며, 오늘날까지도 중앙은행 위기 대응의 핵심 지침으로 남아있다.

중요한 것은, 이 최종대부자 기능이 흔히 오해되듯 문제 있는 금융기관을 구제해 주는 역할이 아니라는 점이다. 배젓이 강조한 핵심은 경제 전체에 돈이 돌게 만드는 것, 즉 금융시스템의 유동성 경색을 막아 신용 흐름이 멈추지 않게 하는 것이었다. 다시 말해, 중앙은행이 발권력을 통해 지준을 예외적으로 확대 공급함으로써 시장 전체의 신뢰와 질서를 유지하는 것이다. 이는 문제 은행을 구제하는 신용 정책이 아니라 경제에 유동성을 공급하는 통화정책임을 의미한다.

통화정책의 역사적 진화

중앙은행의 통화정책이 처음부터 완성된 형태로 주어진 것은 아니었다. 은행제도의 불안정과 위기의 경험 속에서 점진적으로 형성되고 발전해 온 것이다. 앞에서 설명했듯이 그 출발점은 은행권 교환과 결제에서 비롯되었고, 경제를 안정적으로 성장시키기 위해 '중앙은행이 어떻게 유동성을 공급해야 하는가'라는 문제가 곧 통화정책의 핵심으로 자리 잡았다.

초기의 대표적인 통화정책 수단은 재할인 정책(discount policy)이었다. 은행이 상업어음이나 대출 채권을 보유하면 이를 중앙은행에 가져가 재할인받아 곧바로 현금화할 수 있었다. 중앙은행은 재할인 규모를 조절함으로써 경제에 공급되는 통화의 양을 조절할 수 있었다. 중앙은행이 시장의 신용 질서를 선별적으로 조율하는 장치이기도 했다. 어떤 어음을 받아주고 어떤 어음을 거절하는가에 따라 금융시장의 건전성이 달라졌고, 재할인 시 적용하는 이자율은 사실상 시장에 영향을 주는 정책 금리로 작용했다.

이어 지급준비율제도(reserve requirements)가 도입되었다. 은행은 예금액의 일정 비율을 중앙은행에 준비금으로 보관해야 했고, 중앙은행은 이 비율을 조정해 신용팽창이나 위축을 직접 제어할 수 있었다. 지급준비율을 높이면 은행 대출 여력이 줄어들어 신용팽창이 억제되고, 낮추면 대출이 늘어났다. 이는 직접적이고 강력했지만 충격이 크고 금융시장의 예측 가능성을 해친다는 단점이 있었다. 오늘날 선진국에서는 거의 사용되지 않지만, 중국 등 일부 신흥국에서는 여전히 주요 정책 수단으로 사용되고 있다.

이후 채권시장 발전을 배경으로 통화정책의 핵심은 공개시장운영(open market operations)으로 옮겨갔다. 중앙은행이 국채를 매입하면 은행 계좌에 준비금이 늘어나고, 은행 간 단기금리가 하락한다. 반대로 국채를 매도하면 준비금이 흡수되고 금리가 상승한다. 즉 공개시장운영은 재할인 정책과 같이 중앙은행이 직접 금리를 지정하지 않고, 은행 간 자금 수급을 조절함으로써 시장금리를 목표하는 수준으로 유도하는 방식이다.

예를 들어 한국은행 금융통화위원회에서 기준금리를 결정하지만, 이 금리가 금융기관 간 거래되는 콜금리로 파급되는 것은 이와 같은 국채 매매를 통해 은행의 준비금을 조절하기 때문이다. 이 방식은 정밀하고 유연하며, 금융시장 전체를 포괄적으로 조절할 수 있는 장점을 가졌기에 통화정책 운용의 대표적인 수단으로 자리 잡았다.

여기서 또 하나의 중요한 변화가 나타났다. 바로 통화량 중심에서 금리 중심으로의 운영체계 변화다. 중앙은행의 초기 정책은 위에서 설명한 정책 수단을 통해 은행준비금을 통제할 수 있는 힘을 기반으로 했다. 당시에는 통화량 지표가 비교적 안정적이었기 때문에 통화량의 관리를 통해 실물경제에 영향을 미치는 것이 용이했다.

그러나 금융시장의 빅뱅, 즉 금융혁신과 자본시장 확대가 진행되면서 통화지표는 불안정해지고 예측력이 크게 떨어졌다. 그 결과 중앙은행은 통화량을 조절하는 방식에서 금리 중심의 운영방식으로 전환하게 되었다. 통화량 조절 방식은 효과가 직접적이고 강력하나 예측 가능성의 문제가 정책수행에 어려움을 가중시켰기 때문이다.

금리는 가계와 기업의 자금조달 비용에 직접적으로 영향을 준다. 통화량보다 금리가 경제주체의 의사결정에 미치는 효과가 더 안정적이라는 점이 확인되면서, 중앙은행은 정책 금리를 중심축으로 삼아 통화정책을 운영하게 되었다. 오늘날 대부분의 중앙은행이 정책 금리를 기준으로 하는 이유가 여기에 있다.

그러나 이 방식은 한계를 가진다. 중앙은행이 목표로 정한 단기금리가 대출금리, 회사채금리 등 실제 소비와 투자와 관련된 시장가격에 영향을 미치는 데 시간이 걸리고 파급효과도 제한적이며, 때때로 거대한 자본의 이동이 그 영향을 무력화시키기도 한다. 2000년대에 들어 이러한 현상은 일상화되었다고도 할 수 있다. 중앙은행의 금리 중심 정책 운영은 금융시장의 발전을 배경으로 한 것이나, 역설적으로 금융시장의 발전이 중앙은행의 정책수행에 제약조건으로 작용하기도 하는 것이다. 이는 중앙은행이 태생적으로 가진 준비금 통제 능력의 중요성을 다시 생각해 보게 한다. 실제로 거대한 위기 상황에 닥칠 때 중앙은행은 종종 그 원초적 힘에 의존해 왔다.

│비전통적 통화정책: 위기 속 실험│

2008년 글로벌 금융위기와 2020년 팬데믹은 전통적 수단이 가진 한계를 드러냈다. 정책 금리를 사실상 0%까지 낮췄지만 경기 회복은 더디었고, 디플레이션 압력은 여전히 남아있었다. 이에 따라 중앙은행들은 비전통적 수단을 도입했다. 이는 위에서 언급한 중앙은행이 발권력을 통해 준비금을 조절할 수 있는 능력에 기반한다. 2장에서 이에 대해 일부 설명하였지만 중앙은행의 역할과 능력이라는 측면을 중심으로 살펴보자.

대표적인 것이 양적완화(QE)이다. 중앙은행이 대규모로 국채와 금융자산을 매입해 시중에 직접 유동성을 공급하는 방식이다. QE는 단기금리를 움직이는 것에 그치지 않고 장기금리까지 낮추어 투자와 소비를 자극하려는 목적을 가졌다. 연준, ECB, 일본은행, 영란은행이 이 정책을 시행하면서 중앙은행의 대차대조표는 크게 팽창했다.

더불어 풍부한 준비금 체제(ample reserves system)로의 전환은 통화정책 운영 방식을 근본적으로 바꿨다. 연준은 은행들이 보유하는 넘치는 준비금에 이자를 지급함으로써 금리의 하한을 형성했다. 은행은 굳이 더 낮은 금리로 다른 은행에 자금을 운용할 이유가 없게 되었고, 시장금리는 중앙은행이 설정한 금리 수준에 자연히 고정되었다. ECB와 일본은행도 풍부한 지준 환경에서 단기금리를 유도하는 운영체계를 발전시켜 왔다.

또 다른 수단은 포워드 가이던스(forward guidance)이다. 이는 중앙은행이 장래의 금리 경로나 정책 방향을 미리 신호해 시장의 기대를 관리하는 방식이다. '앞으로 장기간 제로금리를 유지하겠다'는 약속만으로도 장기금리나 투자심리에 직접적인 영향을 미쳤다. 이는 통화정책이 단순히 현재의 금리 조정에서 벗어나 기대와 심리를 관리하는 차원으로 확장되었음을 의미했다.

다만 이들 비전통적 수단은 완전히 보편화된 제도이기보다는 위기 대응 과정에서 도입된 특별 조치의 성격이 강하다. 양적완화가 장기적으로 자산 가격 과열이나 금융 불균형을 키우지 않고 안정적으로 운용될 수 있을지는 각국 경험이 축적되는 과정에서 계속 점검되어야 한다. 풍부한 지준 체제 역시 전통적 통화정책을 대체하는 새로운 표준이 될지, 아니면 일시적 위기 대응 수단으로 그 역할이 한정될지는 아직 판단하기 어렵다.

화폐 신뢰의 기반, 금융안정을 지키는 책무

| 중앙은행이 지키는 것은 돈만이 아니다 |

중앙은행은 흔히 화폐를 발행하고, 금리를 조정하며, 위기 시 유동성을 공급하는 기관으로 이해된다. 그러나 이러한 표면적 기능은 더 근본적인 역할을 배경으로 한다. 바로 돈의 신뢰를 지키는 일이다. 돈은 단순한 거래수단을 넘어, 사회 전체의 신뢰 위에 세워진 제도이고 이 체제를 지키는 것이 중앙은행이 존재하는 이유이다.

오늘날 우리가 은행에 돈을 맡기고, 카드로 결제하며, 먼 타국에 송금을 할 수 있는 것은 눈앞의 거래수단에 대한 신뢰뿐만 아니라 그 거래가 반드시 이행될 것이라는 믿음 덕분이다. 이 믿음이 작동하지 않으면 금융은 하루아침에 멈춰선다. 중앙은행은 바로 그 보이지 않는 신뢰 구조의 중심축을 맡고 있다. 중앙은행의 본질적인 역할은 금융시스템 전체의 안정성을 수호하는 데 있다. 이를 우리는 금융안정 기능(financial stability)이라 부른다.

금융안정은 다양한 요소를 포함한다. 개별 금융기관의 건전한 운영이라는 미시적 차원을 넘어, 금융시스템 전체의 건전성, 지급결제시스템 인프라의 원활한 작동, 금융시장 참가자의 신뢰, 자산가격의 균형 상태, 기업과 가계의 과도한 부채 누증 여부까지 모두 아우른다. 이 복잡한 생태계가 안정적으로 작동하지 않으면 신용이 흘러가지 않고, 그 결과 경제 전체가 마비된다. 중앙은행은 이러한 불안을 사전에 감지하고, 구조적 리스크를 줄이며, 충격이 발생했을 때 파장을 차단하는 마지막 방어선이다. 중앙은행이 무제한 발권력과 최종결제 권한을 가지고 있기 때문이다.

중앙은행이 금융안정의 핵심 기관으로 부상하게 된 계기는 2008년 글로벌 금융위기였다. 위기의 발단은 투자은행과 그림자금융, 레버리지 과잉 등 다양한 요인이 있었지만, 결과적으로 신뢰 체계의 붕괴가 가장 치명적이었다. 미국 연준은 단기금리를 조정하는 전통적 방식만으로는 더 이상 시장을 진정시킬 수 없었다. 대신 비은행 금융기관, 보험사, 머니마켓펀드 등 전통적 관할 밖의 영역에까지 개입하며 금융안정을 위해 총력을 기울였다.

이후 각국은 중앙은행의 금융안정 역할을 제도적으로 강화해 나갔다. 영국은 기존의 금융감독청(FSA) 체제를 개편해, 중앙은행 산하에 건전성감독청(PRA)을 두고, 소비자 보호 및 시장 규율은 금융행위청(FCA)이 맡는 이중 체제를 도입했다. 미국은 대형 투자은행을 은행지주회사로 전환해 연준의 감독 권한 아래 두었고, 거시건전성감독위원회(FSOC)를 신설해 시스템 리스크를 모니터링하게 했다. 유럽중앙은행(ECB)은 단일감독 메커니즘(SSM)을 구축해 유로존 주요 은행들을 직접 감독하게 되었다.

| '은행의 돈'과 '중앙은행의 돈' |

중앙은행이 금융시스템 전체를 감독하고 통제해야 할 이유는 무엇인가? 그것은 현대사회 대부분의 돈이 은행에서 만들어지고, 그 최종적인 결제가 중앙은행을 통해 이루어지기 때문이다.

현대 경제에서 유통되는 '돈'의 대부분은 지폐가 아니라 예금통화, 즉 민간은행이 대출을 통해 창출한 신용화폐이다. 은행은 예금이라는 부채를 발행하고, 동시에 대출이라는 자산을 형성함으로써 새로운 돈을 만들어낸다. 이러한 은행의 돈은 매일의 거래와 결제에 사용되지만, 최종결제는 반드시 중앙은행의 돈으로 마무리된다. 은행 간 결제는 중앙은행 장부에 기록된 준비금을 통해 이루어지며, 이 준비금은 중앙은행만이 발행할 수 있다.

이 구조에서 중앙은행은 단순한 결제 중개인이 아니라 화폐 단일성(singleness of money)을 보장하는 존재이다. 이는 모든 돈이 동일한 교환가치를 가진다는 믿음을 뜻하며, 이를 위해서는 민간은행이 만든 돈과 중앙은행이 만든 돈이 언제든지 1:1로 교환 가능해야 한다. 다시 말해, 어떤 은행이 만든 예금이든 중앙은행의 현금이나 준비금으로 완전히 바뀔 수 있어야 한다. 이 신뢰가 깨지는 순간, 특정 은행의 예금은 덜 안전한 돈이 되고, 금융시스템은 무너진다.

따라서 중앙은행은 단지 통화를 공급하는 기관이 아니라, 모든 화폐의 교환 가능성과 가치 일관성을 지켜주는 수호자이다. 그리고 이 신뢰는 금융기관의 신용 시스템 전반에 대한 감시와 감독이라는 권한의 기초가 된다.

그림자금융, 스테이블코인, 그리고 통제의 한계

금융은 끊임없이 진화한다. 중앙은행이 전통적으로 감시하고 통제해 온 은행시스템 밖에서, 또 다른 형태의 돈들이 만들어지고 유통되기 시작했다. 2부 4장에서 설명한 이른바 그림자금융 (shadow banking)의 확산이다.

대표적인 예는 머니마켓펀드(MMF), 환매조건부채권(Repo), 선불지급결제금, 스테이블코인 등이다. 이들은 사실상 현금과 유사한 기능을 하며, 단기자금시장에서 유동성을 흡수하거나 공급하는 역할을 한다. 그러나 이들은 중앙은행의 직접적인 감독을 받지 않는 경우가 많고, 위기 시에는 신뢰 붕괴의 진원지가 되기 쉽다.

2008년 9월 리먼 브라더스 파산 직후, 세계 3위 규모의 MMF였던 리저브 프라이머리 펀드의 주당 순자산가치가 1달러 아래로 떨어졌다. 이른바 페그 붕괴가 촉발되자 기관 자금을 중심으로 프라임 MMF에서 대규모 환매가 발생했고, 자금은 국채 중심의 정부형 MMF로 급격히 이동했다. 비은행권의 신뢰 충격이 머니마켓펀드 영역에서 '펀드런'의 형태로 표면화된 것이다.

MMF 환매 압력은 곧 상업어음과 ABCP 시장의 유동성 경색으로 번지며 만기 롤오버가 막혔고, 금융기관과 기업의 단기자금 조달이 동시에 흔들리기 시작했다. 단기자금시장의 마비는 결제와 현금흐름의 불안을 통해 전 금융시스템으로 전염되었다. 리먼 파산에서 MMF 페그 붕괴, 그리고 단기자금시장의 마비로 이어진 이 연쇄는 비은행 부문의 신뢰 붕괴가 얼마나 빠르게 시스템 위기로 확산될 수 있는지를 보여준 대표적 사례이다.

최근에는 스테이블코인이 새로운 이슈로 부상하고 있다. 블록체인 기술을 기반으로 발행된 디지털 자산은, 기존 법정통화에 연동되어 가치를 유지한다고 주장한다. 그러나 발행 주체가 실제로 충분한 담보를 가지고 있는지, 시장의 환매 수요를 감당할 수 있는 지 여부는 제도와 운영의 문제이다. 이러한 구조는 신뢰 기반이라 는 점에서는 은행예금과 유사하지만, 중앙은행의 지급준비제도나 예금보험과 같은 안전 장치가 부재하다는 점에서 훨씬 위험하다.

이처럼 '돈 비슷한 것'이 늘어나는 시대일수록, '진짜 돈'이 무 엇인지 구분하고, 그 경계를 명확히 설정하는 중앙은행의 기능은 더욱 중요해진다.

제도적 기반으로서 금융안정 책무

금융시장의 복잡성이 커질수록, 중앙은행의 금융안정 기능은 보다 체계적이고 제도화된 형태로 확장되어야 했다. 과거에는 통 화정책과 금융안정이 별개의 영역으로 구분되기도 했지만, 오늘 날에는 두 영역의 경계가 허물어지고, 상호작용을 고려한 정책 운 용이 요구된다.

국제결제은행(BIS)은 거시 건전성 정책과 통화정책의 조화를 강조하며, 중앙은행이 이 두 기능을 함께 책임져야 한다는 원칙을 제시했다. 실제로 많은 국가의 중앙은행법에는 물가안정뿐 아니 라 금융안정이 명시되어 있다.

한국은행도 2011년 한국은행법 개정을 통해 금융안정 책무를 명문화했고, 이후 금융위원회, 금융감독원 등과의 협력체계를 구 축해 나가고 있다. 다만 금융감독 기능의 분산, 부처 간 권한 조정

문제 등 여전히 제도적 과제는 남아있다.

중앙은행의 독립성, 신뢰의 기반

앞에서 살펴본 것처럼, 중앙은행은 돈에 대한 신뢰를 유지하는, 국가경제의 제도적 중심축이다. 그러나 중앙은행이 그 역할을 제대로 수행하기 위해서는 한 가지 전제가 반드시 필요하다. 그것은 바로 독립성이다.

중앙은행의 독립성 강화 추세

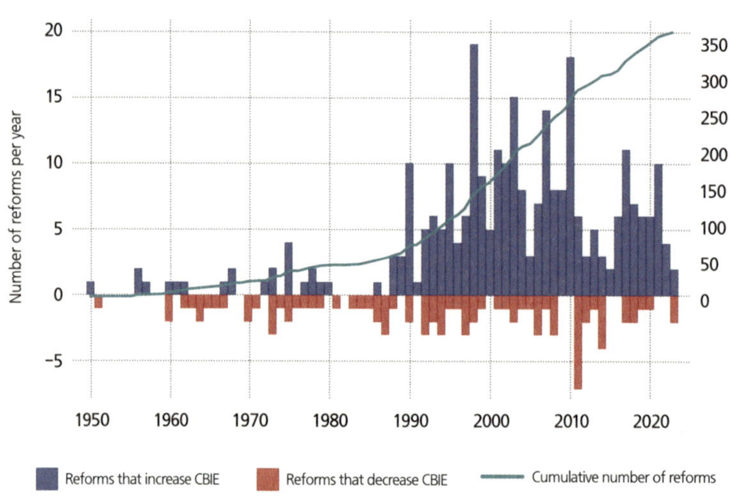

Source: Romelli, D. (2024), Recent trends in central bank independence, VoxEU, CEPR.

중앙은행은 정부의 부속기관도 아니고, 금융시장 참가자의 이익 대변자도 아니다. 화폐가치와 금융시스템의 안정을 중립적으로 지켜야 할 존재다. 그렇기 때문에 중앙은행은 누구의 눈치도 보지 않고, 누구의 지시도 받지 않는 독립성을 가져야 한다. 그리고 당연히 중앙은행 자신이 그런 자세와 능력을 갖추어야 한다.

중앙은행의 독립성은 오랜 시간과 시행착오를 거쳐 역사 속에서 만들어졌다. 중앙은행은 출발부터 정치의 도구로 활용되었고, 그로 인해 엄청난 경제적 혼란을 초래한 경험이 세계 곳곳에서 반복되었다. 20세기 중·후반, 중앙은행은 겨우 그 굴레에서 벗어나기 시작했다. 정치와 정부로부터 독립성을 제도적으로 보장받으며 정책의 신뢰를 확보해 나갔다. 이처럼 중앙은행의 독립성은 처음부터 설계되어 주어진 것이 아니다. 많은 시행착오를 거치는 가운데 확립된 집단적 학습의 결과이다.

이 교훈이 가장 극적으로 드러난 사례는 하이퍼인플레이션이다. 국가가 재정적자를 통화 발행으로 메우는 순간, 중앙은행은 화폐가치의 수호자가 아니라 정부 국고의 화폐 인쇄기가 된다. 이러한 중앙은행의 일탈은 언제나 비극적 결말을 낳았다. 2000년대 짐바브웨에서는 정부가 재정난을 해결하기 위해 돈을 무제한으로 찍어내면서, 하루가 다르게 화폐의 실질 가치가 증발했다. 100조 짐바브웨 달러 지폐가 발행되었지만, 그것으로는 빵 한 덩이도 사기 어려웠다. 사람들은 미국 달러나 주변국 통화를 들고 장에 나갔고, 국경 너머에서는 밀무역이 성행했다. 화폐는 존재했지만, 신뢰는 완전히 사라졌다.

이 사례는 중앙은행이 독립성을 상실했을 때 어떤 일이 벌어지는지를 분명하게 보여준다. 정치권력은 금리인하와 통화 발행의 확대를 통한 경기확장의 유혹에 쉽게 빠진다. 특히 선거를 앞둔 시기에는 더 그렇다. 중앙은행이 그 순간을 견디지 못하면, 돈의 신뢰는 흔들린다.

이와 달리, 중앙은행이 독립성을 지켜내어 사회적 신뢰를 회복한 대표적 사례는 미국의 연준(Federal Reserve)이었다. 1970년대 후반, 미국은 높은 인플레이션과 낮은 성장률, 즉 스태그플레이션이라는 심각한 경제 상황에 직면해 있었다. 당시 연준 의장이었던 폴 볼커는 이 문제의 근본 원인을 통화팽창에서 찾았다.

그는 과감한 통화긴축을 단행했다. 그 영향으로 금리는 20%에 육박했고, 미국 경제는 짧지 않은 침체를 겪었다. 당연히 정치권의 비난도 쏟아졌다. 백악관은 선거를 앞두고 금리를 낮추라는 압박을 넣었고, 농민들은 트랙터를 몰고 와 의사당 앞에서 시위를 벌였으며, 건설업계는 연준에 항의의 표시로 대형 각목을 보냈다. 그러나 볼커는 굴하지 않았다.

그는 단기적인 경기회복보다, 장기적인 통화 신뢰를 선택했다. 그리고 그의 선택은 옳았다. 미국 경제는 고질적 인플레이션을 극복했고, 연준은 통화의 신뢰를 지켜낸 기관으로 자리매김했다. 이 사건은 중앙은행 독립성의 가치가 단순한 형식적 원칙이 아니라, 사회 전체의 신뢰 자본을 지켜내는 실질적 기반이라는 것을 입증

했다.

　유럽에서도 창설 이후 금융시장의 충분한 신뢰를 받지 못하던 중앙은행의 위상이 유럽 재정위기를 계기로 크게 달라졌다. 2012년 유럽 재정위기 당시, 금융시장은 크게 동요했으며 유로존(Eurozone)의 존속 자체를 의심하기 시작했다. 그 위기의 한가운데서 유럽중앙은행(ECB)의 총재 마리오 드라기는 역사적인 한마디를 남겼다. "우리는 유로(Euro)를 지키기 위해 필요한 모든 조치를 할 것이다(whatever it takes)" 이 발언은 시장을 단숨에 진정시켰다. ECB가 실제로 어떤 조치를 취하기도 전에 유로존 국채시장의 금리는 빠르게 안정되었다. 이는 물가안정에 초점을 둔 중앙은행으로 인식되던 ECB가, 위기 국면에서 통화동맹의 최종 보증인으로 기능할 수 있음을 금융시장이 인정한 결과였다.

　이처럼 주요국 중앙은행들은 독립성과 신뢰를 바탕으로 경제 위기를 극복해 왔다. 하지만 현실적으로 중앙은행의 독립성은 그렇게 단순한 문제가 아니다. 통화정책은 재정정책과 함께 작동해야 하며 그 둘은 궁극적으로 조화를 이루어야 한다. 중앙은행은 정부와 협력하되, 정치와는 거리를 두는 균형을 요구받는다.

　이는 결코 쉬운 일이 아니다. 어떤 상황에서는 중앙은행이 정부와 협력하여 시장에 적극 개입해야 할 때가 있다. 그리고 그 과정에서 독립성이 훼손될 위험도 존재한다. 예를 들어 팬데믹 시기 각국 정부가 대규모 재정지출을 단행하고 중앙은행이 이를 뒷받침하기 위해 국채를 대거 매입했는데, 이는 재정의 화폐화 논란을 불러일으켰다.

중앙은행의 독립성은 특히 위기상황에서 시험대에 오른다. 신속하고 대담한 개입은 필요하지만, 그 개입이 오래 지속되면 시장은 중앙은행을 사실상 정부 재정의 연장선으로 보기 시작한다. 이런 인식이 누적되면 물가안정 책무에 대한 신뢰가 약화되고, 나아가 재정 우위의 기대가 통화정책의 전반을 압도하는 악순환이 생긴다.

중앙은행의 지원은 조건부·한시적으로 설계되어야 하며, 자격·담보·가격·만기 등을 제한해 시장 기능의 복원에 초점을 맞추어야 한다. 중앙은행의 역할은 결제와 신용의 붕괴를 막아 질서 있는 조정이 가능하게 만드는 것이다. 균형의 회복은 경제와 금융시장의 자체 조정에서 나와야 한다. 그 선을 지킴으로써 중앙은행은 돈의 수호자로서 신뢰를 얻을 수 있다.

디지털 시대의 공공 화폐, CBDC와 미래의 결제 질서

우리는 지금 또 한번 돈의 질서가 흔들리는 전환점에 서있다. 이번에는 금이나 종이 대신, 디지털 기술과 네트워크가 그 중심에 있다. 블록체인과 암호자산, 스테이블코인, 그리고 빅테크가 구축한 결제 플랫폼은 더 이상 중앙은행을 거치지 않고도 화폐의 기능을 수행하고 있다. 이러한 변화는 단순한 금융혁신이나 기술의 진보로 설명되기 어렵다. 그것은 '누가 돈의 신뢰를 보증하는가'라는, 화폐의 근본적 질문으로 돌아가게 만든다.

스테이블코인은 대표적인 예다. 발행자는 중앙은행이 발행한 현금이나 달러화에 연동된 자산을 담보로 가치를 유지한다고 주장하지만, 실제로는 공적 결제망 밖에서 작동하는 사적 화폐 체계다. 일상 거래에서 그 사용이 늘어날수록, 돈의 신뢰는 공공의 영역에서 민간의 영역으로 옮겨간다. 이런 변화가 누적되면 중앙은행이 관리하는 통화 질서의 핵심(통화의 단일성)이 흔들리게 된다.

현대 경제가 안정적으로 작동하기 위해서는, 어떤 형태의 돈을 사용하든 결국 하나의 기준 가치로 결제되고 정산된다는 확신이 필요하다. 이것이 통화의 단일성이다. 은행예금, 전자화폐, 기업 포인트, 암호자산이 공존하더라도, 이들이 모두 중앙은행 화폐를 기준으로 환산되고 결제될 수 있을 때만 경제 전체가 한 몸처럼 움직인다. 그러나 이러한 질서가 약해지면, 시장은 서로 다른 신용 체계와 환율로 갈라지고, 거래의 투명성과 통화정책의 유효성은 급속히 약화된다.

중앙은행의 역할은 이 단일성을 지키는 데 있다. 그것은 단순히 돈을 찍어내는 기관으로서의 기능을 넘어, 경제 전체의 결제와 신용을 하나의 틀 안에 묶어두는 역할이다. 중앙은행이 발행한 화폐가 언제나 최종결제의 기준이 된다는 사실은 시장참가자들에게 절대적인 신뢰의 기준으로 작용한다. 그러나 지금의 변화는 바로 이 최종적인 신뢰의 고리를 시험하고 있다. 민간 디지털화폐가 거래의 표준이 되고, 그 안에서 결제가 닫혀버리는 순간, 중앙은행은 더 이상 '결제의 마지막 보증자'가 아닐 수도 있다.

이런 도전에 대응해 세계의 중앙은행들은 디지털 시대에 걸맞은 새로운 형태의 공공 화폐를 모색하고 있다. 중앙은행 디지털화폐(CBDC)의 논의가 그 중심에 있다. 표면적으로는 기술의 변화에 대한 대응처럼 보이지만, 그 내면에는 훨씬 더 깊은 목적이 있다. 그것은 돈의 신뢰를 다시 공적 질서 안에 묶어두려는 노력이다.

CBDC는 중앙은행이 직접 발행하는 디지털 형태의 법정화폐이다. 그러나 그것의 의미는 '새로운 돈'의 창출이 아니라 기존 화폐의 공공적 기능을 디지털 환경 속에서 복원하는 일에 있다. 현금이 사라지고 민간 결제망이 지배하는 시대에도, 중앙은행이 보증하는 안전한 화폐를 누구나 직접 사용할 수 있게 하는 것이다.

이러한 시도는 기술적 진보를 위한 경쟁이 아니다. 오히려 공공성과 통화 질서의 단일성을 유지하기 위한 방어적 장치에 가깝다. 디지털화폐가 범람하는 세상에서 중앙은행이 그 흐름을 억누를 수는 없지만, 최소한 그 다양한 형태의 돈이 결국 하나의 잣대로 연결되고 정산될 수 있도록 보장해야 한다. 그렇지 않으면, 시장은 여러 겹의 가치 기준으로 분화되고, 국가 단위의 통화체계는 신뢰를 잃게 된다.

CBDC는 이 점에서 중앙은행이 '디지털 시대의 최종결제자'로 남기 위한 제도적 장치이다. 사람들은 점점 더 많이 디지털화된 결제 플랫폼을 이용하겠지만, 그 모든 거래의 끝인 결제가 완결되는 자리에는 여전히 중앙은행의 장부가 있어야 한다. 이것이 바로 중앙은행이 통화정책을 수행하고 금융안정을 지킬 수 있는 기반이다.

중앙은행의 디지털 실험, CBDC의 가능성과 과제

중앙은행이 디지털 시대의 신뢰를 지키기 위해 움직이기 시작한 지 불과 몇 해 만에, 세계는 이미 실험의 단계로 들어섰다. 논의의 초점은 더 이상 '왜 필요한가'가 아니라 '어떤 형태로 구현될 것인가', 그리고 '그 실험이 화폐 질서에 어떤 변화를 가져오고 있는가'로 옮겨가고 있다. 각국의 중앙은행들은 저마다의 경제 여건과 정책목표에 따라 다른 속도로, 다른 방향의 디지털화폐 실험을 진행 중이다.

국제결제은행(BIS)의 자료에 따르면, 2025년 현재 전 세계 130여 개국이 중앙은행 디지털화폐(CBDC)에 대한 연구나 파일럿 프로젝트를 추진하고 있다. 불과 몇 년 전까지만 해도 일부 선진국이나 기술 실험이 활발한 국가들만 관심을 보였던 것과 달리, 이제 CBDC는 세계 금융당국의 공통 의제가 되었다. 바하마의 '샌드 달러(Sand Dollar)', 나이지리아의 'e-나이라(e-Naira)', 자메이카의 'JAM-DEX' 등은 이미 정식 발행 단계에 진입했으며, 유럽과 아시아 주요국은 본격적인 도입을 앞두고 있다.

이 흐름에서 가장 주목받는 사례는 중국이다. 중국 인민은행은 2020년부터 디지털 위안화(e-CNY) 시범 운영을 시작해, 대도시의 소매거래뿐 아니라 공공요금 납부와 교통 결제 등으로 범위를 넓혔다. 중국의 실험은 단순한 편의성 개선을 넘어, 통화통제력 유지와 금융 데이터 관리라는 전략적 목표를 염두에 두고 있다. 유럽중앙은행(ECB)은 유로존 전체에서 사용할 수 있는 '디지털 유로(digital euro)'를 준비하며, 유럽의 결제인프라를 미국계 카드 네트워크 의존에서 벗어나게 하려는 장기 구상을 내비치고 있다.

한국은행 역시 디지털화폐의 실용성과 정책적 효과를 점검하기 위해 단계적 실험을 진행하고 있다. 블록체인 기반의 소매형 CBDC 결제 기능을 모의 환경에서 테스트한 데 이어, 시중은행과 협력해 '예금 토큰' 형태의 결제를 실험하고 있다. 이러한 실험은 단순히 기술적 검증을 넘어, 디지털 결제인프라 속에서 중앙은행 화폐가 어떤 방식으로 자리 잡을 수 있을지를 탐색하는 과정이라 할 수 있다.

한편 미국은 여전히 신중한 태도를 유지하고 있다. 연방준비제도는 2022년 보고서에서 국민적 합의와 의회의 승인이 없는 한 소매형 CBDC를 도입하지 않겠다는 입장을 밝혔다. 또한 2025년 7월 미 하원에서는 연준의 CBDC 발행을 금지하는 'CBDC 감시국가 방지법(Anti-CBDC Surveillance State Act)'을 통과시켰다.

이러한 접근의 차이는 각국이 놓인 제도적 환경과 통화 주권의 구조가 다르기 때문이다.

CBDC 실험이 보여주는 가장 흥미로운 점은, 각 나라가 같은 목표를 향해 가는 듯하면서도 서로 다른 문제의식 위에서 움직이고 있다는 점이다. 어떤 나라는 금융 포용을, 어떤 나라는 결제 효율성을, 또 어떤 나라는 통화 주권을 강화하려 한다. 그러나 그 모두의 배경에는 공통된 질문이 있다. 디지털 시대에도 '공공의 돈'이 여전히 필요하다는 확신, 그리고 그 돈이 사회의 신뢰를 담보할 마지막 장치가 되어야 한다는 인식이다.

실험은 이미 기술적 가능성을 충분히 보여주었다. 하지만 그것이 실제 화폐로 자리 잡기 위해서는 다른 차원의 문제가 남아있다. 사람들은 과연 새로운 형태의 돈을 신뢰할 수 있을까? 중앙은행은 그 돈의 익명성과 개인의 자유를 얼마나 보장할 수 있을까? 은행 시스템과의 관계는 어떻게 재조정될 것인가? 이 질문들에 대한 답은 아직 완성되지 않았다. CBDC는 기술의 발명이라기보다, 사회적 합의와 신뢰의 재구축을 시험하는 과정이기 때문이다.

각국의 CBDC 실험은 '디지털화폐 혁명'의 현장이자, 화폐의 공공성과 민간의 혁신이 만나는 교차점이라 할 수 있다. 이 실험의 방향에 따라 앞으로의 화폐 질서가 달라질 것이다. 중앙은행이 디지털 시대의 신뢰를 끝까지 지켜낼 것인지, 아니면 새로운 주체들이 화폐의 미래를 재편할 것인지는 아직 결정되지 않았다. 다만 분명한 것은 이 변화의 흐름이 이미 시작되었고, 돈의 미래를 둘러싼 경쟁이 중앙은행의 영역을 넘어 디지털 공간 전체로 확산되고 있다는 사실이다.

세계 CBDC 개발 현황

국가·지역	CBDC	단계	주요 내용 요약
중국	디지털 위안 (e-CNY)	출시 단계	2024년 6월 거래액 7조 위안 (약 9,860억 USD) 돌파
인도	디지털 루피	파일럿/ 확장 중	2025년 3월 유통액 101억 루피 도달
나이지리아	e-Naira	출시 단계	2021년 출시 후 사용률 저조
바하마	Sand Dollar	출시 (이용 저조)	세계 최초 상용 CBDC (2020년)
자메이카	JAM-DEX	출시 (이용 저조)	2022년 7월
브라질	Drex	개발 중/예정	2024년 출시 목표 지연, 단계적 파일럿 진행
동카리브해 지역	DCash → DCash 2.0 예정	운영 중단 후 재설계	2021년 출시 후 중단, 2026년 DCash 2.0 예정
러시아	Digital Ruble	파일럿 (실거래 테스트)	2023년 법적 인정받고 테스트 진행 중
UAE	Digital Dirham	파일럿 및 발행·실험	2023년 전략 발표, 2024년 송금 실험
스웨덴	e-krona	기술 파일럿 종료 (정책·설계 검토 지속)	2023년 기술 실험 종료
싱가포르· 프랑스-스위스	Project Helvetia (도매 CBDC 테스트)	도매 CBDC· 토큰자산 결제 실험	2024년까지 합작 실험 진행
인도네시아	디지털 루피아 (Garuda 프로젝트)	설계·법/정책 기반 정비	2022년 백서 및 법적 기반 마련
미국	Project Hamilton, Agorá 등	연구· 프로토타입	소매는 중단됐고 도매 연구 지속
한국	프로젝트 한강 (deposit token + 기관용 CBDC)	실거래 파일럿 (진행)	2025년 4-6월 10만 명 대상 테스트

4장

디지털화폐

오늘날 우리가 사용하는 돈은 더 이상 지폐나 동전처럼 눈에 보이는 현금에만 국한되지 않는다. 온라인 뱅킹을 이용한 계좌이체, 신용카드로 이루어지는 단말기 결제, 스마트폰을 이용한 각종 페이(pay)와 포인트 결제는 실물 화폐를 이용하지 않고 은행 컴퓨터시스템에 기록된 예금 잔액 숫자의 변경으로 이루어진다. 이미 우리의 화폐는 디지털화된 지 오래이다.

그런데 여기에 한 걸음 더 나아간 실험이 2009년 비트코인의 등장으로 시작되었다. 중앙은행도, 정부도 아닌, 알고리즘과 네트워크를 기반으로 등장한 이 새로운 형태의 디지털 자산은 돈에 대한 개념 자체를 다시 생각하게 만들었다. 비트코인은 분산된 장부

시스템을 통해 신뢰를 확보하려 했고, 뒤이어 등장한 이더리움은 스마트계약이라는 자동화된 거래 메커니즘을 도입해 한층 더 복잡하고 유연한 금융거래를 가능케 했다.

하지만 이러한 암호자산들은 태생적으로 가격의 급격한 변동성과 불확실성을 안고 있었고, 이로 인해 실생활에서의 사용에는 한계를 드러냈다. 그 한계를 넘어서기 위한 해법이자 진화의 결과물로 스테이블코인이라는 새로운 형태의 디지털화폐가 등장하게 된다. 기존 법정통화의 가치를 기반으로 안정성을 확보한 스테이블코인은 이제 단순한 암호자산을 넘어 실제로 사용 가능한 디지털 돈, 나아가 글로벌 결제인프라의 일부로 자리 잡으려 하고 있다.

결국 우리는 다시 '돈이란 무엇인가'라는 근본적인 질문으로 돌아오게 된다. 돈은 단지 계산의 도구가 아니라, 사회적 신뢰의 표현이자 약속의 매개이다. 그리고 지금 우리는 그 신뢰를 국가나 은행이 아닌 코드와 네트워크, 플랫폼과 알고리즘 위에 다시 세우는 실험의 한복판에 서있다.

이 장에서는 바로 그 실험의 중심에 있는 스테이블코인을 통해, 새로운 시대의 화폐가 어떤 모습으로 자리 잡아가고 있는지, 그리고 그것이 우리가 살아가는 경제생활과 사회에 어떤 변화를 가져올 수 있을지 짚어보고자 한다.

비트코인에서 시작된 실험, 새 형태의 디지털 자산

| 비트코인 혁명 |

2008년 10월 할로윈 데이(Halloween Day), 글로벌 금융위기의 충격이 가시지 않은 가운데, 한 편의 논문이 인터넷 암호학 커뮤니티에 조용히 올라왔다. 사토시 나카모토라는 이름으로 발표한 이 문서는 정부나 금융기관 없이 개인 간(P2P) 주고받을 수 있는 전자화폐를 제안하고 있었다. 이 논문이 바로 비트코인(Bitcoin) 백서다. 당시에는 많은 이들이 이를 하나의 실험적 논문 정도로 여겼지만, 이 아이디어는 곧 디지털화폐와 금융의 역사를 바꾸는 서막이 되었다.

비트코인의 핵심은 '중앙 기관 없이도 신뢰할 수 있는 화폐 시스템'이다. 기존의 금융시스템은 은행이 화폐를 발행하여 거래를 중개하고 그 소유의 변동을 관리한다. 반면, 비트코인은 블록체인(blockchain)이라는 기술을 통해 네트워크 참여자 모두가 거래 내역을 함께 기록하고 검증한다. 누군가가 정보를 위조하거나 조작하려면 수많은 참여자의 장부를 동시에 바꿔야 하므로, 변조가 불가능하고 이에 따라 신뢰가 형성되는 구조이다.

이러한 구조는 기술적으로는 매우 창의적인 접근이었고, 사회적으로는 '화폐란 반드시 국가가 보증해야만 하는가?'라는 근본적인 질문을 던졌다. 이 실험적 화폐는 이후 디지털 금, 디지털 자산이라는 이름으로 불리며 전 세계적으로 수많은 유사 프로젝트와 새로운 암호자산들의 등장을 촉진했다.

하지만 비트코인이 곧바로 받아들여진 것은 아니다. 여러 기술적·경제적 한계에 부딪힌 것이다. 대표적인 것이 낮은 거래 처리 속도이다. 비트코인은 초당 약 7건 정도의 거래밖에 처리하지 못하는데, 이는 기존 카드 결제시스템(수만 건 수준)과 비교하면 턱없이 느린 수준이다. 사용자 수가 급증하면 거래가 밀려 처리시간이 길어지고, 수수료도 폭등한다. 한때는 커피 한 잔을 사는 데도 수십 달러의 수수료를 내야 했다는 이야기가 회자되기도 했다.

또한 비트코인은 작업증명(PoW)[46] 방식으로 거래를 검증하고 보상을 지급하는데, 이 방식은 막대한 컴퓨팅 자원과 전력을 필요로 한다. 비트코인 채굴에 드는 전력 소비는 중소국가 단위의 전력 사용량에 필적하기도 했고, 이에 따른 환경파괴 문제로도 논란이 되었다.

무엇보다 큰 문제는 가격변동성이다. 비트코인의 가격은 수년 동안 극단적인 오르내림을 반복해 왔다. 수천 퍼센트 급등했다가 정점을 찍은 뒤 1년 만에 시장 전체에서 수조 달러 규모의 가치가 증발한 적도 있었다. 이는 암호자산이 안정적인 교환수단이나 가치저장 수단으로 기능하기 어렵다는 점을 보여준다. 이러한 이유로 비트코인은 애초에 내세운 디지털 현금이 아닌, 디지털 금 또는 투기성 투자자산으로 인식되고 있다.

그럼에도 불구하고, 비트코인의 등장은 전 세계적으로 새로운

---

46) 작업증명(PoW, Proof of Work)은 비트코인 네트워크에서 새로운 거래 블록을 생성하고 블록체인에 추가하기 위해 참여자가 수행해야 하는 계산 작업을 의미한다. 높은 수준의 컴퓨터 연산이 요구되며, 이를 통해 네트워크는 무작위 공격이나 이중 지급(double spending)을 방지한다. 이 과정을 '채굴(mining)'이라고 부른다.

질문을 던졌다. 국가가 아닌 네트워크가 신뢰의 기반이 될 수 있는가? 화폐 발행을 중앙 권력이 아닌 알고리즘에 맡기면 어떤 변화가 생길까? 이러한 질문들은 이후 등장한 수많은 암호자산, 블록체인 프로젝트, 탈중앙화 생태계의 토대가 되었다.

이더리움과 스마트 계약

2015년 출시된 이더리움(Ethereum)은 단순한 화폐 기능을 넘어, 블록체인 위에서 프로그램을 실행할 수 있도록 설계되었다. 이는 비트코인보다 훨씬 더 확장된 아이디어였고, 디지털화폐가 단순히 교환수단을 넘어 어떤 계약, 서비스, 금융 상품의 실행 도구가 될 수 있는 가능성을 열었다.

이더리움의 핵심은 스마트계약(smart contract)이라는 기능이다. 이는 사전에 설정한 조건이 충족되면 자동으로 실행되는 프로그램 코드로, 블록체인 위에 올라가면 누구도 바꾸거나 멈출 수 없다. 예컨대 'A가 B에게 일정 금액을 송금하면, C가 D에게 물건을 발송한다'와 같은 약속을 제3자의 중개나 개입 없이 자동으로 이행하는 것이다.

이런 자동화 구조를 통해 이더리움은 단순한 디지털화폐를 넘어 하나의 플랫폼으로 발전했다. 단순 송금뿐 아니라, 블록체인 위에서 금융거래, 계약체결, SNS, 게임, 보험, 크라우드펀딩 등 다양한 서비스를 구현하려는 실험이 이어졌다. 이와 함께 탈중앙화된 인터넷 서비스와 금융시스템, 즉 'Web3'와 'DeFi(탈중앙화 금융)'라는 새로운 패러다임이 등장했다.

예를 들어 전통 금융에서는 계약서 작성, 공증, 제3자의 신원 인증을 거쳐야 가능한 거래를, 이더리움에서는 코드 몇 줄로 자동화할 수 있다. 마치 블록을 쌓아 구조물을 만드는 레고처럼 개발자들은 이더리움 플랫폼 위에 자신만의 토큰이나 애플리케이션을 쉽게 만들 수 있게 되었다. 이러한 개방성과 유연성 덕분에, 이더리움 생태계에는 수많은 토큰(token)이 등장하게 된다.

토큰이란 특정 프로젝트나 서비스에서 사용되는 디지털 자산이다. 어떤 토큰은 그 프로젝트의 지분이나 거버넌스 참여권을 의미하기도 하고, 어떤 토큰은 게임 내 아이템이나 보상 포인트 역할을 하기도 한다. 즉, 토큰은 이더리움 플랫폼 위에 만들어진 디지털경제의 기본 단위라 할 수 있다. 이들은 이더리움의 '스마트 계약'을 통해 생성되고 관리되며, 수많은 프로젝트들이 이런 토큰을 통해 자금을 조달하고 생태계를 운영하고 있다.

하지만 이더리움 역시 현실 적용 과정에서 여러 도전에 직면했다. 대표적인 것이 '확장성 문제'다. 앞서 비트코인의 거래 속도가 느리다고 했지만, 이더리움도 마찬가지로 초당 15건 안팎의 거래밖에 처리하지 못한다. 이용자가 몰릴 경우 거래가 지연되고, 수수료[47]가 급격히 상승한다. 실제로 2021년 NFT 열풍과 DeFi 붐이

---

47) 이더리움 네트워크는 사용자가 실행하려는 작업의 복잡성에 따라 계산 비용을 산정하고, 이를 가스(gas)라는 단위로 나타낸다. 사용자는 더 빠른 거래 처리를 위해 더 높은 가스비를 부담할 수 있으며, 네트워크가 혼잡할 경우 가스비가 크게 상승할 수 있다.

돈의 변신

한창일 때는, 간단한 송금 한 번에 수수료가 100달러를 넘는 경우도 있었다. 이는 일상적 소액 거래나 서비스 운영을 어렵게 만드는 요인이었다.

이 문제를 해결하기 위해 이더리움은 2022년 '더 머지(The Merge)'라는 대형 업그레이드를 통해 작업 증명(PoW) 방식에서 지분 증명(PoS)[48] 방식으로 전환했다. 이를 통해 전력 소비를 줄이고, 거래처리 속도와 확장성을 높이기 위한 기반을 마련했다. 동시에 이더리움 커뮤니티에서는 초당 수천 건의 거래를 처리할 수 있는 기술도 개발되고 있다.

또 다른 문제는 코드의 완전성에 대한 신뢰이다. 스마트 계약은 자동으로 실행되지만, 인간이 만든 코드에는 버그나 허점이 있을 수 있다. 대표적인 사건이 2016년의 DAO 해킹[49]이다. 당시 스마트계약 코드의 결함을 노린 해커가 약 6천만 달러 상당의 이더(ETH)를 탈취했고, 이 사건은 이더리움 커뮤니티에 큰 충격을 주었다. 결국 이를 복구하기 위해 이더리움은 기존 체인에서 갈라져 두 개의 다른 체인(이더리움과 이더리움 클래식)으로 분리되기까지 했다.

---

48) 지분 증명(PoS, Proof of Stake)은 블록체인 네트워크에서 블록 생성 권한을 채굴 능력이 아닌 참여자의 자산 보유량에 따라 배분하는 합의 메커니즘이다. PoS 체계에서 사용자는 일정량의 암호자산을 예치하고 검증자로 참여하며, 네트워크는 무작위성과 지분량을 조합해 누가 다음 블록을 생성할지 결정한다.

49) DAO 해킹 사건은 2016년 이더리움 블록체인에서 발생한 최초의 대규모 보안 사고로, 'The DAO'라는 탈중앙화 투자 기금 프로젝트의 스마트 계약 코드 취약점을 악용해 공격자가 약 360만 ETH를 탈취한 사건이다. 이 사건은 법적 소유권이 아닌 코드 실행만으로 자산 이동이 가능했던 스마트 계약의 근본 위험을 보여주었다.

이 사례는 "코드가 곧 법이다"라는 슬로건이 현실에서는 얼마나 위험할 수 있는지를 보여준다. 법이나 제도가 아닌 코드로 약속을 실행한다는 것은, 동시에 코드의 실수가 곧 돌이킬 수 없는 결과로 이어질 수 있다는 의미이기도 하다.

그럼에도 불구하고 이더리움 생태계는 계속해서 진화하고 있다. 2020년대 이후 DeFi(탈중앙화 금융), NFT(대체불가능토큰), DAO(탈중앙화 자율조직) 등의 확산은 모두 이더리움 기반의 스마트 계약 덕분에 가능했다. 스테이블코인 또한 이더리움의 스마트 계약을 통해 자동 발행·관리 되며, 기존 금융시스템과 경쟁하거나 연결되는 형태로 발전하고 있다.

요컨대 이더리움은 화폐의 진화라는 맥락에서, 디지털 자산이 단순한 저장 수단이나 교환수단을 넘어서 조건에 따라 자동으로 움직이는 유연하고 지능적인 화폐가 될 수 있다는 가능성을 제시했다. 앞으로 스마트 계약의 안정성과 확장성이 얼마나 개선되는가에 따라 이더리움의 실험은 더욱 현실에 가까워질 수 있다.

가격을 고정한 디지털 자산, 스테이블코인의 부상

비트코인과 이더리움이 대중적 관심을 끌며 시장을 키워갔지만, 동시에 커다란 문제로 떠오른 것이 있다. 바로 극심한 가격변동성이다. 하루에도 몇십 퍼센트씩 가격이 출렁이는 자산은 안정적인 결제수단이나 가치저장 수단으로는 적합하지 않다. 커피를 사는 데 썼던 코인이, 다음 날에는 두 배가 되거나 반 토막이 나있을 수 있다면, 과연 그걸 돈이라 부를 수 있을까?

이 문제를 해결하려는 시도를 통해 탄생한 것이 바로 스테이블코인(stablecoin)이다. 이름 그대로, 가격이 안정적인 암호자산이다. 스테이블코인은 일반적으로 달러와 같은 기존 법정화폐의 가치를 1:1로 연동(peg)시켜 설계된다. 즉, 1코인이 항상 1달러의 가치를 유지하도록 만든 디지털 토큰이다. 이들은 디지털 환경에서 화폐처럼 작동하면서도, 전통 자산의 안정성을 일정 부분 계승하려는 시도라 할 수 있다.

대표적인 스테이블코인으로는 테더(USDT), USD코인(USDC), 다이(DAI) 등이 있다. 이들은 각각 다른 방식으로 구현되지만, 공통된 목적은 '가격 안정'을 통해 암호자산 시장에서 신뢰받는 거래 수단이 되는 것이다. 실제로 스테이블코인은 암호화폐거래소에서 비트코인, 이더리움 등 암호자산을 사고파는 '디지털 달러' 역할을 해왔다.

스테이블코인의 설계 방식은 크게 세 가지로 나뉘는데, 각 방식은 가격을 안정시키는 방법과 리스크 관리 방법이 다르다.

• 법정화폐 담보 스테이블코인

이 방식은 실제 달러(또는 이에 준하는 자산)를 은행 계좌 등에 예치하고, 그 예치금만큼 스테이블코인을 발행하는 구조이다. 예를 들어 사용자가 1달러를 입금하면 발행사는 1개의 스테이블코인을 발행하고, 사용자가 다시 해당 코인을 반환하면 1달러를 돌려준다. 이때 예치된 자금은 국채, 현금, 기업어음 등 다양한 자산으로 운용될 수 있다.

가장 유명한 테더(USDT)는 한때 전 세계 암호화폐 거래의 60% 이상을 차지하며 시장을 지배했다. 다만 테더는 준비금의 투명성 부족 문제로 비판을 받았고, 이후 미국 당국과의 합의로 준비자산의 세부 내역을 일부 공개하기 시작했다.

• **암호자산 담보 스테이블코인**

이 방식은 달러 대신 이더리움 같은 암호자산을 담보로 삼는다. 예를 들어 1개의 스테이블코인을 만들기 위해 1.5~2배의 암호자산을 스마트 계약에 묶어두는 식이다. 가장 대표적인 것이 다이(DAI)로, MakerDAO라는 프로토콜에서 이더리움 등을 담보로 예치하면 다이를 생성할 수 있다.

이 방식은 법정화폐를 거치지 않고 완전히 블록체인상에서 탈중앙화된 방식으로 운영된다는 장점이 있다. 하지만 담보자산 자체가 변동성이 높기 때문에, 급격한 시장 하락이 오면 담보 가치가 무너져 디페깅(1달러 연동 실패) 사태가 발생할 수 있다.

• **알고리즘 스테이블코인**

이 방식은 담보 없이 알고리즘만으로 가격을 유지하려는 방식이다. 코인의 수량을 자동으로 조절해 수요와 공급을 맞추는 방식인데, 이론상으로는 효율적이지만 실전에서는 실패 사례가 많다. 가장 대표적인 사례가 TerraUSD(UST)였다. UST는 자매 코인인 루나(LUNA)와의 연동을 통해 1달러 가치를 유지하려 했지만, 2022년 5월 대규모 환매 사태가 발생하며 시스템이 무너졌다.

스테이블코인은 단순히 암호자산 세계의 '디지털 달러' 역할을 넘어서고 있다. 국제 송금, 국경 간 결제, 개발도상국의 인플레이션 회피 수단 등 다양한 영역에서 실제 사용 사례가 늘고 있다. 자국 통화가치가 빠르게 하락하는 국가에서는, USDT 같은 스테이블코인이 안전자산으로 활용되기도 한다.

또한 기존 금융시스템이 느리거나 복잡한 곳에서는, 스테이블코인을 이용한 송금이 훨씬 빠르고 저렴하게 이뤄질 수 있다. 몇 분 만에 수천 달러를 국경 너머로 보낼 수 있다는 점에서, 글로벌 금융 접근성을 획기적으로 개선하는 도구로도 주목받는다.

그러나 안정적 가치 유지라는 전제는 결국 누가 발행하는가에 따라 달라진다. 발행사가 준비금을 제대로 관리하지 않거나, 담보 자산의 유동성에 문제가 생기면 1달러 페그는 쉽게 무너질 수 있다. 실제로 BIS(국제결제은행)의 연구에 따르면, 일부 스테이블코인은 이론상 1달러로 유지되어야 함에도 시장에서는 그보다 낮거나 높은 가격으로 거래되는 경우가 흔하다고 지적했다. 이는 법정통화나 은행예금처럼 공공 안전망이 없는 민간 발행 화폐의 본질적 한계이기도 하다.

스테이블코인은 오늘날 암호자산 생태계에서 실질적인 화폐에 가장 가까운 위치에 있다. 하지만 동시에 화폐가 되기 위해 요구되는 기준(가치 안정성, 발행 책임성, 법적 뒷받침)을 가장 치열하게 시험받고 있는 존재이기도 하다. 그 가능성과 리스크는 맞물려있으며, 앞으로의 규제와 기술 진화에 따라 스테이블코인의 미래 역시 달라질 것이다.

스테이블코인의 핵심 이슈, 어떻게 봐야 하나

스테이블코인은 암호자산 세계에서 가장 현실적인 돈에 가까운 존재지만, 동시에 가장 많은 질문을 던지게 만드는 대상이기도 하다. 단순히 가격이 안정되어 있다는 이유만으로 그것을 화폐로 인정할 수 있을까? 사람들은 왜 이 디지털 토큰을 돈처럼 쓰기 시작했으며, 우리는 그 흐름 속에서 무엇을 주의 깊게 살펴봐야 할까?

│ 무엇을 위한 돈인가? – 디지털 생태계의 필요에서 태어난 화폐 │

스테이블코인은 스스로 존재하기보다는, 더 큰 세계 속의 일부로서 존재한다. 비트코인과 이더리움 이후 생겨난 암호자산 생태계는 거래, 대출, 투자, 보상 등 다양한 활동이 이루어지는 하나의 작은 금융시장처럼 성장했다. 그러나 이 시장에는 한 가지 치명적

　　　　　　　　　　　　돈의 변신

인 결함이 있었다. 바로 변동성이다.

비트코인은 하루에도 수십 퍼센트씩 오르내렸고, 이더리움 역시 가격이 불안정했다. 그 안에서 거래를 하거나 계약을 맺는 것은 마치 모래 위에 성을 짓는 것과 같았다. 누구도 다음 날의 가치를 예측할 수 없었기 때문이다.

이 불편함이 스테이블코인을 탄생시켰다. 사람들은 가격이 일정한 '디지털 달러'를 만들어 거래의 단위를 안정시키려 했다. 그래서 테더(USDT)나 USD코인(USDC)은 '암호자산 세계의 결제통화'가 되었다. 마치 카지노 안에서 쓰는 칩처럼, 그 생태계 안에서는 거의 모든 거래가 스테이블코인을 거쳐 이루어진다.

하지만 스테이블코인의 안정성은, 역설적으로 그 생태계의 불안정함 위에 서있다. 거래가 활발해질수록, 대출·투자·파생상품 등 위험한 구조가 빠르게 늘어나기 때문이다. 스테이블코인은 이 시장의 윤활유이지만, 동시에 과열을 부추기는 연료가 되기도 한다.

그간 암호자산 생태계의 성장은 투기와 단기자본 흐름에 크게 의존해 왔다. 가격이 오를 때는 참여자들이 몰려들고, 가격이 떨어지면 거래가 크게 위축되는 모습을 반복해 왔다. 스테이블코인은 이런 시장을 움직이게 하는 '거래의 기반'이 되기도 하지만, 그 기반이 흔들리면 가장 먼저 충격을 받는 존재이기도 하다.

이 점에서 스테이블코인은 단순한 결제수단이 아니라, 불안정한 생태계를 유지하기 위한 임시 안정장치에 가깝다. 그 생태계가 커질수록 스테이블코인의 수요는 늘어나지만, 그 안정성은 더 많은 위험에 노출된다. 블록체인 경제가 아직 제도적 안전망을 갖추지 못한 상황에서, 스테이블코인은 '신뢰의 공백'을 메우는 역할을 자처하지만, 바로 그 공백이야말로 가장 큰 위험이기도 하다.

│ 신용창조 가능성과 위험 │

법정화폐 담보형 스테이블코인은 은행처럼 신용을 창조하지 않는다. 사용자가 1달러를 입금하면 1개의 스테이블코인이 발행되고, 상환 시 다시 1달러를 돌려받는다. 발행사는 언제나 그만큼의 준비금을 보유해야 하며, 대출 같은 기능은 없다. 따라서 표면적으로는 매우 보수적이고 안전해 보인다.

그러나 이 스테이블코인이 사용되는 환경, 즉 암호자산 생태계 안으로 들어가면 얘기가 달라진다. 이곳에서 스테이블코인은 단순한 결제수단이 아니라 금융자산처럼 다뤄진다. 특히 탈중앙화 금융 서비스(DeFi)에서는 스테이블코인이 대출, 담보, 투자, 파생상품 거래에 광범위하게 사용된다. 그 결과, 단일 자산이 여러 번 반복적으로 사용되며 위험이 축적되는 구조가 만들어진다.

예를 들어, 어떤 투자자가 이더리움을 장기보유 하고 있는데 이더리움 가격이 앞으로 오를 것이라고 믿는다고 하자. 그는 자신이 보유한 이더리움을 DeFi 플랫폼에 담보로 맡기고 스테이블코인을 대출받는다. 그렇게 빌린 스테이블코인으로 그는 다시 이더리움을 매수한다. 즉, 자산을 팔지 않고도 추가로 더 많은 이더리움을 보유하게 되는 구조, 바로 레버리지 포지션이다.

여기서 끝이 아니다. 추가로 매수한 이더리움을 다시 담보로 맡기고, 또다시 스테이블코인을 빌릴 수도 있다. 이 과정을 반복하면, 이더리움 1개를 가지고도 1.5개, 2개의 가격 상승 효과를 기대할 수 있게 된다. 하지만 동시에 하락 위험 역시 배로 커진다. 담보로 맡긴 이더리움의 가격이 일정 수준 이하로 하락하면, 플랫폼은 자동 청산을 실행한다. 투자자는 자산을 잃고, 청산이 반복되면 시장 전체의 가격이 급격히 무너질 수 있다.

이 구조는 전통 금융의 신용창조와는 다르지만, 매우 유사한 결과를 만든다. 스테이블코인은 새 돈을 만들지는 않지만, 그 토큰을 중심으로 위험이 증폭되는 순환 구조가 형성된다. 특히 여러 플랫폼을 오가며 이런 방식의 대출·투자가 반복되면, 누구도 이 전체 위험의 크기를 정확히 알 수 없게 된다. 전통 금융에서는 은행·감독당국·중앙은행이 이러한 레버리지를 측정하고 통제하지만, 블록체인 기반 생태계에서는 모든 것이 자동화된 코드 위에 얹혀있기 때문에 위험의 위치와 크기가 불투명하다.

또 하나의 메커니즘은 스테이블코인의 발행 그 자체가 기존 금융시스템의 신용창조를 자극할 수 있다는 점이다. 가령 이더리움 생태계에서 제공되는 어떤 금융서비스가 확산되고, 그 거래가 스테이블코인을 필요로 한다고 생각해 보자. 스테이블코인 거래가 활발히 이루어지고 그 보유도 늘어날 것이다. 이에 따른 스테이블코인 발행 수요가 증가하면 화폐(은행예금) 수요도 증가하고, 결국 은행의 대출로 이어지게 된다.

정리하면, 스테이블코인은 '조용한 자산'처럼 보이지만 그 사용처는 매우 역동적이고 위험하다. 특히 암호자산 생태계 안에서 담보로, 대출로, 투자로 반복 사용되며 여러 겹의 신용 비슷한 구조를 만들어내는 성격상, 위기 시에는 작은 충격에도 큰 붕괴를 유발할 수 있다. 겉으로는 안전해 보여도, 그 아래에는 여전히 신용과 심리에 기대고 있는 디지털 그림자금융이 존재한다.

기존 금융과의 관계

한편 스테이블코인이 널리 사용될 경우 시중자금이 은행예금에서 스테이블코인으로 이동하여 기존 금융기관의 역할이 축소될 수 있다는 우려가 제기된다. 예를 들어 사람들이 은행예금을 인출하여 스테이블코인을 구매하면, 은행의 대출 재원이 줄어들어 신용중개 기능이 위축될 수 있다는 것이다. 실제로 미국에서는 스테이블코인의 급성장(2019년 약 200억 달러에서 2025년 초 2,300억 달러 이상 예상)에 따라 은행예금 유출과 금융중개 기능 약화 가능성을 심각하게 논의하고 있다.

그러나 실제로는 스테이블코인 구매자의 은행예금은 스테이블코인 발행사의 은행 계좌로 이체될 뿐, 자금이 은행시스템에서 없어지는 것은 아니다. 즉, 개인들이 보유한 돈이 예금에서 스테이블코인이라는 형태로 바뀌는 것이지, 전체적인 예금의 총량이 줄어드는 것은 아니다. 은행예금의 창조는 대출을 통해 이루어지고, 그 축소는 대출의 회수를 통해서만 가능하다. 실제 우려는 스테이블코인이 발행되는 과정에서 은행예금이 스테이블코인 발행사가 거래하는 일부 대형 은행으로 집중되면서 지방은행 등 소규모 은행들이 위축될 수 있다는 점에 있다.

결국 문제의 핵심은 돈의 형태가 바뀌는 것이 아니라, 은행이 제공하는 일부 금융서비스의 경쟁력 상실이다. 예를 들어 송금의 경우처럼, 분산원장 기반의 탈중앙화 금융(DeFi)이나 스테이블코인 기반 결제서비스가 기존 은행의 서비스보다 더 편리하고 비용이 저렴하다면, 고객들은 자연스럽게 새로운 서비스로 이동할 것이고, 이로 인해 은행의 시장점유율은 하락할 가능성이 크다. 이는 기존 금융기관들이 직면한 더 본질적인 도전 과제라고 할 수 있다.

| 금융시장, 통화정책 이슈 |

한편 중앙은행과의 관계도 중요한 이슈이다. 앞서 2부 1장에서 보았듯이 스테이블코인은 블록체인 네트워크를 통해 개인 간 (P2P) 거래로 결제가 완료되므로, 전통적인 중앙은행의 지급결제 시스템을 거치지 않고도 가치를 이전할 수 있다. 즉, 스테이블코인 발행사는 중앙은행의 통제 영역 밖에서 자체적인 네트워크를 통해 거래를 처리할 수 있다.

기존의 중앙은행 통화정책은 주로 은행들이 결제처리와 유동성 확보를 위해 중앙은행에 준비금을 보유해야 한다는 점에 기반을 두고 있다. 금리정책 변화는 이러한 은행의 비용과 대출·예금 조건에 영향을 미치는데, 법정화폐와 1:1로 연동된 스테이블코인

보유자에게도 간접적으로 전달될 수 있다.

그러나 스테이블코인이 매개하는 금융 생태계에서는 이러한 금리 변동의 전달 경로가 전통적인 금융시스템과 다를 수 있다. 현재까지는 DeFi 시장 등의 규모가 크지 않아 통화정책 전달의 문제가 크게 나타나고 있지 않으나, 향후 스테이블코인 사용 규모가 더욱 커질 경우 통화정책 파급 경로의 변화에 대해 보다 세밀한 분석과 대응이 필요할 것으로 보인다.

또한 스테이블코인 발행사의 준비자산 보유 이슈도 제기된다. 주요 스테이블코인 발행사들은 고객으로부터 받은 법정통화와 동등한 가치를 현금, 은행예금, 특히 국채와 같은 안전자산에 투자해야 한다. 미국 달러 기반의 스테이블코인은 상당 부분의 준비자산을 미국 국채에 투자하고 있으며, 2024년 기준으로 스테이블코인 발행사들은 단기국채의 주요 순매수자로 자리 잡을 만큼 시장 영향력이 확대되고 있다.

문제는 암호자산 시장 불안으로 인해 스테이블코인 이용자들이 대규모로 상환을 요구할 경우, 발행사가 보유한 국채 등을 급하게 매도해야 하는 상황이 발생할 수 있다는 것이다. 이는 국채 시장의 매도 압력을 높이고 단기금리를 급등시키는 등의 금융시장 불안으로 확산될 가능성을 내포하고 있다. 실제 국제결제은행(BIS)의 연구에 따르면 약 35억 달러 규모의 스테이블코인 준비자산 매각은 단기국채 금리를 0.06~0.08%p 상승시킬 수 있다고 보고되고 있다. 스테이블코인의 규모가 더욱 커질 경우 이러한 시장 충격은 더 확대될 수 있으며, 극단적인 경우 연방준비제도(연준)가 금융 시장 안정을 위해 나서야 할 수도 있다.

현재 스테이블코인은 예금보험과 기존 중앙은행의 긴급대출 등 안정장치의 보호를 받지 못한다. 따라서 중앙은행 입장에서는 스테이블코인이 시스템적으로 중요한 수준으로 성장할 경우 규제를 통해 안정성을 확보하고 필요시 긴급 개입을 고려하는 방안을 준비해야 한다.

제도권 편입을 향한 흐름, 각국의 규제와 대응

암호자산 시장이 급속히 성장하면서, 각국 정부와 규제 기관도 점차 본격적인 대응에 나서게 되었다. 초창기에는 새로운 기술에 대한 이해 부족과 투자 열풍에 대한 불신 속에서 소극적인 자세를 보였지만, 2020년대 들어서서 상황이 달라졌다.

해킹, 사기, 투기 과열, 가격 폭락과 같은 사건이 반복되면서, '더 이상 방치할 수 없다'는 인식이 전 세계적으로 확산된 것이다. 여기에 더해, 스테이블코인의 급성장과 글로벌 빅테크기업의 화폐 실험은 국가의 통화 주권을 위협할 수 있다는 우려를 자극했다.

특히, 2019년 페이스북(현 메타)이 주도한 글로벌 디지털화폐 프로젝트 리브라(Libra)는 암호화폐 업계뿐 아니라 각국 정부에도 충격을 안겼다. 리브라는 달러 등 실물 자산에 연동된 스테이블코인을 수십억 명의 사용자에게 제공하겠다는 계획이었다. 이는 곧

전 세계적인 '페이스북 돈'의 출현을 의미했다. 만약 이 프로젝트가 현실화되었다면, 사용자 수로는 미국 달러나 유로를 능가하는 새로운 화폐권이 만들어지는 셈이었다.

이 계획은 즉각 각국 정부와 중앙은행의 강력한 반발에 부딪혔다. 통화 주권이 민간 플랫폼 기업으로 넘어갈 수도 있다는 위기감이 확산되었고, G7과 국제결제은행(BIS), 미국 의회 등은 잇달아 청문회를 열고 경고 성명을 발표했다. 결국 리브라는 '디엠(Diem)'으로 이름을 바꾸며 방향을 수정했지만, 끝내 프로젝트는 무산되었다.

이 사건은 하나의 디지털화폐 프로젝트가 전통 금융 질서 전체에 어떤 파장을 줄 수 있는지를 여실히 보여준 사례였다. 그리고 이후 각국의 디지털화폐 규제와 공공화폐(CBDC) 개발을 가속화시키는 계기가 되었다.

가장 선도적인 대응은 유럽연합(EU)에서 나왔다. EU는 2023년 5월, 세계 최초로 암호자산에 대한 포괄적 규율 체계인 MiCA(Markets in Crypto-Assets) 규정을 채택했다.

MiCA는 2024~2025년부터 단계적으로 시행되었는데 다음과 같은 내용을 포함하고 있다. 암호자산 발행자(ICO 포함)에 대한 등록 및 정보공개 의무, 거래소, 수탁기관 등 서비스 제공자에 대한 인허가 요건, 스테이블코인 발행자의 자본금 요건 및 준비자산 의무, 대규모 스테이블코인에 대한 추가 발행 제한, 시장 조작, 내부자거래, 허위 정보 유포 금지 등 불공정 거래 방지 등이 그것이다.

     돈의 변신

특히 MiCA는 달러 기반 스테이블코인이 EU 내에서 발행하거나 유통하려면 규제당국의 승인을 받아야 하도록 했다. 이는 유럽 시장의 통화 주권을 보호하기 위한 의도이기도 하다.

결과적으로 MiCA는 그동안 제각각이었던 유럽 내 규제를 하나로 통일하고, 암호자산 산업을 제도권 안에서 육성할 수 있는 기반을 마련한 사례로 평가받는다.

미국은 오랫동안 명시적인 암호화폐 법률을 갖지 않은 채, 기존 금융법으로 규제해 왔다. 증권거래위원회(SEC)는 ICO(신규코인 공개)를 미등록 증권으로 간주해 제재해 왔고, 상품선물거래위원회(CFTC)는 일부 암호자산을 상품으로 보고 관할권을 주장하는 등 기관 간 혼선도 있었다.

그러나 2025년, 중요한 전환점이 생겼다. 미국 하원에서 'GENIUS 법안(Guaranteed Exchange of Nationally Issued and Utilized Stablecoins)'이 통과된 것이다. 이 법은 스테이블코인을 중심으로 암호자산 산업을 규율하려는 첫 포괄적 입법 시도였다.

GENIUS 법안은 결제용 스테이블코인을 합법적 금융 수단으로 인정하고 모든 스테이블코인은 1:1로 현금 또는 미국 국채 등 안전자산으로 뒷받침되도록 했다. 발행사는 매월 준비자산 보고서를 공개해야 하며, 은행이 아닌 기업이 발행할 경우 연방 또는 주 규제 기관의 인가를 받아야 하며, 일정 규모 이상의 발행사는 연방준비제도(Fed)의 감독을 받도록 했다. 또한 파산 시 투자자(보유자)의 환급 우선권을 보장했다.

중국은 암호자산에 대해 가장 강경한 입장을 취해온 나라이다. 이미 2017년에 ICO와 거래소 운영을 금지했고, 2021년에는 모든 암호화폐 거래와 채굴을 불법화한다고 공식 발표 했다. 이로 인해 중국 내 암호화폐 활동은 사실상 지하화되거나 해외로 빠져나갔다.

대신 중국은 자체 디지털화폐인 디지털 위안화(e-CNY) 개발에 속도를 내며, 암호화폐는 금지하되 블록체인은 국가 통제하에 활용하겠다는 전략을 취하고 있다. 다시 말해, 민간이 아닌 정부 주도의 디지털 금융 구조를 구축하려는 방향이다.

일본은 암호자산 분야에서 가장 먼저 제도화를 시도한 나라 중 하나이다. 2017년에는 세계 최초로 비트코인을 법정 결제수단으로 인정하고, 거래소에 등록제를 도입했다. 이후 해킹 사고와 가격 폭등락을 겪으며 규제를 꾸준히 보완해 왔다.

특히 2022년에는 개정된 자금결제법을 통해 스테이블코인은 은행, 신용금고, 자금이체업자 등 인가받은 기관만 발행할 수 있도록 규정했다. 이는 스테이블코인을 실질적으로 전자화폐의 일종으로 보고, 무허가 민간 발행을 차단하기 위한 조치였다. 일본은 거래소 간 정보 공유를 의무화하는 등, 국제 규제 정합성을 맞추는 데에도 적극적이다.

한국은 2017년 비트코인 열풍으로 암호자산에 대한 관심이 폭증했지만, 동시에 투자자 보호, 자금세탁, 투기 과열 등의 문제로 우려도 커졌다. 이에 따라 정부는 그해 말 ICO(신규 코인공개)를 전면 금지 했고, 2018년부터는 거래소 실명계좌제와 자금세탁방지 의무를 도입해 기본적인 규제 틀을 마련했다.

하지만 이후 수년간 입법 공백 상태가 이어졌고, 암호자산 시장은 사실상 무규제에 가까운 상황에서 커져갔다. 그러다 2023년, 국회는 「가상자산 이용자 보호법」을 통과시켰고, 이는 한국 최초의 암호자산 종합법률이 되었다. 2025년부터는 스테이블코인, 토큰 증권[50] 등 다양한 암호자산 유형에 대한 세부 규율 체계를 마련하는 것이 목표이다.

기술보다 중요한 신뢰, 디지털 시대 화폐의 조건

비트코인의 등장은 화폐에 대한 오랜 믿음과 전제를 근본적으로 흔드는 사건이었다. 오랫동안 우리는 화폐란 국가가 발행하고 중앙은행이 보증해야만 한다고 여겨왔다. 사람들이 돈을 믿는 이유는 그것을 뒷받침하는 정부가 존재하고, 법이 그 가치를 강제하기 때문이었다. 은행예금도 이러한 화폐를 기반으로 하기 때문에 돈으로 사용되었다. 그런데 비트코인은 이런 믿음을 완전히 뒤집는다. 중앙기관 없이, 오로지 수학적 알고리즘과 분산된 네트워

---

50) 토큰 증권(Security Token)은 주식, 채권, 수익증권 등 기존의 전통 금융자산을 블록체인 기반의 디지털 토큰 형태로 발행한 증권형 암호자산을 말한다. 토큰 증권을 발행하는 것을 STO(Security Token Offering, 증권형 토큰 공모)라고 하며, 이는 ICO(Initial Coin Offering)처럼 디지털 토큰을 통해 자금을 조달하지만, 금융투자상품에 해당하는 권리와 규제 대상이라는 점에서 명확히 구분된다.

크만으로 화폐를 설계하겠다는 발상은 많은 이들에게 낯설면서도 동시에 매혹적인 아이디어였다.

실제로 비트코인의 첫 번째 블록, 이른바 '제네시스 블록'에는 상징적인 문장이 담겨있다. "The Times 03/Jan/2009 Chancellor on brink of second bailout for banks" 이는 당시 영국 재무장관이 두 번째 은행 구제금융을 준비 중이라는 〈타임스〉 신문의 기사 제목으로, 기존 금융시스템에 대한 불신과 새로운 화폐 실험의 문제의식을 명확히 드러낸다. 이는 중앙정부가 위기에 처한 금융기관을 구제하는 현실에 문제를 제기한 것이며, 비트코인은 그런 현실을 바꾸기 위한 기술적 대안을 제시한 것이었다.

비트코인은 '정부를 믿지 말고 코드를 믿으라'는 철학을 내세웠다. 이 신뢰의 전환은 단순한 기술적 선택이 아니라, 사회적 실험이자 새로운 신뢰 모델을 세우려는 시도였다. 분산원장에 기록된 거래는 누구나 열람할 수 있고, 일방적으로 바꾸는 것은 거의 불가능하다. 이렇듯 누구도 통제하지 않지만, 모두가 신뢰할 수 있는 시스템이 블록체인의 핵심이었다.

이후 등장한 스테이블코인은 이 실험을 더 일상적인 현실로 끌어내는 데 집중했다. 스테이블코인은 암호화폐의 탈중앙성과 투명성을 일정 부분 유지하면서도, 동시에 전통 화폐처럼 가격 안정성이라는 중요한 조건을 구현하고자 했다. 그런데 여기에서 다시 한번 신뢰의 문제가 등장한다. 스테이블코인은 1달러와 같은 고정 가치를 유지하겠다고 약속하지만, 이 약속을 믿을 수 있으려면 발행 주체에 대한 신뢰가 선행되어야 한다. 즉, 더 이상 네트워크 자체의 보안성만으로는 충분하지 않다. 코인을 발행한 기업이 진짜 준비금을 충분히 갖고 있는가, 그 자산은 어디에 어떻게 보관되어 있는가, 위기 상황에서 투자자들의 요구에 응답할 능력이 있는가, 이런 것들이 모두 신뢰를 구성하는 요소가 된다.

이 지점에서 스테이블코인은 독특한 위치에 놓인다. 비트코인처럼 완전히 탈중앙화된 시스템은 아니면서, 전통 화폐처럼 공공의 법과 제도에 의해 보장되는 것도 아니다. 그래서 법적 규제가 명확하지 않거나 발행사가 불투명하게 운영될 경우 그 신뢰는 언제든 무너질 수 있다. 2022년의 테라USD(UST) 붕괴 사태가 이를 극명하게 보여준다. 알고리즘을 이용해 1달러 가치를 유지하겠다고 설계된 이 스테이블코인은 대규모 환매 사태를 버티지 못하고 단숨에 붕괴했다. 이 사건으로 수많은 투자자가 막대한 손실을 입었고, 스테이블코인 전체에 대한 신뢰도 크게 흔들렸다.

이후 세계 각국은 스테이블코인을 더 이상 방치해서는 안 된다는 공감대를 형성하기 시작했다. 유럽연합은 MiCA 규정을 통해 스테이블코인의 발행 조건과 자산 요건을 구체적으로 정리했고, 미국이나 한국도 은행 등 인가 기관만 스테이블코인을 발행할 수 있도록 법률을 정비 중이다. 이는 단순한 규제가 아니라, 스테이블코인이 사회적으로 받아들여지기 위한 공공의 신뢰 조건을 제도적으로 만들어가는 과정이다.

우리는 여기서 화폐라는 것이 본질적으로 신뢰를 어떻게 구성하는가에 달려있음을 다시 한번 확인하게 된다. 현금은 그 자체로 강제 통용력을 가지기에, 법이 뒷받침하는 신뢰를 갖는다. 은행예금은 금융시스템의 안정성과 예금보험 등 제도적 장치에 기반한 신뢰를 바탕으로 한다. 반면, 스테이블코인은 그 신뢰를 기술, 담보자산, 발행사의 책임, 그리고 규제 환경이라는 복합적인 요소 위에 세워야 한다.

결국 어떤 형태의 돈이든, 그것을 돈으로 받아들이게 만드는 힘은 사람들의 믿음이다. 다만 그 믿음은 기술만으로 만들어지지 않는다. 시스템의 설계, 운영의 투명성, 사회적 제도와 법적 기반이 함께 작동해야 진짜 화폐로 자리 잡을 수 있다. 스테이블코인은 지금 그 모든 요건을 시험받고 있는 중이다. 그 실험이 성공할지 아닐지는 우리가 그것을 얼마나 믿을 수 있느냐에 달려있다.

2009년 이후 암호자산 성장·발전

시기	주요 변화	양적 성장	질적 발전
2009 ~2012	비트코인 등장과 초기 채굴자·개발자 중심 생태계 형성	비트코인 시가총액 수백만 달러 수준, 거래소 소수 존재	블록체인 개념 확립, 첫 암호화폐 거래소 출현(Mt. Gox 등), 피자 거래(2010)로 실사용 사례 등장
2013 ~2015	알트코인 등장과 암호자산 다양화	비트코인 시총 50억 달러 이상, 알트코인 수십 종	라이트코인, 리플, 모네로 등 출시, 이더리움(2015)으로 스마트 계약 개념 확산
2016 ~2017	ICO(Initial Coin Offering) 붐과 시장 급팽창	2017년 말 전체 암호자산 시총 8,000억 달러 돌파	스마트 계약 활용 DApp 다수 출시, 수천 종 코인·토큰 발행, 블록체인 기술 대중화

시기	주요 변화	양적 성장	질적 발전
2018 ~2019	시장 조정기와 인프라 성숙	시총 1,000억~3,000억 달러 범위 변동	기관투자자 진입 준비 (선물·옵션 도입), 규제 논의 확산, 스테이블코인(Tether, USDC 등) 성장
2020 ~2021	DeFi·NFT 열풍과 기관투자 확대	2021년 11월 시총 약 3조 달러 최고치 기록	탈중앙금융(DeFi) TVL 수천억 달러, NFT 시장 폭발적 성장, 테슬라·페이팔 등 대기업 수용
2022 ~2023	시장 침체기와 규제 강화	FTX 사태 후 시총 8천억~1.2조 달러 범위	규제 프레임워크 정비, CBDC 논의와 경쟁, 블록체인 확장성 개선(Layer2 솔루션)
2024 ~현재	제도권 편입 가속과 실물 연계 자산 확산	시총 2조~3조 달러 수준 회복	ETF 승인(비트코인·이더리움), 실물자산토큰화(RWA) 확산, 글로벌 결제·송금 활용 증가

5장

한국 경제와 돈

한국의 현대 경제사를 돌아보면, 그 큰 흐름의 굴곡에는 언제나 돈의 변신이 있었다. 1960년대, 산업화의 깃발 아래 나라 전체가 '잘 살아 보세'를 외치던 시절, 한국의 돈은 막 시작된 경제개발의 자금줄로서 은행 대출과 외채에 기대어 흘러갔다. 부족한 투자자금을 외국의 돈으로 메우며 공장 굴뚝이 세워졌고, 그 속에서 '한강의 기적'이 만들어졌다.

그러나 성장의 속도가 빨라질수록 부채도 함께 쌓였다. 1980~90년대의 기업들은 빚으로 몸집을 키웠고, 정부는 금융을 통제하며 대기업 중심의 자금 배분을 이어갔다. 결국 1997년, 외환위기가 닥치며 그동안의 구조적 불균형이 폭발했다. IMF의 구제금융과 함께 한국의 금융산업은 대대적인 구조조정을 겪었고, 은행 돈의 창조는 기업에서 가계로 방향을 틀었다.

2000년대 들어 자본시장이 열리고, 대기업들은 은행 대신 주식과 채권을 통해 자금을 조달했다. 반면 은행의 돈은 가계의 부동산투자와 맞물려 주택담보대출을 통해 만들어졌다. 외환위기 이후 한국 경제의 돈은 이전과는 전혀 다른 경로를 따라 흐르게 되었다. 은행 주택담보대출의 증가는 주기적으로 발생하는 주택가격 불안과 연계되어 있을 뿐 아니라 가계의 소득 대비 부채를 높이면서 경제 전체에 큰 부담이 되기에 이르렀다.

1997년 외환위기는 외환 부문에서도 큰 변화를 만들어냈다. 환율이 시장에서 자유롭게 변동하기 시작하자 수출기업과 해외투자자들이 해외에서 벌어들이는 수익이 환율 변동 위험에 노출되었다. 엎친 데 덮친 격으로 2000년 IT 버블 붕괴 이후 금리가 급락했고 이에 따라 달러 가치는 폭락했다. 이러한 환율 하락에 대응하는 과정에서 은행들은 단기로 큰 규모의 외화자금을 빌려왔다. 결국 한국 경제는 또 한번의 큰 위기를 겪게 된다.

2008년 글로벌 금융위기 이후 한국의 변화 중심에는 경상수지 흑자가 있었다. 경상수지 흑자는 그 이면에 흐르는 대외 투자 자본의 증가와 함께 나타났다. 한국 경제의 고령화는 노후 자금 마련을 위한 저축을 크게 확대시켰고 이것이 해외투자로 연결된 것이다. 2010년대 후반으로 갈수록 더 많은 자금이 환전을 위해 달러화를 필요로 했고, 달러-원 환율은 글로벌 달러화 강세와 맞물리며 크게 상승하는 추세를 형성했다.

이처럼 지난 반세기 동안 한국 경제의 굵직한 장면들의 이면에는 언제나 돈의 변화가 있었다. 돈이 어떻게 만들어지고, 어디로 흘러갔는가에 따라 경제의 방향은 달라졌다. 한국 돈뿐만 아니라 외국 돈이 미치는 영향이 중요해졌다. 이제 우리는 그 흐름을 되돌아보며 묻지 않을 수 없다. 한국 경제의 돈은 그동안 무엇을 이루었고, 무엇을 놓쳤는가? 그리고 앞으로의 시대에, 돈은 어떤 방식으로 변신해야 하는가?

산업화의 자금줄, 은행 대출과 해외 차입

1960년대부터 1990년대까지의 한국 경제는 본격적인 산업화를 추진하면서 고도성장기를 경험했다. 그러나 이러한 빠른 성장을 이끌기 위한 자본은 충분하지 않았다. 이에 우리 경제는 필요한 자본을 국내 은행을 통한 대출과 해외자본 차입이라는 두 축에 의존해야 했다.

당시 한국은 개발도상국으로서 전형적인 저축 부족국가였으며, 이는 '투자>저축'이라는 구조적 불균형을 의미했다. 실제로 이 시기 국내 총투자율은 국내총생산(GDP)의 30~35% 수준에 달했지만, 국내 총저축률은 그보다 크게 낮았다. 이러한 자금 부족은 해외에서의 차입으로 메꿔졌으며 이는 외채 누적으로 이어졌다.

정부는 경제개발 5개년 계획을 통해 중화학공업, 기간산업 등에 대한 대규모 투자를 주도했으며, 이를 위해 외자도입을 적극적으로 활용했다. 당시 국제금융 질서 또한 한국의 전략에 유리하게 작용했다. 브레튼우즈체제 붕괴 이후 1970~80년대는 세계적으로 유동성이 풍부했고, 특히 1980년대 후반에는 저금리 환경이 조성되며 개발도상국에 대한 선진국의 차관 제공이 활발히 이루어졌다. 한국은 이러한 글로벌 환경을 기회로 활용하여 다양한 형태의 외화 자금(공공차관, 상업차관, 외화채권, 일본 엔화 차입)을 사용했다.

통계에 따르면, 1986~1992년 사이에만 약 300억 달러 이상의 해외자본이 유입되었고, 1962년부터 1992년까지 누적 해외자본 유입액은 약 800억 달러에 이르렀다. 이는 경제 발전의 원동력이 되었지만 동시에 외채 의존 구조를 고착화시키는 요인이기도 했다.

해외자본 유입 (단위: 백만 달러)

	1962~65	1966~72	1973~78	1979~85	1986~92	계
공공차관	62	1,130	3,431	10,105	4,688	19,417
상업차관	70	1,950	5,858	7,937	5,206	21,022
직접투자	13	227	704	1,157	5,684	7,785
은행차입	-	205	1,007	11,892	4,318	17,422
채권발행	-	-	219	3,823	10,493	14,535
계	147	3,512	11,219	34,914	30,389	80,181

출처: K. Hong, "Foreign Capital and Economic Growth in Korea: 1970-1990," Journal of Economic Development(Table 1: Foreign Capital Inflow, 1962-1992).

이 시기 국내 금융시스템은 은행 중심의 간접금융이 주류였다. 정부는 시중자금의 자율 흐름을 제한하고, 은행을 통해 자금을 특정 기업과 산업에 집중시키는 정책을 펼쳤다. 산업은행, 수출입은행 등 정책금융기관 이외에도 당시 대표적인 5대 시중은행(조흥은행, 상업은행, 제일은행, 한일은행, 서울은행)을 중심으로 대기업에 자금을 공급했다.

대출이 집중된 대기업들은 자산 대비 과도한 차입을 일으켰고, 부족한 담보는 계열사 간 상호지급보증을 통해 보완했다. 이는 곧 높은 레버리지 구조를 일반화시켰고, 위기에 매우 취약한 금융 생태계를 형성했다. 은행에서 충당되지 않는 자금은 그림자 금융을 통해 보완되었는데, 은행의 신탁계정, 단자회사, 종합금융회사(종금사) 등 비은행 금융기관이 대기업에 단기자금을 공급하는 통로가 되었다.

특히 1990년대에는 일본의 초저금리 엔화 자금이 한국 금융시장으로 유입되며, 엔 캐리 트레이드 형식의 외화 차입이 유행했다. 이는 원화 금리와 엔화 금리 간 금리차를 활용한 차입·운용 구조였으며, 단기적으로는 기업 자금 운용에 도움이 되었지만 중장기적으로는 리스크를 키우는 불안 요소로 작용했다.

한편, 자본시장은 은행 중심의 자금 공급에 밀려 구조적으로 낙후되어 있었다. 당시에는 회계 투명성이나 정보 공시 기준이 미흡했고, 투자자 보호 장치도 부족했다. 정부는 간헐적으로 주식시장을 부양하려 했지만, 이는 오히려 단기 투기 심리를 조장하거나,

1997년 투자신탁회사 부실 사태와 같이 공적자금 투입을 불러오는 위기로 귀결되었고, 주식시장은 기업 자금조달 통로로 자리 잡지 못했다.

가계 부문에서의 돈의 모습도 비교적 단순했다. 일상 거래는 현금과 은행예금이 중심이었고, 1990년대 중반까지는 신용카드가 보편화되지 않아 자기앞수표가 거래에 널리 사용되었다. 기업 간 거래에서는 상업어음이 일반적인 결제수단으로 사용되었다. 특히 기업의 자금 사정이 안 좋을 때는 긴 만기의 어음으로 지급하여 하청업체에 자금 부담을 전가하는 일이 많았다. 영화 〈국가부도의 날〉에서 묘사된 상업어음으로 물품 대금을 지급하고 결국 이 어음들이 부도가 나는 장면은 당시의 돈의 실물적 흐름과 신용 시스템을 사실적으로 보여준다.

이러한 취약한 돈의 구조 속에서 한국 경제는 겉보기에는 고성장을 이루었지만, 내면에는 만성적인 외채 의존, 자산시장 왜곡, 비효율적 자본 배분 등 잠재적 위기 요인을 축적해 나갔다.

기업금융에서 가계 금융으로, 은행 대출의 중심 이동

1997년 말 한국에 닥친 외환위기는 수십 년간 누적되어 온 금융 구조의 취약성이 폭발한 결과였다. 위기의 직접 원인은 단기외채 상환 불능이었지만, 그 이면에는 기업의 과도한 차입, 만성적인 경상수지 적자, 비효율적인 자금배분, 레버리지 과잉이 복합적으로 얽혀있었다.

외환위기를 계기로 한국 경제의 금융시스템은 대전환을 맞게 된다. 당시 정부는 국제통화기금(IMF)과의 구제금융 협약을 체결하면서 구조개혁을 본격화했고, 그중 가장 핵심적인 분야가 은행 산업의 구조조정이었다.

특히 기존 5대 시중은행 중 일부는 회생 불능 상태로 퇴출되었고, 나머지는 공적자금 투입과 인수합병을 통해 통합되었다. 이는 은행 금융의 중심축이 대기업에서 가계로 이동하는 계기가 되었다. 대기업 중심 여신을 축으로 성장해 온 은행들은 부실화로 구조조정 대상이 되었다.

외환위기 이후 주요 은행 변천 내용

과거 은행명	변천 과정 요약	현재 은행명
조흥은행	충북은행 · 강원은행 흡수 → 2003년 신한금융지주 편입 → 2006년 신한은행과 합병	신한은행
상업, 한일, 평화은행 등	상업 및 한일 은행 합병(한빛은행) → 평화은행, 경남은행 (이후 분리) 등 통합 → 우리은행	우리은행
제일은행	외환위기 후 공적자금 투입 2005년 스탠다드차타드 그룹 인수 → SC제일은행	SC제일은행
서울은행	2002년 하나은행에 합병 → 2015년 한국외환은행과 합병(KEB하나은행)	하나은행
국민은행, 주택은행	2001년 합병 → KB국민은행	KB국민은행

이러한 변화는 정부의 정책적 유도에 따른 결과이기도 하다. 외환위기 이후 정부는 민간 소비를 회복하고 내수를 진작시키기 위해 가계금융 확대 정책을 적극적으로 추진했다. 저금리 정책, 신용카드 활성화, 주택담보대출 규제 완화 등은 모두 민간의 차입 여력을 늘려 소비와 투자를 자극하려는 의도였다.

2000년대 초반에는 '소비 진작이 경기회복의 열쇠'라는 인식 아래, 신용카드 보급이 폭발적으로 확대되었다. 카드사들은 제대로 된 신용 심사 없이 길거리에서도 신용카드를 발급했고, 카드론과 현금서비스가 일상화되었다. 이로 인해 신용카드 발급 수는 2002년 말 기준 약 1억 장에 달하며, 한 사람당 평균 4장 이상을 보유하는 사회현상으로 번졌다.

그러나 이 같은 무차별적 신용공급은 오래가지 못했다. 2003년, 대규모 연체와 채무불이행이 발생하면서 카드대란으로 불리는 금융위기성 사태가 벌어졌다. 당시 신용불량자 수 급증이 큰 사회문제가 되었고 주요 카드사와 은행들은 대규모 손실을 기록했다. 정부와 금융당국은 구조조정과 부실채권 정리를 통해 위기를 가까스로 진화했지만, 이는 가계신용 중심의 성장 모델의 위험성을 여실히 보여주는 사건이었다.

카드대란 이후, 은행들은 다시 수익 기반을 재정비했고, 안정적이고 담보가 확실한 부동산 중심 가계대출로 무게중심을 옮겼다. 이른바 예대마진 모델(수신 금리보다 높은 금리로 대출하여 차익을 남기는 구조)에서, 담보가치가 안정적인 주택은 은행들에게 가장 선호되는 자산이었다.

그 결과 2000년대 이후 한국의 은행산업은 가계대출, 특히 부동산담보대출 중심으로 급속히 재편되었다. 전체 은행 대출에서 가계대출이 차지하는 비중은 1997년 30%대에서 2020년대 중반에는 60%를 상회하는 수준까지 올라갔다.

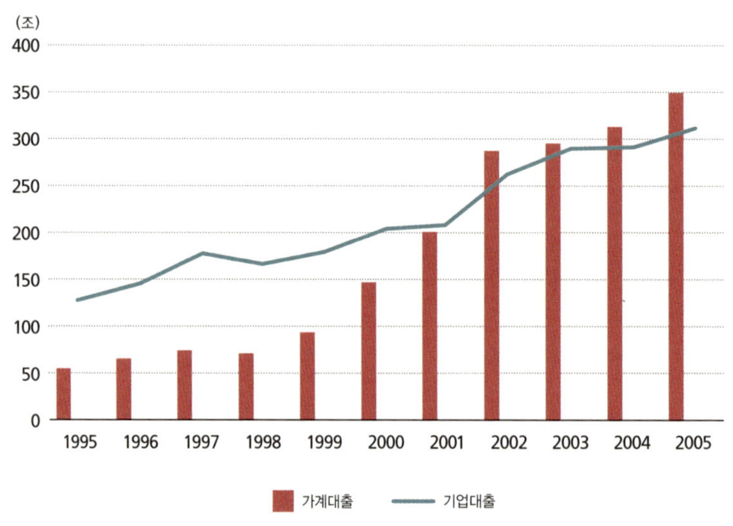

일반인의 주택 구입에 대한 인식도 바뀌었다. 기존에는 저축하여 돈을 모아 나중에 집을 사는 것이 당연했으나, 이제는 은행에서 돈을 빌려 주택을 구입하고 빚을 갚는 방식이 당연하게 여겨지게 되었다. 은행은 이제 저축하는 곳이 아니라 돈을 빌리는 곳이 되었다. 2부 3장에서 설명한 은행 대출을 통한 신용창조의 중심축이

기업 부문에서 가계 부문으로 옮겨간 것이다.

이 과정에서 가계부채는 빠르게 증가하여 거시경제의 구조적 위험 요인으로 부상하게 된다. 국제금융협회(IIF)에 따르면, 2022년 기준 한국의 GDP 대비 가계신용(가계대출+판매 신용) 비율은 105%를 넘겼으며, 2024년 말에도 약 99% 수준으로 조사 대상국 중 가장 높은 수준을 유지했다.

주요국 가계부채비율

2024년 1분기 세계 34개국 기준, 국내총생산(GDP) 대비

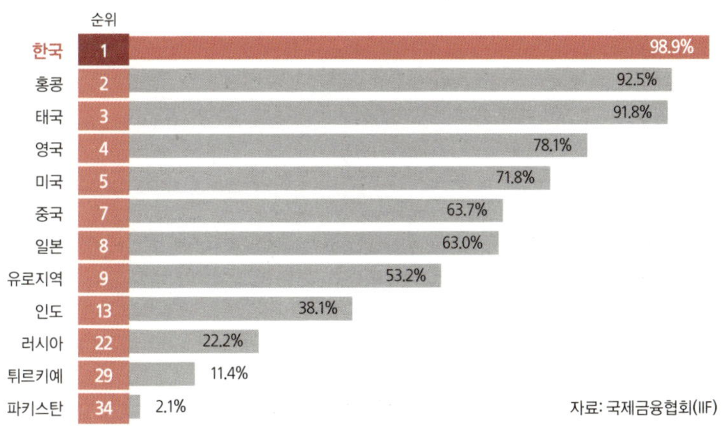

한국은행에 따르면, GDP 대비 가계부채비율은 2021년 3/4분기에 99.3%로 정점을 찍은 이후, 금리인상과 대출 규제정책의 영향으로 2025년 1분기에는 약 90% 수준까지 하락하였다. 하지만

이러한 수치는 여전히 국제적으로 높은 수준이며, 주택가격 상승과 함께 언제든 반등할 수 있다.

이처럼 가계부채의 확대는 단순한 금융현상을 넘어서 한국 경제의 구조적 문제로 이어진다. 이자비용 부담이 늘어나 민간 소비 여력이 약화되고, 금융기관이 부동산에 과도하게 노출되면서 신용위험에 취약해지며, 통화정책의 파급경로가 왜곡되어 금리 조정의 실물 효과가 제한된다. 장기적인 관점에서는 인구 고령화와 부동산시장 포화가 진행됨에 따라, 가계대출을 확대해 수익을 내는 방식은 지속 가능하지 않다.

한편, 은행 돈의 흐름이 기업에서 가계로 이동하는 동안 기업 자금조달 환경도 변화했다. 외환위기를 계기로 자본시장 개방과 외환시장 자유화가 본격화되면서, 대기업들은 은행 차입 대신 직접금융(주식·회사채 발행 등)을 보다 적극적으로 활용하게 되었다.

그러나 외국인 투자자금이 국내 자본시장에 대거 유입되면서 자본시장의 규모는 급속히 성장했지만 여전히 투명성, 전문성, 혁신자금 배분 능력에서는 선진국 대비 미흡하다는 지적이 계속되었다. 이와 함께, 생산성이 낮은 한계기업이 저금리정책 지원에 기대어 시장에서 연명하는 구조도 고착화되었다.

가계 역시 생산적인 투자보다는 부동산 자산에 자금을 묶는 경향이 심화되었고, 이는 결과적으로 한국 경제 전반의 생산성 저하와 잠재성장률 하락을 초래하는 악순환을 낳았다.

요컨대 외환위기 이후의 돈은, 과거 기업 중심의 투자금융에서 벗어나 가계 중심의 소비금융과 부동산담보대출 중심 구조로 이동했으며, 그 과정에서 또 다른 구조적 문제를 만들어냈다. 이는 다음 시대에 요구되는 금융시스템 변화의 한 축이 되어야 할 것이다.

개방경제의 새 얼굴, 환율 변동과 외화 자금 유출입

1997년 외환위기 이후 한국은 IMF의 권고에 따라 외환시장을 전면적으로 개방하고, 환율제도를 변동환율제로 전환했다. 이제 환율은 정부가 정하지 않고 시장에서 달러 수급에 따라 오르내리게 되었다. 이러한 시장 제도의 변화는 한국 경제에 거대한 변화를 가져왔다. 기업과 금융기관이 달러를 사고파는 활동이 활발해졌고, 외국인 투자자들이 국내 주식과 채권에 대거 투자하기 시작했다. 한국의 자본시장이 세계와 연결되면서 '돈의 국경'이 낮아진 것이다.

그러나 외국인 자본이 몰려든다는 것은 동시에 그만큼 쉽게 빠져나갈 수 있다는 뜻이기도 했다. 한국 경제에 들어온 많은 외국 돈은 언제든 돌아설 수 있는 일시적인 '외부의 돈(outside money)'이었다. 이는 한국 금융시스템의 효율성을 강화하기도 했지만, 위기 시에는 오히려 그 불안정성을 증폭시키는 원인이 되었다.

외환시장 개방 이후 나타난 가장 큰 변화는 기업들이 환율 변동 위험을 스스로 관리해야 한다는 것이다. 예를 들어, 조선 회사나 전자 회사는 수출 계약을 맺으면 앞으로 받을 달러를 원화로 바꿔야 하는데, 환율이 떨어지면 손해를 볼 수 있다. 이를 막기 위해 미리 정해진 환율로 달러를 팔기로 약속하는 거래를 하는데, 이것이 선물환(forward)거래이다. 쉽게 말해, 미래에 주고받을 통화 간 환율을 지금 미리 정해두는 것이다.

해외증권에 투자하는 보험사, 자산운용사 등도 마찬가지였다. 외환시장에서 달러를 사서 해외증권을 사고 일정 기간이 지나면 그 원금과 수익을 다시 원화로 바꿔야 한다. 이때 환율이 변하면 그 수익에 큰 변화가 발생한다. 따라서 이들 기관투자자들은 미래의 환율 변동 위험을 줄이기 위해 달러를 매수하는 동시에 일정 부분을 미리 선물환으로 파는 거래를 동시에 함으로써 환율 변동 위험을 줄였다. 이러한 거래를 외환스왑(FX swap) 거래라 한다.

2000년대 초반 한국은 외환위기에 따른 높은 환율 덕분에 수출이 크게 늘었다. 기업들은 수출로 달러를 벌어들였지만, 환율이 내려갈까 봐 걱정되어 선물환을 대거 내다 팔았다. 이는 당시 정부의 세금 혜택 등으로 해외증권투자가 크게 증가한 자산운용사 등 금융기관들도 마찬가지였다.

이렇게 시장에 쏟아진 선물환과 외환스왑을 받아줄 상대가 필요했고 그 역할을 국내 은행들이 맡게 되었는데, 은행들은 기업과 기관투자자들로부터 매수한 미래의 달러를 바로 내다 팔아야 했다. 환율이 변동하면 은행이 그 위험을 떠안아야 하기 때문이다. 하지만 당시 외환시장에는 은행들로부터 선물환을 사려는 주체가 없었다. 따라서 은행은 해외은행에서 달러를 빌려와 파는 방식으로 문제를 해결했고, 그 차입비용은 선물환 및 외환스왑 매도자에게 부담시켰다.

이런 식으로 은행들의 단기 외화 차입이 빠르게 늘어났고, 2005년 말 650억 달러이던 단기외채가 2008년 가을에는 1,800억 달러를 넘기며 세 배 가까이 불어났다. 달러를 빌려와서 국내에서 운용하는 구조가 외형상 합리적으로 보였지만, 사실 큰 위험을 내포하고 있었다. 빌려온 외화부채의 만기가 짧아 글로벌 금융시장이 흔들리면 곧바로 자금이 빠져나갈 수 있었기 때문이다.

2008년 글로벌 금융위기와 외화 자금의 역류

이 위험은 2008년 글로벌 금융위기 때 현실이 되었다. 미국에서 시작된 달러화 부족 사태가 전 세계로 번지자, 해외투자자들은 위험자산을 팔고 달러를 회수하기 시작했다. 그 결과, 한국 은행들이 해외에서 빌린 단기 달러를 더 이상 만기 연장하지 못하는 사태가 벌어졌다. 달러 유동성이 말라붙으면서 국내 은행들은 외화 결제에 어려움을 겪었고, 결제 대금을 확보해야 하는 기업들은 환율 급등으로 큰 손실을 보았다. 당시 달러-원 환율은 몇 달 사이 40% 이상 급등해 1달러당 1,500원에 근접했다.

환율 변동 위험을 줄이려는 선물환 및 외환스왑 거래가 외화 부채를 늘려 달러 유동성 위기를 키운 것이었다. 결국 정부와 한국은행이 외환보유액을 풀고, 미국 연준과의 통화스왑을 통해 달러를 공급하면서 가까스로 불안이 진정되었다.

이 사건은 외화자금 빚의 성격을 적나라하게 보여주었다. 미래에 받을 수출대금과 해외투자 수익의 환율 변동 위험을 은행이 해소하는 과정에서 은행은 달러를 빌려 시장에 내다 파는 일종의 레버리지 거래를 한 것이다. 돈을 빌려주는 해외은행이 신용창조를 통해 한국에 빌려줄 달러를 만들어냈는데, 이 시기에 미달러화 금리가 낮았기 때문에 큰 규모의 외화 자금이 유입되는 결과를 낳았다. 결과적으로 선물환율이 현물환율보다 높아 기업과 기관투자자들의 부담이 적었고, 이를 중개한 은행들은 어렵지 않게 큰 수익을 얻을 수 있었다. 모두가 위험은 외면한 채 저금리의 달콤한 유혹에 빠졌던 것이다. 이는 1990년대 일본의 제로금리 상황에서 큰 규모의 엔화 자금이 유입된 것과 닮았다.

경상수지 흑자와 새로운 외환시장 구조

2008년 위기 이후의 한국 외환시장은 이전과는 다른 모습을 보였다. 우선 2010년대 들어 연간 수백억 달러의 경상수지 흑자를 기록했다. 이제 더 이상 외화 자금에 의존하지 않아도 될 만큼 달러를 벌어들이는 구조가 된 것이다. 하지만 흑자임에도 불구하고 원화가 강세로 가지는 않았다. 그 이유는 미국이 2013년부터 양적

완화를 중단하고 금리를 올리면서 달러 강세가 이어졌기 때문이다. 달러-원 환율은 2010년대 초반 1,100원 수준에서 2020년대에는 1,300원을 넘는 수준으로 상승했다.

외환시장의 거래 구조도 크게 달라졌다. 규모가 커진 국내 저축을 배경으로 국민연금, 보험사, 자산운용사 등 국내 기관투자자들이 본격적으로 해외주식과 채권에 투자하기 시작했다. 국내 저금리 환경에서 높은 수익을 찾아 해외로 나간 것이다. 하지만 환율이 다시 내릴 때 투자수익이 감소하기 때문에, 이들은 앞서 설명한 외환스왑을 통해 투자에 사용할 달러를 조달했다.

흥미로운 점은 이러한 거래가 단기외채 증가로 이어지지 않았다는 것이다. 과거에는 은행들이 달러를 빌려와 거래를 수행했지만, 이번에는 국내 기관의 선물환 매도와 외국인의 선물환 매수가 시장 안에서 균형을 이루었기 때문이다. 환헤지를 위해 은행이 굳이 해외에서 돈을 빌리지 않아도 되는 구조가 만들어진 것이다. 이는 국내에 넘쳐나는 경상수지 흑자 자금으로도 충분히 달러를 충당할 수 있었기 때문이기도 하고, 한편으로는 외환 당국이 도입한 '선물환 포지션 한도 규제'와 '외환 건전성 부담금' 같은 단기차입 억제 제도의 효과이기도 했다.

이 시기의 외환시장은 이전보다 훨씬 안정적이었다. 한국의 외환보유액은 2018년 6월에 4,000억 달러를 넘어섰고, 단기외채 비중은 전체 외채의 30% 안팎으로 안정됐다. 경상수지 흑자가 지속되며 외환의 유입이 꾸준히 유지된 덕분이다. 달러가 강세를 보여도 위기 때처럼 급격한 외화 유출은 일어나지 않았고, 외환시장은 비교적 질서 있게 움직였다.

외화 자금의 양면성과 거시경제적 함의

이처럼 외환위기 이후 대외 개방된 한국 외환시장의 구조는 대략 2010년을 분기점으로 크게 달라졌다. 외환위기 직후인 2000년대 초반의 외화자금은 짧은 만기의 외국은행에서 '빌린 돈'이 중심이었다. 반면 2010년대 이후의 외화자금은 경상흑자에서 비롯된 '번 돈'의 성격이 강해졌다. 그러나 외화자금이 지닌 본질적인 양면성은 여전히 남아있다.

외화자금은 한국 경제를 움직이는 또 하나의 '돈'이다. 수출기업은 물론, 해외투자를 하는 연기금이나 보험사 모두 외화자금을 필요로 한다. 하지만 그 돈의 상당 부분은 결국 언젠가 상환해야 할 부채 형태로 존재한다. 대외 개방도가 높은 한국 경제에 있어서 외화자금은 금융시스템 전체에 영향을 주는 매우 중요한 역할을 한다.

해외투자를 위한 환헤지는 미시적으로 보면 위험을 줄이는 합리적인 행동이다. 그러나 거시적으로 보면 외화 차입을 유발하여 전체 시스템의 위험을 높일 수 있다. 즉, 환율 변동을 막기 위한 안전망이 때로는 부채의 사슬을 만들어 또 다른 위험을 초래할 수 있다. 이러한 점에서 환헤지는 '양날의 검'이다. 경제 전체로 보면, 한쪽에서는 위험을 줄이지만 다른 쪽에서는 새로운 불안 요소를 만든다.

외환시장 개방 이후의 경험이 주는 교훈은 분명하다. 외국 자본은 한국 경제의 성장과 효율성을 높여주지만, 그것이 언제든 빠져나갈 수 있는 '외부의 돈'이라는 점을 잊어서는 안 된다는 것이다. 외화자금의 유입을 풍요로만 받아들이기보다, 그 이면의 빚의 속성과 만기 구조를 함께 살펴야 한다.

저축은 넘치고 투자는 부족한 구조, 해외로 흐르는 자금

2010년 이후 한국 경제의 자금 흐름에 또 다른 구조적 변화가 뚜렷이 나타났다. 이전까지는 부족한 국내 투자자금을 해외에서 빌려와야 하는 경제였지만, 이제는 국내에 저축된 자금이 국내에서 충분히 활용되지 못하고 해외로 빠져나가는 구조로 바뀌기 시작한 것이다. 이러한 변화는 단기간의 경기순환적 변화가 아니라, 인구 고령화와 저성장 기조에 따른 저투자와 민간의 불확실성 회피 성향 강화 등 보다 구조적인 요인에 기인한다.

한국은행 통계에 따르면 2010년 이후 한국의 총저축률은 35% 수준에서 오르내리고 있으나 국내 총투자율은 30%대로 하락하는 모습을 보이면서 저축률과의 격차가 점점 벌어지는 추세를 보이고 있다. 코로나19 기간을 전후하여 그 차이가 일시적으로 좁혀졌으나 2023년 이후 총투자율이 급락하며 2025년 3/4분기에는 그 차이가 5.8%p로 크게 벌어졌다.

이는 국내 저축된 자금이 국내에서 투자처를 찾지 못하고 있음을 의미한다. 그리고 그 초과 저축은 자연스럽게 해외로 향하고 있다. 기업은 글로벌 생산기지를 확대하거나 외국 기업 인수합병(M&A)에 나섰고, 국민연금·보험사·운용사와 같은 기관투자자들은 더 높은 수익률을 찾아 해외로 자금을 이동시키고 개인투자가도 해외주식 및 부동산에 투자하기 시작했다.

한국의 총저축 vs. 국내 투자

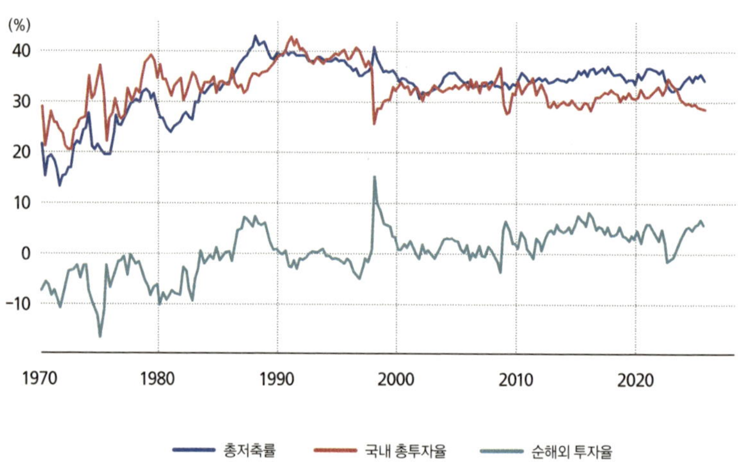

한국은행 국제투자대조표에 따르면, 2010년부터 2024년까지 우리나라의 누적 해외직접투자 및 해외증권투자 증가액은 약 1조 5천억 달러에 달했다. 반면 같은 기간 외국인의 국내 투자 증가액

은 약 4~5천억 달러 수준에 머물렀다. 즉, 우리 돈은 해외로 나가고 있지만, 외국 돈은 그만큼 들어오지 않고 있는 비대칭 구조가 고착되고 있는 것이다.

그 결과 한국은 2014년 3분기부터 순대외자산 보유국으로 전환되었으며, 2024년 말 기준 순대외자산은 1조 달러를 넘어섰다. 이는 표면적으로는 좋은 신호로 보이지만, 그 이면에는 국내 투자 부진이라는 구조적 문제가 놓여있다.

2024년 한국의 경상수지 흑자는 약 990억 달러로 9년 만에 최대치를 기록했지만, 수출 호조나 생산성 증가의 결과라기보다는 국내의 투자 부진에 따른 결과의 성격이 강하다. 수출은 높은 수준의 성장세를 지속하고 있지만 이를 지속하기 위한 국내 설비투자는 상대적으로 정체되고 있는 것이다. 기업들의 높은 경쟁력은 이제 국내에서보다 외국 직접투자를 통해 이루어지고 있다. 큰 규모의 경상수지 흑자의 이면에는 이러한 국내 투자의 부진이 자리 잡고 있다.

국내에서 저축으로 만들어진 큰 규모의 투자자금이 해외로 유출되는 현상은 한국 금융시장의 여러 지표에 영향을 미치고 있다. 대표적인 것이 시장금리 구조의 변화이다. 풍부한 저축 자금 공급에도 불구하고 투자수요가 제한되다 보니, 장기적으로 시장금리는 하방 압력을 받고 있다. 이것이 최근 구조화되고 있는 한미 금리역전의 근본적 배경이라고 할 수 있다.

한미 간의 금리차(10년 만기 국채 기준)가 2010년에는 미국이 대략

150bp 정도 높았는데, 2025년에는 그 반대로 한국이 그 정도 더 낮았다. 한국 금리가 당연히 더 높아야 한다는 오랜 고정관념이 이제는 유효하지 않다.

한국 미국 간 금리차 역전

한미 간 국채(10yr) 수익률 차

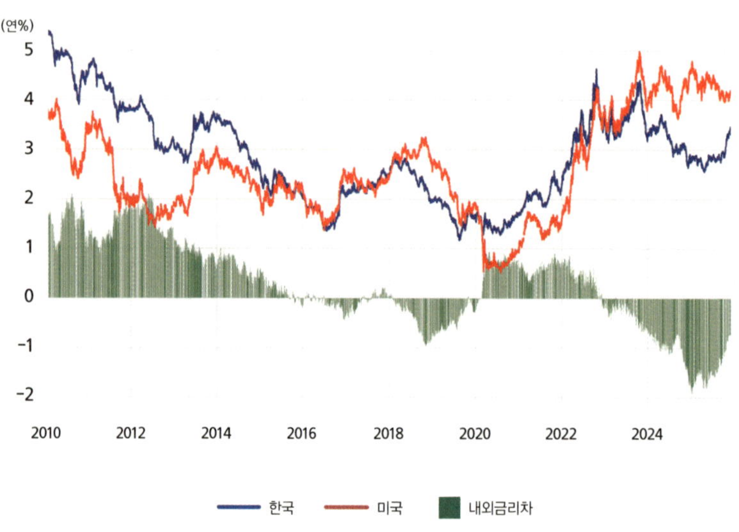

이러한 투자자금 유출 구조는 원화의 대외 가치, 즉 환율에도 뚜렷한 영향을 미치고 있다. 2010년대 초까지만 해도 달러당 1,200원을 상회하는 환율은 상당히 높은 수준으로 인식되었지만, 최근에는 1,300원을 넘는 환율이 더 이상 낯설지 않게 되었다. 환

율 수준에 대한 시장의 인식 자체가 구조적으로 변화한 것이다.

달러-원 환율이 이처럼 높은 수준으로 이동한 배경은 크게 두 가지 측면에서 살펴볼 수 있다. 첫째는 달러화 가치의 구조적인 상승이다. 2부 2장에서 설명한 달러인덱스(DXY)는 2014년 중반 이후 장기적인 상승 흐름을 이어왔다. 그 근본적인 원인은 미국 경제가 기업 부문의 생산성 제고를 바탕으로 활력을 회복하며 상대적으로 높은 성장률을 유지해 왔다는 점에서 찾을 수 있다. 이러한 미국 경제의 회복과 확장은 두 차례에 걸친 연준의 금리인상 사이클을 통해 환율에 본격적으로 반영되었다.

연준은 2015년과 2022년을 전후로 통화정책 기조를 금리인상 국면으로 전환하였고, 이 과정에서 달러화는 글로벌 외환시장에서 큰 폭의 강세를 보였다. 달러화 강세 국면에서는 전 세계 대부분의 통화가 약세를 나타냈으며, 원화 역시 이러한 흐름에서 예외가 아니었다. 여기에 앞서 살펴본 해외투자 확대 흐름이 미국 경제의 예외적인 확장, 이른바 U.S. Exceptionalism과 맞물리면서 달러-원 환율은 1,150원대 수준에서 1,350원 이상까지 단계적으로 상승하게 되었다.

둘째는 국내 고유 요인이다. 특히 2024년 하반기 이후 원화는 달러인덱스의 흐름을 넘어서는 상대적 약세를 보이기 시작했다. 이 시기에는 국내 경기 부진, 정치적 불확실성의 확대, 여기에 더해 트럼프 정부의 관세정책이 재부각되면서 대외 여건에 대한 불안이 겹친 것으로 해석된다. 여러 요인이 복합적으로 작용하면서 원화에 대한 신뢰와 수요가 동시에 약화된 것이다.

이러한 흐름은 2025년 상반기에 더욱 분명하게 나타났다. 해당 기간 동안 미국 달러인덱스(DXY)는 약 10% 하락하며 글로벌 달러 약세 국면을 보였음에도 불구하고, 원화의 절상 폭은 3%에 그쳤다. 이는 주요 통화 가운데서도 매우 제한적인 수준으로, 달러 약세가 원화 강세로 충분히 전이되지 못했음을 의미한다. 하반기에 들어서도 이러한 괴리는 해소되지 않았고, 원화는 달러화의 전반적인 흐름에서 벗어나 상대적으로 큰 폭의 약세를 지속하였다.

이처럼 달러화의 방향성과 괴리된 원화의 추가적인 약세는 단기적인 심리 요인만으로 설명하기 어렵다. 그 이면에는 국내 저축과 투자 간의 불균형에서 비롯된 구조적 흐름이 자리 잡고 있는 것으로 보인다. 국내에서 창출된 자금이 충분히 국내 투자로 흡수되지 못하고 해외로 유출되는 구조가 고착화되면서, 외환시장에서 원화의 기초체력이 점차 약화되고 있는 것이다. 이러한 구조적 요인은 환율의 일시적인 변동성을 넘어, 중장기적인 원화 가치의 흐름을 규정하는 중요한 배경으로 작용하고 있다.

이제는 큰 폭의 경상수지 흑자 지속에도 불구하고 원화가 약세를 보이는 현상이 낯설지 않다. 달러당 1,350원 이상의 환율 수준을 과거처럼 비정상이나 위기 수준으로 간주하기 어렵다. 오히려 한국 경제의 구조적 변화 속에서 형성된 새로운 균형으로 보아야 하며, 높은 환율 수준 그 자체보다 투자자금이 왜 국내에 머물지 않고 외부로 나가는가에 대한 분석과 정책 대응이 더 중요하다.

요컨대, 글로벌 금융위기 이후의 한국 경제는 '고저축–저투자–고해외자산' 구조로 재편되었고, 이는 돈의 흐름이 생산적인 내부 순환이 아닌 역외 자산 축적으로 이동했음을 의미한다. 이는 다시 국내 경제 활력 저하, 원화 약세 고착화, 통화정책의 실효성 저하로 이어지는 복합적 문제를 야기하고 있다.

2010년 이후 달러-원 환율이 경상수지 흑자와 상관없이 상승함을 볼 수 있다

경상수지 vs. 달러-원 환율

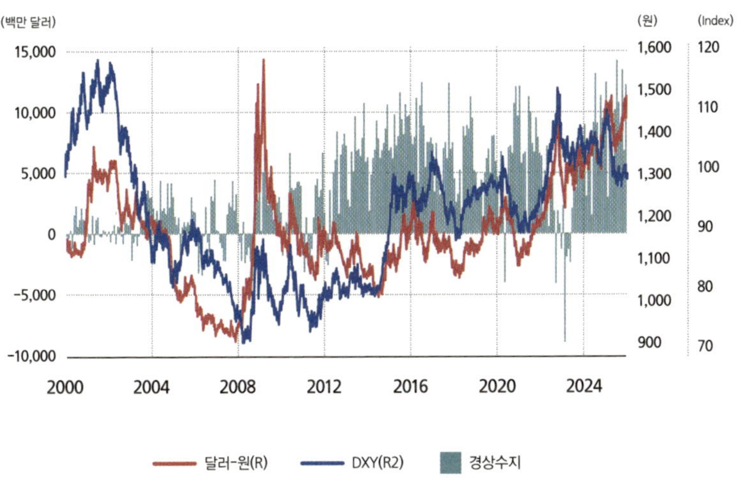

지속 가능한 성장을 위한 과제, 다시 변화를 요구받는 돈

지금까지 살펴본 것처럼 한국 경제에서 '돈'의 흐름은 시대에 따라 다양한 변화를 겪어왔다. 산업화 시대에는 은행 중심의 기업대출과 외채에 의존했고, 외환위기 이후에는 가계대출과 부동산 금융 중심의 구조로 전환되었다. 환율 변동성 확대의 대응은 외화자금 차입 확대를 야기해 금융시장을 취약하게 만들기도 했다. 글로벌 금융위기 이후 확대된 경상수지는 외환 부문을 안정시키기는 했으나 그 이면에 자리 잡은 고저축 – 저투자 구조로 인해 국내 자금이 해외로 흘러 나가며 원화 가치가 크게 낮아지는 결과로 나타났다.

이처럼 각 시기를 거치면서 한국 경제의 돈은 여러 차례의 구조적 변신을 겪었지만, 현재 그 결과가 건강하고 효율적인 구조로 안착했다고 보기는 어렵다. 오히려 누적된 가계부채, 왜곡된 자금 배분, 자산시장 편중, 국내 투자 부진, 원화 약세 고착화 등 여러 부작용이 두드러지고 있다. 지금 우리 경제의 돈의 모습은 만족스럽지 못하다.

한국 경제의 돈은 또 한번의 '질적 변신'을 요구받고 있다.

첫째, 은행이 부동산 대출에 과다하게 의존하고 있는 현재의 수익모델에서 빨리 벗어나야 한다. 가계부채 확대를 통한 경제성장 방식은 한계에 도달했을 뿐 아니라, 금융시스템의 안정성을 위협하는 잠재적 리스크가 되었다. 앞으로 금융의 역할은 가계의 비생산적 부채를 늘리는 것에서 벗어나, 혁신기업과 미래산업에 자금을 공급하는 방향으로 변화해야 한다.

둘째, 자본시장의 구조적 혁신이 필요하다. 자본시장은 단순히 은행을 대신하여 기업에 자금을 공급하는 역할을 넘어서야 한다. 담보보다는 기업의 사업 아이디어와 성장 가능성을 기반으로 모험적인 투자에 자금이 배분되어야 하며, 이를 위해 IPO 제도 개선, 회계 투명성 제고, 투자자 보호 장치 강화 등 시장 기반 제도 정비가 요구된다. 또한 민간 벤처캐피탈과 기관투자자의 책임 있는 자금 공급 역할도 확대되어야 한다.

셋째, 국내에 머무는 자금을 늘리고 생산적인 투자로 선순환시키는 구조 전환이 필요하다. 당분간 베이비부머세대의 노후 대비를 위한 높은 저축은 지속될 것이다. 이를 해외 자산에 쌓기만 할 것이 아니라, 국내에서 양질의 투자 기회를 만들어야 한다. 이를 위해선 민간투자의 불확실성을 줄이는 제도개선, 연구개발 (R&D) 투자에 대한 세제 지원, 디지털전환과 친환경산업에 대한 인센티브 강화 등이 함께 추진되어야 한다.

넷째, 높은 환율 변동성을 흡수할 수 있는 시장구조를 확충해야 한다. 선물환 등 파생상품만으로 환율 변동 리스크는 사라지지 않는다. 다만 그 구조와 부담 주체를 변환시킬 수 있을 뿐이다. 2008년의 경험에서처럼 개별 경제주체의 환위험관리가 전체 거시경제의 불안을 초래할 수 있다. 공적부문과 거시경제가 이를 부담하게 해서는 안 된다. 이를 시장원리에 따라 금융시장에 분산해야 한다. 그러기 위해서는 외환시장의 여러 불필요한 규제와 개입을 철폐하는 혁신이 요구된다.

한국 경제의 **금리와 환율**

한국 경제는 외환위기 이후 금리자유화, 변동환율제,
자본시장 개방을 통해 시장 중심의 통화·외환 체제로 전환하였다.

2002년 이후 달러화 약세에 따라 달러-원 환율이 급락하는 과정에서
단기외채가 급증하며 외환 부문의 불안정성이 확대되었고,
2008년 글로벌 금융위기 때 외화유동성 위기를 경험하였다.

이후 외환 건전성 강화와 경상수지 흑자 지속을 통해
외환 부문의 안정성이 점진적으로 회복되었으며, 외화유동성 위기
재발 가능성이 크게 낮아졌다.

외환위기 이후
금리와 환율의 구조 변화

- 금리 변동성은 축소, 환율 변동성은 확대
- 장기 추세(금리 하락, 환율상승)는 지속

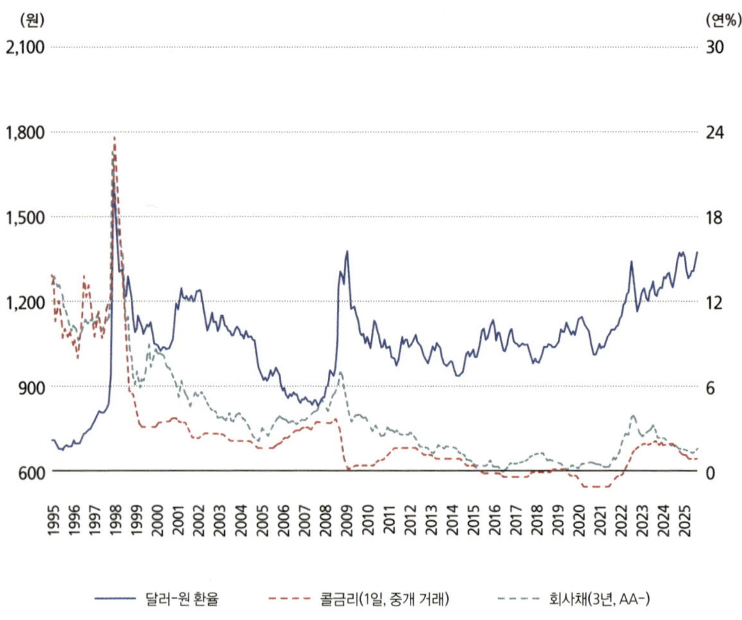

1997년 외환위기 발생

1~3월	태국·동남아 금융 불안 조짐
3월	한보철강 부도
6월	기아자동차 부도 위기
7월 2일	태국 바트화 대폭 평가절하
8~9월	금융기관 외화 조달 경색
10월 초	단기외채 롤오버 불안 확산
10월 22일	기아자동차 법정관리 신청
11월 초	원/달러 환율 1,000원 돌파
11월 21일	IMF에 공식 구제금융 요청
12월 3일	IMF 프로그램 체결

IMF에 200억 달러 요청

동아일보, 1997년 11월 22일 자

내주초 실무협의 – 3~4주 후 지원

지원금 550억 달러 확정

동아일보, 1997년 12월 4일 자

내일 150억 달러 들어와

IMF 구제금융 프로그램의 구조조정 요건
(IMF program conditionality)

• 금리와 환율의 구조 변화를 가속화

| 고금리 · 긴축재정 |

외환 유출 차단과 환율 급등 억제를 위해 기준금리와 단기금리를 대폭
인상하고, 재정수지는 균형 또는 긴축 기조로 설정

| 환율 · 외환 운영 체제 전환 |

사실상 관리 · 고정환율에 가까웠던 기존 체제를 시장에서 환율이 결정되는
자유변동환율제로의 이행

| 자본시장 개방 가속 |

외국인에 대한 주식 · 채권투자 규제를 철폐하거나 대폭 완화하고,
금융 · 자본시장의 접근성을 확대

Monetary Trilemma와 통화 체제 전환

- 자본 이동 자유화와 통화정책의 자주성을 선택
- 환율은 시장에서 결정

<table>
<tr><td>금융 통제 체계에서…</td><td>금융 자율 시대로</td></tr>
<tr><td>

- 자본 이동 규제
- 금리 규제
- 사실상 고정환율

</td><td>

- 자본 이동 자유화
- 시장금리 자유화
- 자유변동환율

</td></tr>
</table>

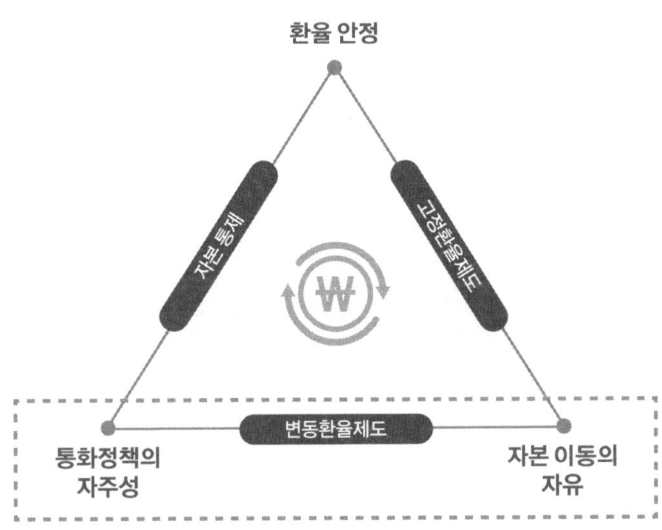

금리자유화 추진

金利自由化 5일 실시

동아일보, 1988년 12월 1일 자

우선貸出부터 差等적용…우대金利 11%

| 1991년 8월 재추진 |

1단계 (1991년 11월)	은행 장기 여신 금리(정책금융 제외) 및 장기 수신 금리(만기 2년 이상)
2단계 (1993년 11월)	단기 시장성 금융상품(CD, CP 등)의 최단 만기 단축, 만기 1년 이상 2년 미만의 수신 금리
3단계 (1994년~1995년)	대부분 장기 수신 금리와 일부 단기 수신 금리 (재정지원 대출금리와 요구불예금을 제외한 금리자유화)
4단계 (1997년~2004년 완결)	1997년 7월, 은행의 수시입출금식 저축성 예금금리 등 단기 수신 금리 2004년 2월, 요구불예금 금리까지

통화정책도
금리 중심 운영 체계로 전환

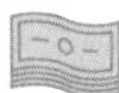

기존 통화량 목표 체계의 한계

금융혁신 및 금융 발전으로 통화량과 실물경제의 관계가 불안정

새로운 통화정책 운영체계의 도입

- 정책 목표: 물가안정(Inflation Targeting)
- 정책 수단: 장단기 시장금리를 조절하여 실물경제 활동에 영향
- 운영 방식:
  · 금융통화위원회에서 콜금리(이후에는 기준금리) 목표를 설정
  · 공개시장운영(통화안정증권, RP 매매) 등으로 콜금리 목표 유도

자본 및 외환 자유화 추진

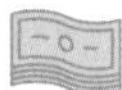

| 1996년 12월 |

OECD 가입으로 자본거래자유화 의무 수용

| 1997년 5월 |

외국인 주식투자 한도 대폭 확대

| 1997년 상반기 |

외국인의 국내 채권시장 접근 확대

| 1996~1997년 |

- 국내 기업의 해외 차입 규제완화
- 기업의 해외 CB · DR 발행 규제완화

| 1997년 |

은행 · 종금사 외화 업무 허용 확대(선물환 · 스왑 · 외화대출 등)

IMF 프로그램 이후
자본 및 외환 자유화 급진전

| 변동환율제 도입(1997.12) |

　IMF 프로그램 조건에 따라 사실상 시장 변동환율로 전환

| 자본 · 외환거래를 원칙 자유 · 예외 규제로 개편(1999.4월) |

　외환관리법 폐지, 외국환거래법 시행

| 외환은행 및 시중은행의 외환 업무 전면 개방(1998) |

　외환거래 허가제 → 등록 · 보고 중심 체계로 전환

| 외국인 금융기관의 국내 진입 · M&A 전면 허용(1998) |

　외국계 은행의 국내 은행 인수 허용

| 외국인의 국내 주식 · 채권 투자 전면 자유화(총량 한도 폐지)(1998년 5월) |

한국 경제,
시장 중심 경제로 진입

| 시장금리 및 환율의 중요성 증대 |

- 종전 규제금리에 가려져 있던 실효금리가 명목금리에 반영

- 환율이 시장 수급에 따라 수시로 변동하면서 기업 및 금융기관에
  큰 영향

| 외환거래 및 시장 확대 |

- 외국인 주식 및 채권투자 환전 확대

- 외환 파생 거래(선물환, 외환스왑 등) 급증

| 자본시장의 확대 |

- 대기업 자금 조달이 은행(대출)에서 자본시장(주식 및 회사채 발행)으로 이동

- 은행은 가계 주택담보 대출+중소기업 운영자금 대출 중심으로 개편

외환위기 이후 금리와 환율이 경제에 미치는 영향의 변화

| 자금 수급 조절 기능 활성화로 경제의 효율성 제고 |

- 시장금리 조정을 통한 금융자금 배분의 효율성 증대

- 통화정책의 실물경제 파급이 제고되어 경기변동 축소 및 물가안정에 기여

- 환율 변동으로 국제수지 등 대외 불균형 해소 기능 개선

- 해외발생 충격을 환율 변동으로 흡수하여 국내 경제에의 파급을 억제

| 외환 및 환율 변동성 확대 |

- 자본유출입 확대로 국내 외화유동성의 불안정성이 크게 증대

- 환율 변동성 확대로 기업 및 금융기관의 환율 변동 위험 헤지 수요가 증가

이런 상황에서 글로벌경제에
큰 충격이 발생

- 2000년대 초 닷컴 버블 붕괴 등으로 미국 경기 침체 및 금리 급락
- 미국 모기지 시장 버블 붕괴로 2008년 글로벌 금융위기 발생

| FFR vs. DXY |

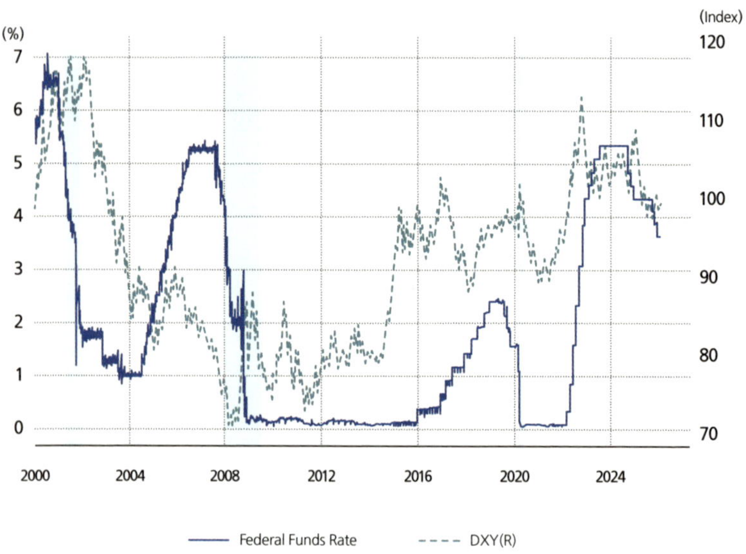

자료: Board of Governors of the Federal Reserve System, DXY는 자체 계산

국제금융시장의 변동성이 크게 확대

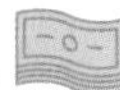

| 미국 금리의 반복되는 급등락 |

- 닷컴 버블 붕괴 이후 경기부양을 위한 급격한 완화

  · 2000~2003년, 기준금리를 6.5% → 1.0%로 5.5%p 인하

- 주택·신용팽창 국면에서의 정상화 긴축

  · 2004~2006년, 기준금리를 1.0% → 5.25%로 4.25%p 인상

- 글로벌 금융위기 대응을 위한 제로금리 전환

  · 2007~2008년, 기준금리를 5.25% → 0~0.25%로 5~5.25%p 인하

| 2000~2008년, 미 달러화의 큰 폭 약세 |

- 2000년대 초반 미국의 경기둔화에 대응한 급격한 금리인하에 따라
  달러화가 큰 폭으로 약세
- 2004년 이후 인플레이션 상승에 대응한 연준의 금리인상으로 달러화는
  일시적으로 상승 전환
- 그러나 2005년 이후에는 금리인상 지속에도 미국 성장세 약화, 부동산시장
  불안으로 달러화는 약세로 재전환

  · 달러화 지수(DXY)가 2001.7월 117 → 2008.3월 70 수준으로 40% 하락

한국 경제의 불안정성 확대
(1999~2009)

- IMF 프로그램 이후 금리와 환율은 시장 기능을 갖추었으나, 해외 충격을
  흡수하는 과정에서 환율의 변동성이 크게 확대

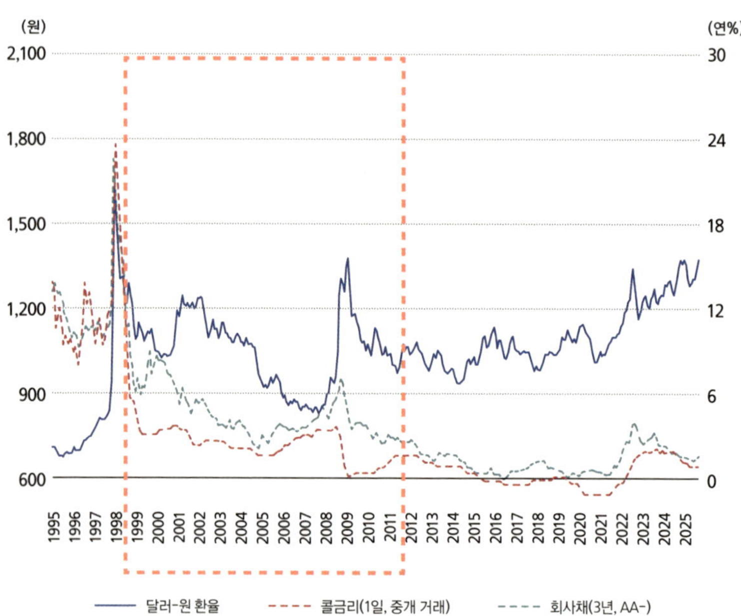

1999~2009년, 불안정성 확대의 주요 특징

| 금리의 급격한 하락과 과도한 신용 공급 |

카드 빚에 의존한 과도한 소비 확대로 2002년 카드사 부실 사태 발생

| 2002년 이후 달러화 가치의 급격한 하락 |

달러-원 환율이 빠르게 하락(원화 강세)

| 환율 하락 위험 헤지(hedge) 과정에서 외화자금 차입 확대 |

단기외채 급증 및 만기 불일치 문제 발생

| 2008년 글로벌 금융위기 충격 |

외화유동성 위기(sudden stop) 발생

조선사와 금융기관의
선물환매도 & 단기외채 급증

| **2004년 이후 환율 방어가 실패하면서 원화 약세 기대 빠르게 확산** |

2002년 이후 달러 약세가 2008년까지 지속됨에 따라 원화 강세는 불가피

| **조선사 및 자산운용사 선물환매도 급증** |

미래에 받을 선박 대금 및 투자 원리금을 현재 시장에서 형성된 선물환율로
매도

| **선물환 매수 은행의 단기 외화 차입 급증** |

- 은행이 선물환을 매수한 후 종합포지션 맞추기 위해 달러를 해외 차입 하여 매도

- 그 결과 **단기 외화부채**가 크게 급증

　· 2005년 말 650억 달러 → 2008.9월 말 1,880억 달러

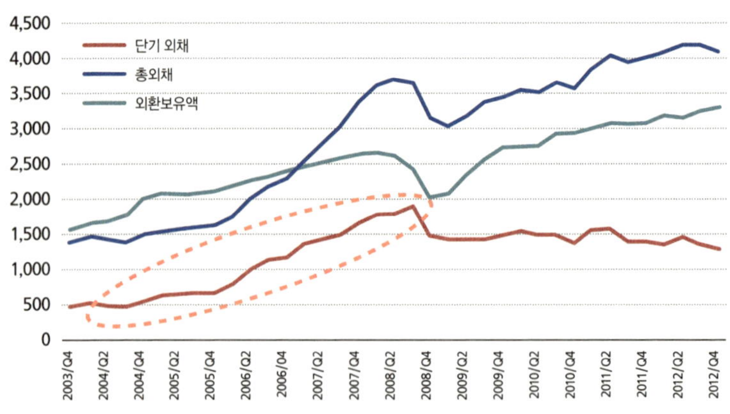

2008년 글로벌 금융위기로 외화유동성 부족 발생

| 미국 서브프라임모기지 사태로 글로벌 금융위기 발생 |

- 국제금융시장 **달러 자금조달 시장 경색**

- 신흥국 투자자금의 급격한 유출(sudden stop) 발생

| 한국 외화유동성 경색 |

- 외국인 주식·채권 자금이 대거 이탈

- 큰 규모의 단기외채 상환으로 심각한 **달러 부족 사태 발생**

| 외화유동성 위기로 금융 불안 확산 |

- 달러-원 환율 급등

- 주가 등 자산가격이 동반 급락

외환 부문의 안정 회복(2010~)

- 2010년 이후 달러-원 환율이 대체로 1,100~1,200원 사이에서 안정
- 환율이 시장 상황에 따라 변동하며 대내외 충격을 흡수

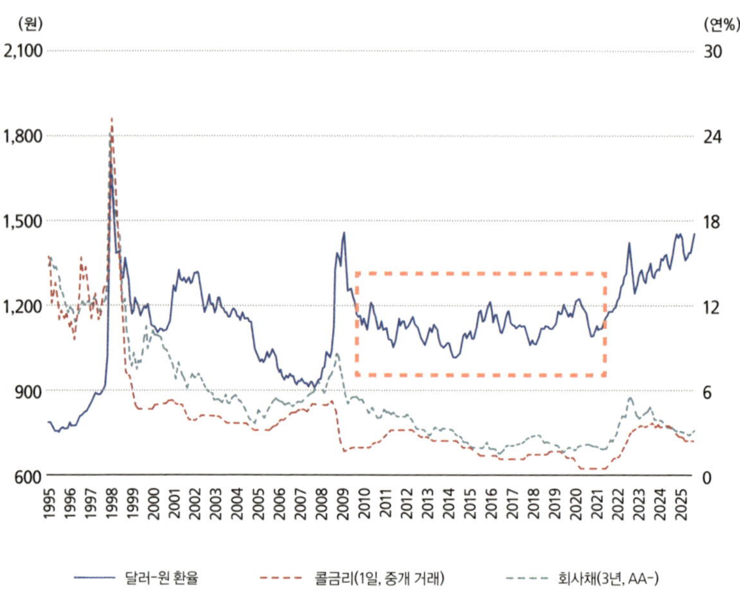

외환 부문의 안정 회복 배경

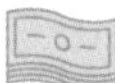

| 외환 부문 안전판 강화 |

- 외환 건전성 규제(은행의 선물환 포지션 한도 설정, 거시 건전성 부담금 부과)

- 은행의 유동성 커버리지 비율(LCR) 등 외화유동성 관리 강화

- 외환보유액 지속 확충(2008년 말 약 2천억 달러 → 최근 4천억 달러 이상)

| 경상수지 흑자 확대 |

- 2010년 이후 지속적 흑자 기조로 대외 지급 능력이 크게 개선

  · 수출 호조와 수입 둔화, 해외투자 소득도 증가

- 경상흑자 기반으로 외환시장에서 공급 우위가 형성

- 외화 자금 수요를 국내에서 조달 가능

원화의
추세적 약세 원인과 대응 방향

외환 부문이 안정세를 유지하는 가운데
원화는 중장기적으로 약세 흐름을 보이고 있다.

이는 단기적인 경기순환적 문제라기보다는
글로벌경제와 한국 경제의 구조 변화와 밀접하게 연관되어 있다.

1,400원을 넘는 고환율은 한국 경제의 투자 부진 문제를 반영하고 있다.
장기적 시각에서 구조조정을 통해 생산성 제고에 나서야 한다.

원화의 추세적 약세(2015~)

- 2010년대 중반 이후 원화는 단기 변동성을 넘어 추세적인 약세 흐름
- 이 시기 중 물가는 환율 약세를 초래할 수 있는 구조적 변화를 보이지 않음
  - 2021~2022년, 글로벌 인플레이션에 비해 상대적으로 안정적 움직임

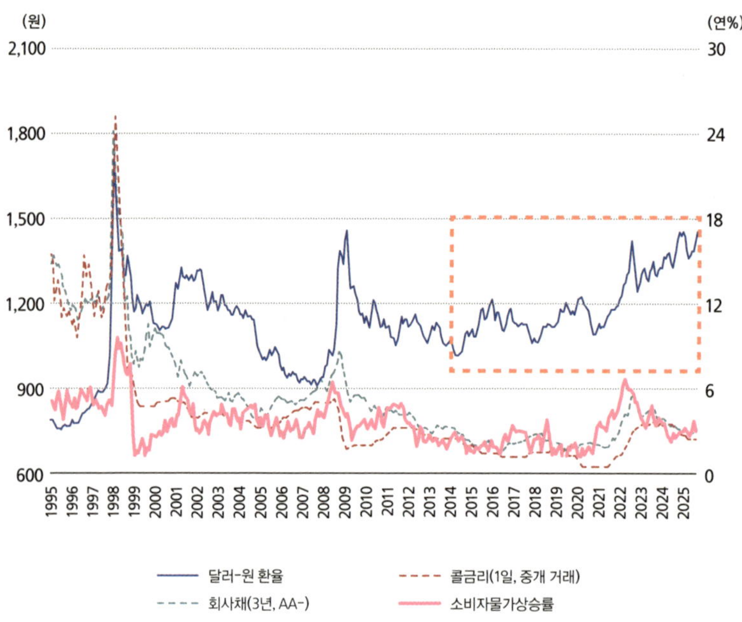

한국 경제의 금리(수익률) 하락과 환율상승

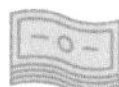

│ 일반적으로 낮은 국내 수익률이 환율상승(통화 약세)의 원인으로 작용 │

- 높은 수익을 찾아 대외 금융자산투자가 증가하면서 환율이 상승

│ 장기적으로는 완화적인 통화정책이 물가를 상승시킬 경우 통화가치가 하락 │

- 장기간 낮은 정책 금리가 물가 상승 및 통화가치 하락의 원인으로 작용

│ 2015년 이후 낮은 국내 물가는 환율상승이 통화정책 때문이 아님을 시사 │

- 낮은 금리에도 물가가 안정된 것은 잠재성장률이 낮아졌기 때문
- 원화 약세와 마찬가지로 저금리도 잠재성장률 하락의 결과

│ 장기적 원화 약세는 국내 수익률이 미국에 비해 낮은 수준을 보이기 때문 │

- 미국 주식 및 채권투자 수익률이 국내 주식 및 채권투자 수익률보다 높을
  것이라는 기대가 형성

미 달러화 지수(DXY):
달러-원 변동의 중심축

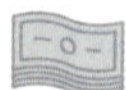

- 원/달러 환율의 중장기 흐름은 글로벌 달러 사이클의 영향을 크게 받음
- DXY는 달러의 글로벌 가치를 반영하며 달러-원 변동의 중심축으로 작용

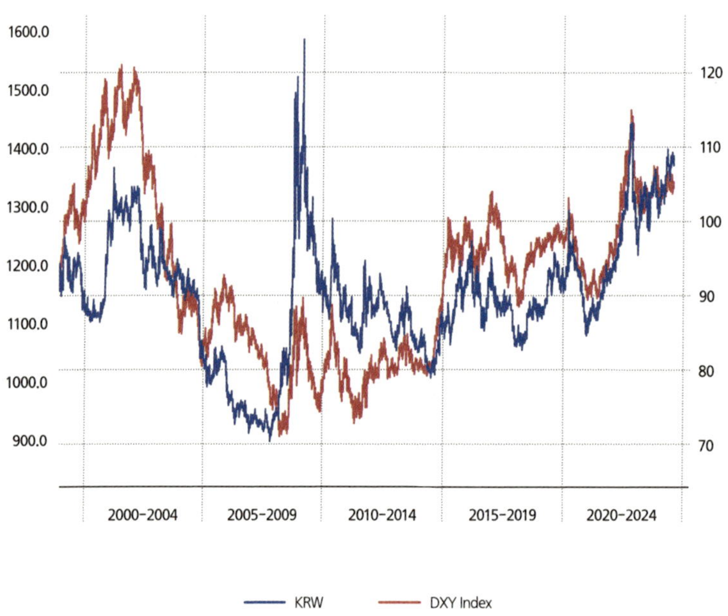

EUR-USD의 중요성

- 달러 지수에서 가장 큰 비중을 차지하는 것은 유로-달러 환율
- 글로벌 외환시장에서 유럽-미국 간 투자자금 이동이 매우 큰 규모로 발생

| 미 달러화 지수(DXY Index) 구성 |

DXY Movers	Name	Weight(%)
21) EUR	Euro	57.6
22) JPY	Japanese Yen	13.6
23) GBP	British Pound	11.9
24) CAD	Canadian Dollar	9.1
25) SEK	Swedish Krona	4.2
26) CHF	Swiss Franc	3.6

자료: Bloomberg

| EUR 가치와 DXY 지수 추이 |

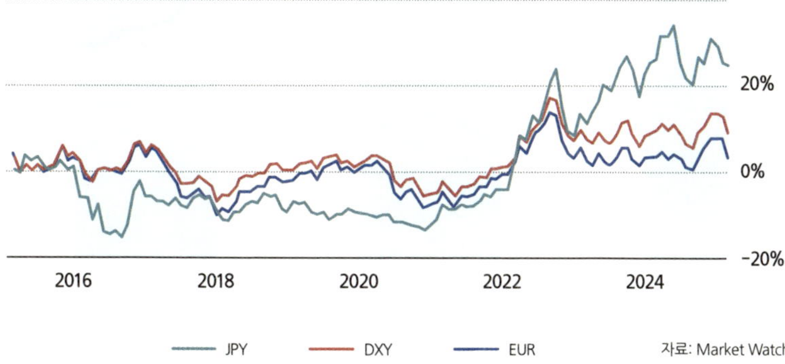

자료: Market Watch

미국과 유럽의 생산성/성장 격차 → 달러 강세

- 미국과 유럽 간 생산성 및 성장 격차는 달러의 장기적 강세의 핵심 요인
- 유로 약세는 달러 강세를 통해 원화를 포함한 비달러 통화의 약세로 연결

| 미국와 유럽의 기업 생산성 추이(상장기업 기준 기업 생산성지수, 2005년 = 100) |

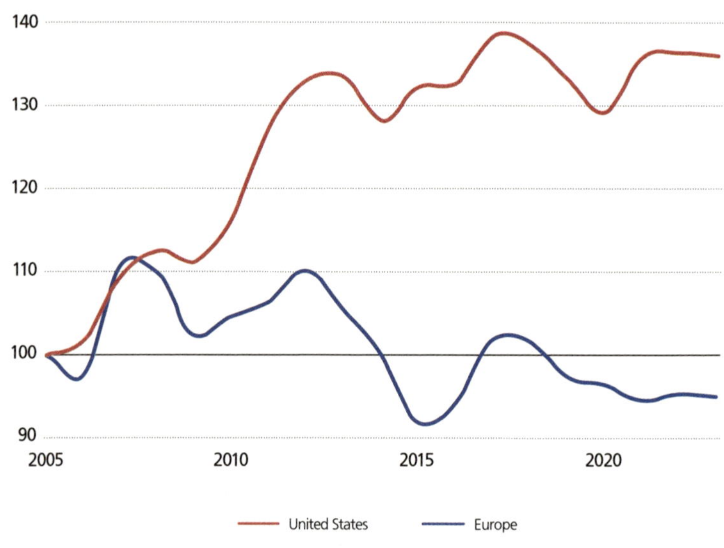

Source: IMF Blog, Gopinath et al. (2024), based on Compustat data and IMF staff calculations

돈의 변신

| 글로벌 경제 비중(GDP current Price, US Dollar, IMF) |

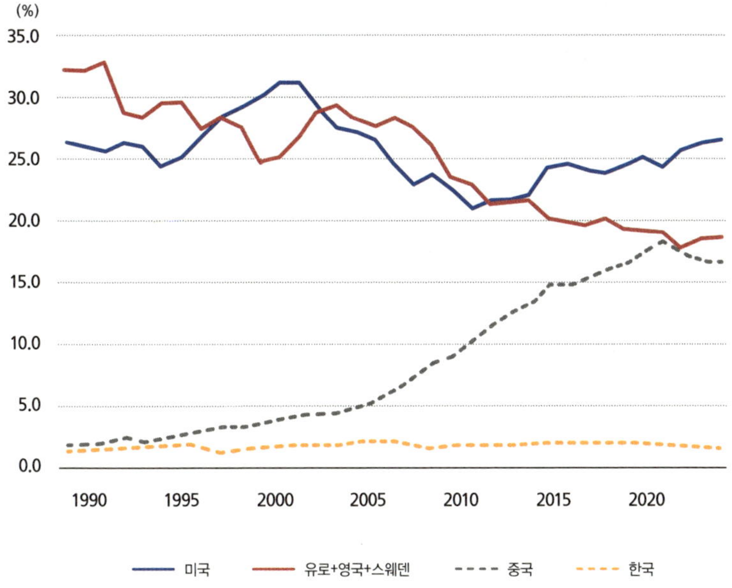

미국 예외주의(US Exceptionalism)와 자본 이동

- 미국의 높은 성장성과 자본시장 규모는 글로벌 자본을 지속적으로 흡인
- 이 과정에서 미국으로의 자본 유입은 달러 강세를 구조화

| 주식 시가총액 |

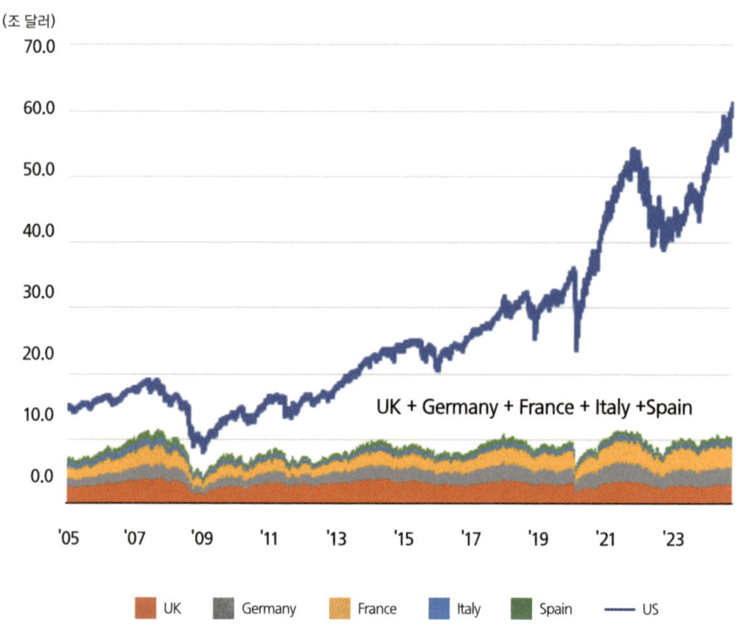

│ 미국의 증권투자자금 유출입(월별) │

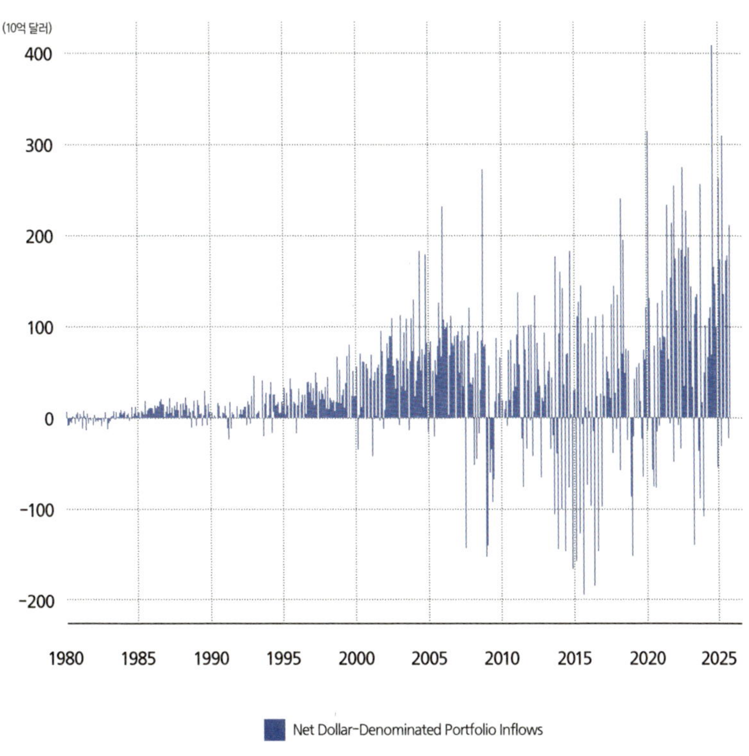

자료: 미국 재무부

원화 약세 확대(국내 요인)

- 최근 원화 약세는 글로벌 달러 강세 요인 외에도 국내 구조적 요인이 작용
- 성장 둔화, 투자 부진, 생산성 하락은 국내 자산의 상대적 매력을 약화

외환 수급 구조의 변화

- 국내 외환시장의 수급 구조는 과거 수출 중심에서 자본 거래 중심으로 전환
- 특히 내국인의 해외투자가 외환 수요의 핵심 축으로 부상

| 주요 외환 유출입 추이 |

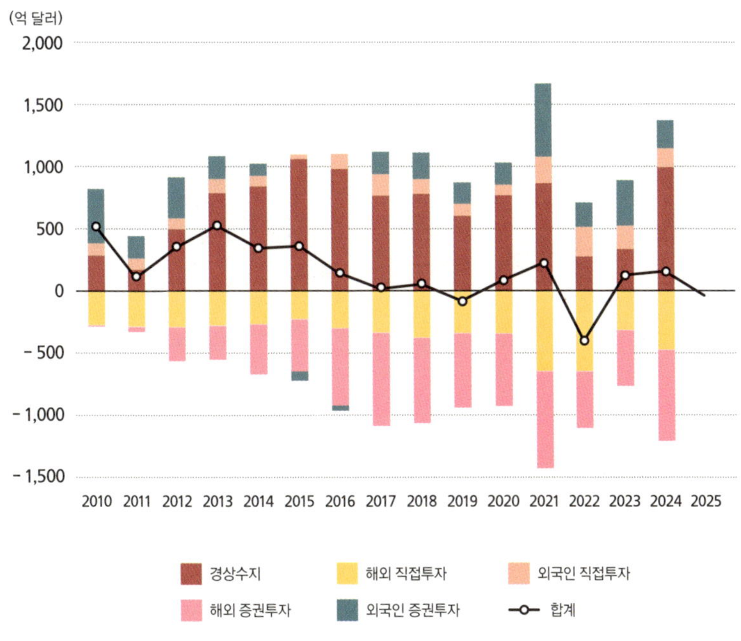

국민 저축 증가: 가계저축률 상승

| 가계순저축률 |

- 2010년을 전후 하여 가계의 가계저축률이 큰 폭의 증가세로 전환

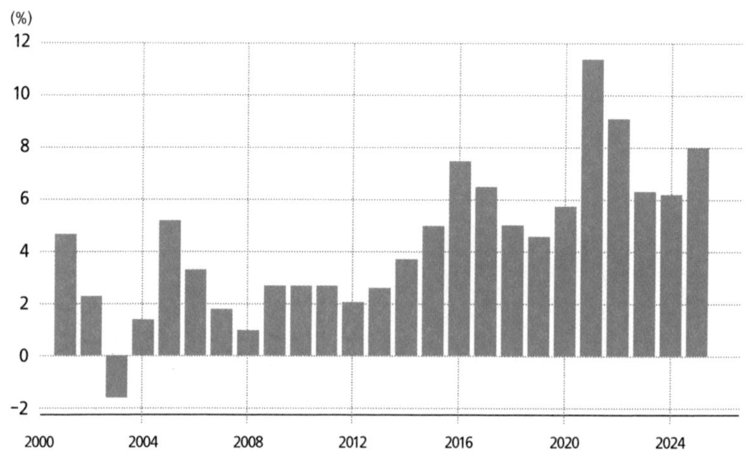

국민 저축 증가: 연금기금의 확대

- 베이비부머 세대의 퇴직이 본격화됨에 따라 국민연금기금 규모가 빠르게 확대
- 연금 자산의 해외 분산투자 확대는 구조적인 달러 수요를 발생

| 한눈에 보는 국민연금기금 현황 |

기금 설치 이후 **적립금 추이** (단위: 조 원)

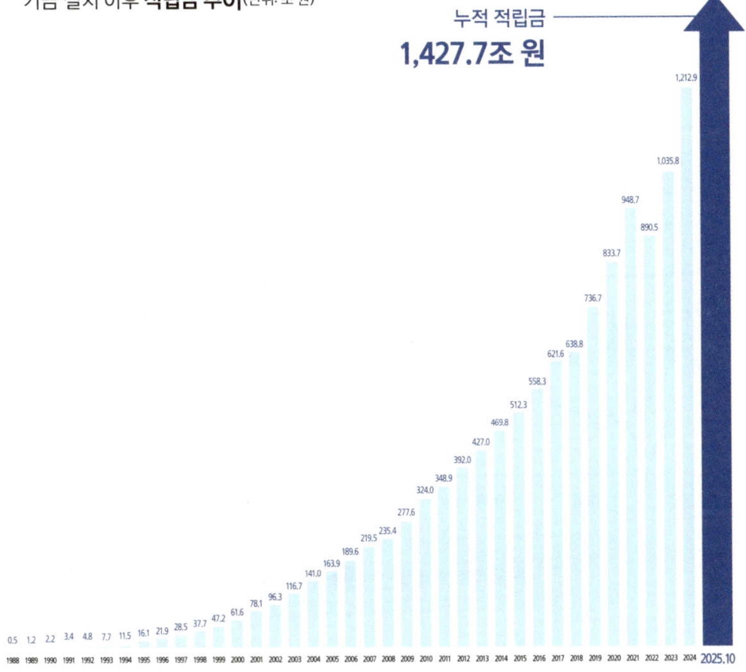

한국 경제의 투자 부진

- 경제성장을 견인해 왔던 설비투자 증가율이 팬데믹 이후 저조한 흐름
- 국민 저축의 국내 투자 기회가 규모 면에서 제약되고 있음을 시사

| 설비투자 증가율 |

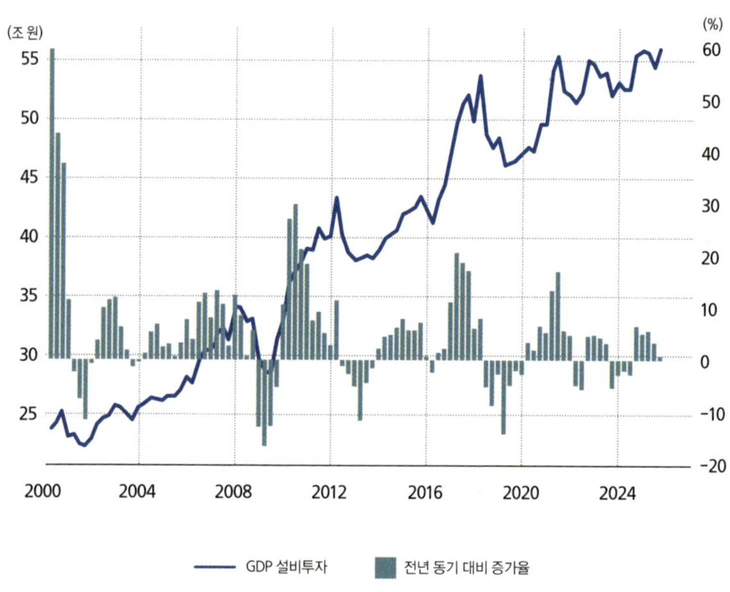

한국 경제의 생산성 하락

- 국내 경제의 생산성 증가율이 2010년 이후 빠르게 하락
- 한국 경제의 투자 부진 및 잠재성장률 하락의 주요 배경으로 작용

| 총요소 생산성 증가율 |

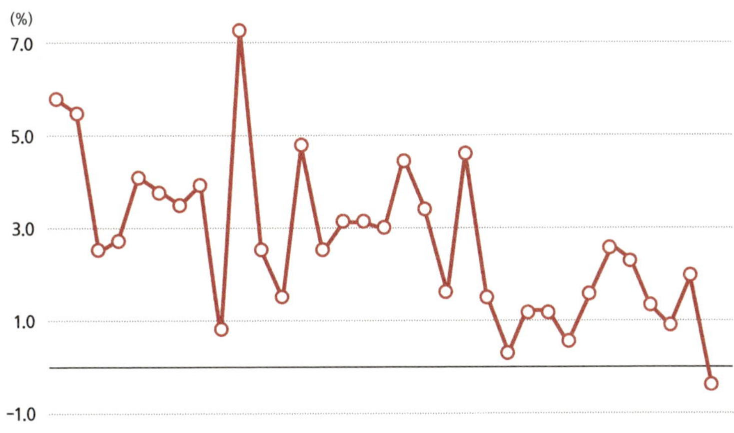

출처: OECD, 「Productivity and ULC」
자료: OECD, 「https://stats.oecd.org, Growth in GDP per capita, productivity and ULC」 2024.2

내국인 해외투자 > 외국인 국내 투자

- 최근 수년간 내국인의 해외투자가 외국인의 국내 투자를 지속적으로 상회
- 달러-원 환율의 하방 경직성이 구조적으로 강화되는 배경

| 국제수지 금융계정 대내외 투자(억 달러) |

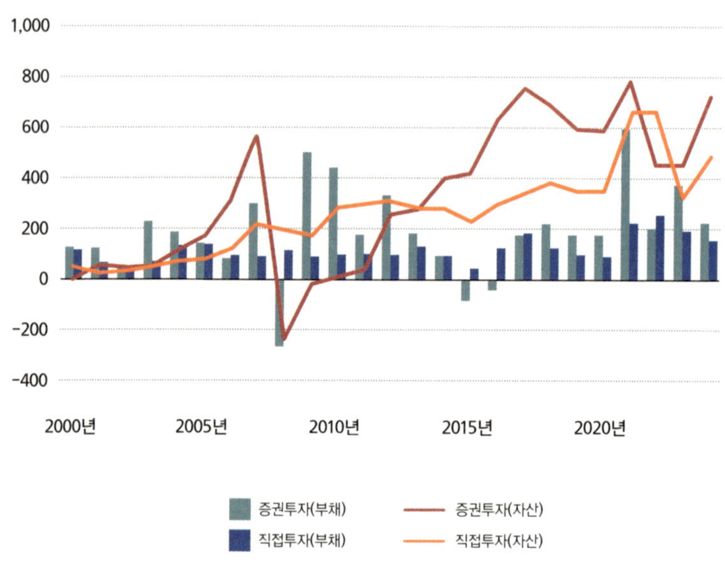

순대외금융자산 증가

- 순대외금융자산 증가는 국가 신용도 측면에서는 긍정적이나, 이는 순자본 유출 구조가 고착화되고 있음을 의미

| 순대외금융자산(억 달러) |

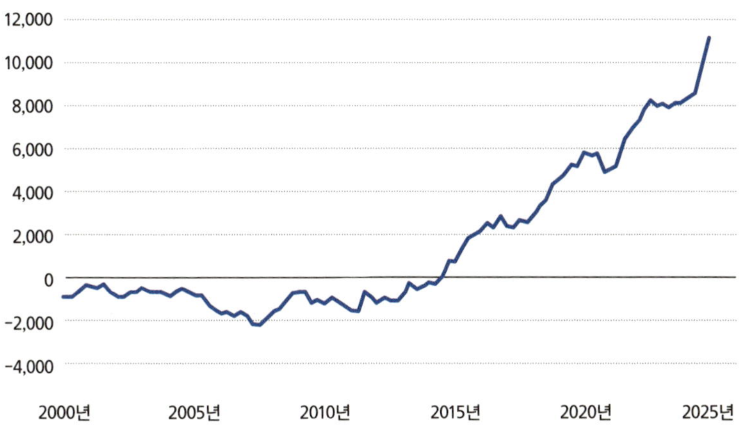

한국 경제 성장 둔화

- 2023년 이후 한국과 미국 간 성장률 역전이 장기화될 조짐
- 미국 성장률 상승보다는 한국 성장률 하락이 더 큰 요인으로 작용

| 한미 성장률 역전 |

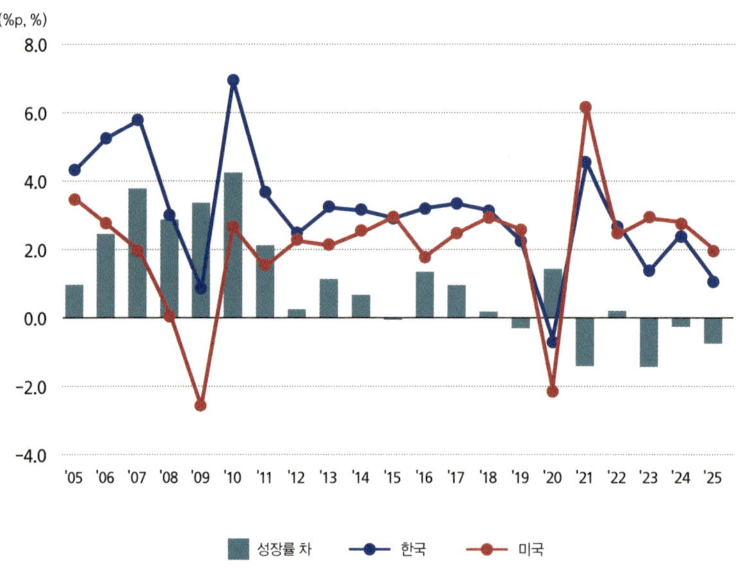

내외금리차 역전 및 장기화

- 정책 금리 차이보다 중장기 금리와 수익률 격차가 환율에 더 큰 영향을 미침
- 내외금리차 역전은 일시적 현상이 아닌 장기추세로 자리 잡는 모습

| 한미 간 국채(10yr) 수익률 차 |

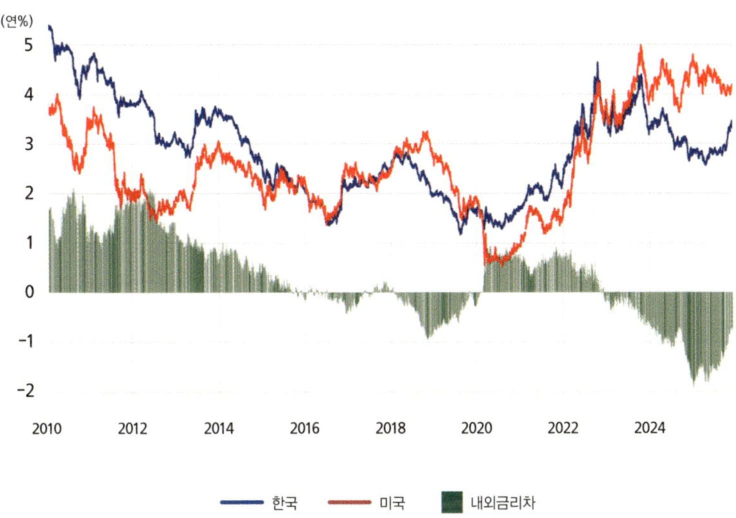

원화 약세가 보여주는
한국 경제의 구조적 문제

- 원화 약세는 외환시장의 수급 문제가 아니라, 한국 경제의 체질과 미래 성장 경로에 대한 경고로 해석할 필요

- 고환율은 단기적으로 수출 채산성 개선과 경기 완충 역할을 할 수 있으나, 장기화될 경우 구조적 취약성이 심화될 우려

- 국민 저축이 국내 투자로 연결되지 못하고 해외 자산으로 유출되는 구조가 고착화되면 성장잠재력은 더욱 약화

- 이러한 흐름이 지속될 경우, 저성장·저물가·저수익률이 장기화된 일본식 성장 경로에 진입할 위험 존재

어떻게 대응해야 하나

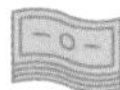

- 현재 고환율은 과거 외환위기나 금융위기 때와 전혀 다른 이유에 기인하고 있으므로 이를 위기 신호로 인식해 과도하게 대응할 필요는 없음

- 환율 수준 자체보다는 원화 약세를 만들어내는 구조를 바꾸어야 함
  - 단기적으로는 불안 심리와 쏠림의 확대를 막기 위한 시장 안정 조치도 중요

- 자본시장과 외환시장의 구조를 선진화하여 국내 투자 효율성을 제고
  - 기관 및 개인투자자가 국내 주식, 채권, 부동산, 인프라 등에 투자하도록 제도와 규제를 변경
  - 기업이 국내 투자를 통해 경쟁력을 확보할 수 있는 여건을 조성

- 정책의 목표는 환율 방어가 아니라, 글로벌 달러 강세와 자본 이동 속에서도 흔들리지 않는 경제 체력을 구축하는 데 두어야 함
  - 개방경제에서 환율 변동성은 피할 수 없는 상수

참고문헌

1부

- Aristotle, Nicomachean Ethics.
- Aristotle, Politics.
- Menger, Carl. On the Origin of Money.
- Knapp, Georg F. The State Theory of Money.
- Polanyi, Karl. The Great Transformation.
- Ingham, Geoffrey. The Nature of Money.
- Keynes, John Maynard. A Treatise on Money.
- Galbraith, John Kenneth. Money: Whence It Came, Where It Went.
- Eichengreen, Barry. Globalizing Capital.
- Kindleberger, Charles P. Manias, Panics, and Crashes.
- Nakamoto, Satoshi. Bitcoin: A Peer-to-Peer Electronic Cash System.
- BIS. Cryptocurrencies: Looking Beyond the Hype.

2부

- Bank for International Settlements. Payment, Clearing and Settlement Systems: Red Book.
- McAndrews, James. The Economics of Payment Systems.
- Krugman, Paul & Obstfeld, Maurice. International Economics.
- Eichengreen, Barry. Exorbitant Privilege.
- IMF. Annual Report on Exchange Arrangements and Exchange Restrictions.
- Bank of England. Money Creation in the Modern Economy.
- Borio, Claudio & Disyatat, Piti. Credit, Money and Leverage Cycles.
- Gorton, Gary. Slapped by the Invisible Hand.
- Pozsar, Zoltan. Shadow Banking.
- 한국은행. 통화금융통계연보.
- 한국은행. 금융안정보고서.

3부

- Minsky, Hyman. Stabilizing an Unstable Economy.
- Kindleberger, Charles. Manias, Panics, and Crashes.
- Reinhart, Carmen & Rogoff, Kenneth. This Time Is Different.
- Borio, Claudio. The Global Financial Cycle.
- Gourinchas, Pierre-Olivier & Rey, Hélène. From World Banker to World Venture Capitalist.
- Bagehot, Walter. Lombard Street.
- Goodhart, Charles. The Evolution of Central Banks.
- Tucker, Paul. Unelected Power.
- Eichengreen, Barry. Exorbitant Privilege.
- BIS. International Banking Statistics.
- IMF. COFER Database.
- Brunnermeier, Markus & Niepelt, Dirk. On the Equivalence of Private and Public Money.
- Auer, Raphael & Böhme, Rainer. The Technology of Retail CBDCs.
- 한국은행. CBDC 파일럿 보고서.
- 김병연 외. 1997년 외환위기 재평가. KDI.
- OECD. Economic Surveys: Korea.
- IMF. Article IV Consultation: Korea.